MÉMOIRES

DE

LOUIS XVIII.

MÉMOIRES
DE
LOUIS XVIII,

RECUEILLIS ET MIS EN ORDRE

PAR M. LE DUC DE D****.

TOME DOUZIÈME.

Bruxelles.
LOUIS HAUMAN ET COMP^e.

1833.

MÉMOIRES
DE
LOUIS XVIII.

CHAPITRE PREMIER.

Partage des opinions dans le conseil. — MM. Dessolles, Gouvion Saint-Cyr et Louis sont opposés à tout changement. — Attaque des libéraux. — Menées du pavillon Marsan. — Affaire des mémoires du duc de Lauzun. — Dernier conseil des ministres. — Débats. — Le roi se prononce pour la révision de la loi électorale. — Les trois ministres opposans donnent leur démission. — Le roi accorde la présidence du conseil au comte Decazes. — Intrigues rompues. — Nouveau ministère. — Marquis de Latour-Maubourg. — Rentrée des pairs éliminés en 1815. — Concession. — Discours de la couronne. — Séance d'ouverture de la session de 1820. — Pétitions libérales. — Débats pour la vérification des pouvoirs. — Affaire Grégoire. — M. Becquey. — Conclusion de son rapport. — Tumulte dans l'assemblée. — Discours de M. Lainé. — L'abbé Grégoire est exclu. — Joie du château.

Parmi les six membres du conseil, trois étaient déjà rangés à mon opinion, et convinrent que la loi électorale avait besoin d'être remaniée. C'étaient MM. de Serres, Portal et Decazes. Le dernier, en se réunissant à ses deux collègues, cédait autant au désir de me complaire qu'à sa conviction.

Les ministres des affaires étrangères, président du conseil, marquis Dessoles; de la guerre, maréchal comte de Gouvion Saint-Cyr, et celui des finances, baron Louis, voyaient autrement que l'autre moitié du ministère. Ici on approuvait le système électoral; ou on prétendait du moins que, nommé pour le soutenir, on ne pouvait le renverser sans encourir le reproche de légèreté et d'inconstance : c'était donc autant un point d'amour-propre que de conviction.

Ces messieurs s'opposèrent avec fermeté à ce qui leur fut proposé de ma part; ils n'accueillirent pas plus favorablement un mémoire que j'avais lu avec plaisir, et qui présentait dans tout leur jour les inconvéniens de la loi électorale. M. Pasquier, monarchique et homme de sens, tenait à ne pas retourner vers une révolution, et il me fit communiquer ses craintes de manière à me les faire partager.

Les trois ministres, appuyés sur les menaces audacieuses du parti libéral, sur les actes hostiles de ces hommes qui se montraient déterminés à soutenir, par tous les moyens possibles, le mode de me vaincre pour ainsi dire sans combattre, les trois ministres affectaient, eux aussi, un autre genre d'épouvante. A les entendre, la sûreté de la nation était attachée à cette loi, y porter atteinte ferait tort aux finances. Le ministre de la guerre, allant plus loin, manifestait des inquiétudes sur la décision que prendrait l'armée.

Je conclus de tout cela que, puisque cet arbre avait en si peu de temps porté un tel fruit, il convenait de le couper dans sa racine, et je persistai dans mon projet.

Cependant la presse libérale avait poussé le cri d'alarme. On attaquait avec vivacité les ministres disposés à m'obéir, tandis qu'on réservait toutes les palmes civiques pour MM. Dessoles, Gouvion Saint-Cyr et Louis.

Pendant que ces intrigues avaient lieu, le pavillon Marsan ne se tenait pas tranquille ; je dirai même plus, au moment où M. Decazes faisait tout son possible pour le satisfaire, il essaya de renverser le ministre en même temps que la loi des élections. Je m'en plaignis à Monsieur, avec lequel j'étais en bonne intelligence depuis que je consentais à faire ce qu'il désirait ; mon frère me répondit que jamais il ne croirait à la franchise de M. Decazes, et surtout qu'il ne pouvait lui pardonner d'avoir livré à l'impression les mémoires du feu duc de Lauzun. Ceci était une mauvaise affaire, dans laquelle l'avidité d'un subalterne du ministère, M. L..., avait compromis M. Decazes en abusant de sa confiance. J'avais eu sur ce point tous les renseignemens propres à disculper mon ministre ;

je les fournis à Monsieur, mais ce fut sans succès.

Cette tracasserie envenimant les autres, je ne pus donc ramener mon frère ; cependant je n'abandonnai pas ma pensée dominante, et ma résolution définitivement arrêtée, j'assemblai le conseil.

La balance, ai-je dit, était égale : trois d'un côté, trois de l'autre. Il n'y eut pas de transfuges dans les deux camps ; chacun soutint son opinion, la motiva de son mieux. Je ne gênai nullement la discussion, qui fut vive et prolongée ; enfin, comme il y avait partage dans les avis, je pris la parole, et me prononçai pour une nouvelle loi électorale.

— Sire, dit alors le marquis Dessoles, c'est nous faire connaître que les services de vos ministres de la guerre, des finances et les miens, ont cessé de vous être agréables.

— Ce n'est pas de cela, messieurs, qu'il s'agit, mais bien de l'unité dans le conseil ; elle n'existe pas ici, car vous êtes tous les trois en dissidence avec mon opinion formelle.

A ces mots, ces messieurs me prièrent de vouloir accepter leur démission.

— C'est avec regret, dis-je, que je la reçois ; mais je la crois nécessaire.

Le conseil fut aussitôt levé, et, les trois membres sortis, je me tournai vers M. Decazes, et lui dis devant ses deux autres collègues :

— Je vous charge, monsieur, de compléter le ministère et comme vous êtes maintenant le plus ancien, la présidence du conseil vous est dévolue.

En manifestant aussi subitement ma volonté intime, j'espérais couper court à d'autres intrigues; mais je me trompais. Le marquis Dessoles, en sortant, avait appris sa démission à je ne sais qui. Cette nouvelle parvint promptement au pavillon Marsan : aussitôt on s'y assemble, et on se demande qui on va proposer pour chef du conseil. Il est question du cardinal de Bausset, de Mathieu de Montmorency, on a même prononcé le nom du prince de Talleyrand. La discussion n'était pas encore terminée, lorsque Monsieur reçoit un joli billet de ma main, qui lui annonce la retraite de MM. Dessoles, Gouvion Saint-Cyr et Louis, la nomination de M. Decazes à la présidence du conseil futur.

Ne pouvant me donner un président du conseil, on essaya de faire remplacer les trois ministres disgraciés par des gens *bien pensans*. Ceci ne put encore se faire, les nouveaux ministres étant déjà nommés. C'étaient le baron Pasquier, qui accepta le portefeuille des affaires étrangères, le marquis de Latour-Maubourg, appelé au ministère de la guerre, et le baron Louis aux finances.

Les choix, à l'exception de M. Pasquier, ne déplurent pas précisément aux royalistes purs. M. de Latour-Maubourg comptait presque dans leurs rangs. C'était une des célébrités de l'empire ; il avait laissé une jambe sur le champ de bataille ; il servit la restauration avec loyauté : on était certain que l'armée verrait sans peine sa nomination. Sa probité, et la connaissance qu'il avait de sa partie, coopéreraient à rendre plus facile la marche du conseil.

Ce changement eut lieu le 19 novembre ; le surlendemain une ordonnance royale fit rentrer à la chambre des pairs, sous forme de nomination, les derniers membres non encore rappelés parmi ceux que j'avais exclus en 1819. Ce fut un acte de justice, et un acte politique tout à la fois, puisqu'il devait rallier au conseil ceux du centre gauche qui auraient pu inquiéter la nouvelle composition du ministère.

Celui-ci avait besoin de s'accommoder avec les diverses fractions des chambres, au moins pour le moment, avec celles de la droite, et des centres droit et gauche. Sa position était véritablement bizarre. Je ne pus m'empêcher de faire observer à M. Decazes cette singularité d'une nouvelle fournée de ces mêmes pairs, dont une portion avait été appelée (ayant dans son ensemble d'ailleurs le même esprit) à soutenir une cause à laquelle le mandat des nouveaux venus serait contraire. Il me répondit que c'était encore une des allures du gouvernement constitutionnel, et il avait raison.

Le jour fixé pour l'ouverture des chambres, qui du 19 novembre avait été renvoyé au 25, arriva enfin. Ce retard provenant de la combinaison ministérielle à conclure, je m'étais expliqué vertement sur le fait de Grégoire ; j'avais déclaré qu'il ne siégerait pas, et que par conséquent je ne souffrirais pas sa présence à la séance royale. Aussi il ne reçut point la lettre close que j'adressais à tous les députés.

Cette lettre, insignifiante en apparence, avait pour but, non d'écarter de la session le député élu, ce qui aurait été inconstitutionnel et impossible sans le concours de la chambre, mais d'interdire l'entrée à la séance d'ouverture, à un homme qui aurait déplu au roi par des motifs quelconques. Je sais que le moyen manquait peut-être de légalité; mais enfin il fallait bien que le pouvoir se montrât, par quelque endroit, supérieur à la charte, chez le monarque, puisque c'est lui qui l'avait octroyée.

« Le discours du trône devait renfermer des passages délicats ; je chargeai le baron Pasquier d'en préparer les bases ministérielles et législatives, parce que je crus convenable d'en régler le point important avec le ministère dont il annonçait toujours la direction à la volonté suprême. Quant à la forme oratoire, je me réservai de la fournir comme de coutume. Voici ce discours réduit aux passages qui présentent un intérêt historique.

« MESSIEURS,

« Le premier besoin de mon cœur, en me retrouvant parmi vous, est de reconnaître les bienfaits que la Providence a daigné nous accorder, et ceux qu'elle nous permet d'attendre pour l'avenir.

« Ma famille s'est accrue, et je puis espérer que les vœux qui me restent à former seront exaucés. De nouveaux appuis de ma maison deviendront de nouveaux liens entre elle et le peuple.

« Nos relations amicales avec les divers états des deux mondes, fondées sur l'union intime avec les souverains, et sur les principes d'une mutuelle indépendance, continuent à être les gages d'une longue paix.

« Par l'heureux effet des négociations avec le saint-siége, nos premieres églises ne sont plus privées de pasteurs.... Nous conserverons intactes les libertés de notre église.

« Deux années d'abondance réparent en partie les maux de la disette. L'agriculture a fait de sensibles progrès, toutes les industries ont pris un noble essor, les beaux-arts continuent à orner et illustrer la France; j'ai réuni autour de moi leurs nombreuses productions. Le même avantage est aussi accordé aux arts utiles, l'administration publique les a également encouragés.

« La libération de notre sol et des temps plus favorables ont permis l'amélioration de nos finances : déjà de premiers adoucissemens ont été accordés aux contribuables.

« Partout les lois ont trouvé une extension facile; nulle part la tranquillité politique n'a été essentiellement troublée dans ces circonstances, et pour mieux assurer l'oubli des maux passés, j'ai cru pouvoir multiplier les actes de clémence et de réconciliation. Je n'y mets d'autres limites que celles qui sont posées par le sentiment national et par la dignité de ma couronne.

« Toutefois, au milieu de ces élémens de prospérité publique, je n'ai point dû me dissimuler que de justes craintes se mêlent à nos espérances, et réclament dès aujourd'hui notre sérieuse attention.

« Une inquiétude vague, mais réelle, préoccupe les esprits. Chacun demande au présent des gages de sa durée; la nation ne goûte qu'imparfaitement les premiers fruits du régime légal de la paix; elle craint de se les voir arracher par la violence des factions ; elle s'alarme de leur ardeur pour la domination ; elle s'effraie de l'expression trop claire de leurs desseins; tous les vœux, toutes les craintes indiquent la nécessité d'une garantie nouvelle de repos et de stabilité. Le crédit en attend le signal pour s'élever, le commerce pour étendre ses spéculations ; enfin, la France, pour être sûre d'elle-même, pour reprendre parmi les nations le rang qu'elle doit occuper, dans son intérêt comme dans le leur, a besoin de mettre sa constitution à l'abri de secousses d'autant plus dangereuses qu'elles sont fréquemment répétées.

« Dans cette circonstance, je me sens reporté vers les pensées que déjà j'avais voulu réaliser, mais qui devaient être mûries par l'expérience et commandées par la nécessité. Fondateur de cette charte à laquelle sont inséparablement liés les intérêts de mon peuple à ceux de ma famille, j'ai senti que s'il est une amélioration qu'exigent ces grands intérêts, aussi bien que le maintien de nos libertés, et qui ne modifierait quelques formes réglementaires de la charte que pour mieux assurer sa puissance et son action, il m'appartient de la proposer.

« Le moment est venu de fortifier la chambre des députés et de la soustraire à l'action annuelle des partis, en lui assurant une durée plus conforme aux intérêts de l'ordre public et à la considération extérieure de l'état : ce sera le complément de mon ouvrage.

« La Providence m'a imposé le devoir de fermer l'abyme des révolutions, de léguer à mes successeurs, à ma patrie, des institutions libres, fortes et durables. Vous êtes associés à ce devoir sacré; pour le remplir, messieurs, comptez sur mon inébranlable fermeté comme je compte sur le concours de mes fidèles et loyaux pairs de France, des fidèles et loyaux députés des départemens. »

Ainsi j'achevai le discours. Il me sembla que les applaudissemens qui le suivirent avaient quelque chose de plus vif, de plus complet que ceux de l'année précédente. J'en eus de la joie. Les calomnies des journaux libéraux ne me manquèrent pas ; on dénatura mes intentions, on déclara la France perdue, et cependant elle est là toujours puissante et florissante.

L'envoi des pétitions, provoqué maladroitement par le ministère de ce mois de février, continua dans cette circonstance. Nous fûmes assaillis de réclamations libérales ou prétendues telles. Je me promis de ne point m'y arrêter; je connais trop bien la valeur réelle de pièces semblables, ouvrages des brouillons et des ambitieux, pour y accorder jamais une attention sérieuse. Les pétitions, après avoir été entassées dans les cartons des chambres, vinrent mourir en séance par suite d'un ordre du jour.

Nous savions que la vérification des pouvoirs serait orageuse dans la chambre des députés, et notre surveillance se tourna de ce côté. On commença d'abord par se quereller sur les élections de la Corse, où les électeurs étaient seulement au nombre de dix-huit en 1818, et en 1819 avaient été portés à quarante-neuf. On voulait voir là une preuve ministérielle pour assurer la nomination de M. Ramolino, parent éloigné de Buonaparte, et celle du comte Sébastiani, dont on prétendait que les voix seraient acquises au pouvoir. Le ministre de l'intérieur prouva que la nomination des électeurs avait eu lieu en vertu de titres réels et légaux. On passa condamnation.

On fut plus sévère envers le général Tarayre, député de la Charente. Des vices signalés dans le scrutin de ballotage amenèrent la nullité de son élection, qui, par le fait, ne fut qu'ajournée, la majorité des électeurs de son département l'ayant rappelé à la députation tout de suite après.

On avait déjà pu remarquer dans ces divers débats quelque chose d'amer, qui se manifesta plus clairement en une autre occasion. Ce fut lors du rapport relatif à la position légale des députés élus par le département de l'Isère. Il s'agissait ici de Grégoire, et dans le cinquième bureau, composé en majorité de royalistes, et qui était chargé de traiter cette affaire, on chercha tous les moyens possibles d'écarter cet homme. J'avais indiqué la meilleure voie à suivre ; il fallut bien y venir.

Le 8 décembre, M. Becquey, nommé rapporteur, parut à la tribune. M. Becquey est un royaliste éprouvé, que j'ai toujours vu en première ligne parmi mes fidèles. Il fit partie du comité secret chargé de préparer mon retour ; et à une époque bien orageuse de la révolution, il y travaillait déjà. Il a des qualités supérieures, des connaissances positives, de la douceur, du laisser-aller, en un mot il prouvera toujours par son dévouement la reconnaissance de ce qu'on aura fait pour lui.

M. Becquey vint donc à la tribune, où attendait M. Lainé, qui demeura en arrière, parce qu'il voulait avoir le droit de combattre avec plus de vivacité la cause de la monarchie. Il vit dans l'élection un vice capital ; elle était faite en violation de l'article 42 de la Charte, portant : *La moitié au moins des députés sera choisie parmi les éligibles qui ont leur domicile politique dans le département.* Or MM. Français de Nantes et Sapey, étant deuxième et troisième députés élus (M. Savoye-Rolin étant le premier), il demeurait évident que Grégoire, domicilié à Paris, manquait de l'une des conditions nécessaires à l'éligibilité. M. Becquey, ayant expliqué ceci clairement, termina ainsi :

« Tel est, messieurs, l'avis que le cinquième bureau m'a chargé de proposer à votre délibération. Il a pensé aussi que M. Grégoire n'ayant aucun titre pour être admis dans cette chambre, puisque son élection était nulle, nous étions dispensés de soumettre à votre examen une question bien plus grave qui agite tous les esprits depuis que le bruit de cette nomination a retenti dans le royaume, question de morale politique, qui se rattache aux plus douloureux souvenirs, puisqu'ils rappellent l'horrible attentat que la nation en deuil va chaque année expier au pied de nos autels. L'irrégularité constitutionnelle qui se rencontre dans l'élection de M. Grégoire écartant de la discussion les considérations relatives à sa personne, nous nous bornerons à former des vœux pour que la chambre ne soit jamais forcée à délibérer sur les personnes, et à censurer les actes des colléges électoraux. Espérons que les électeurs de la France, assez avertis par le cri de l'opinion qui s'est manifestée avec tant de force, voudront toujours respecter dans leurs choix *la dignité de la couronne et le sentiment national*.... Que si, trompant l'ignorance et séduisant la faiblesse, l'esprit de faction parvenait en effet à obtenir d'odieux succès, il trouverait dans cette enceinte une barrière insurmontable, et cette chambre fidèle saura bien, s'il le faut, préserver contre les entreprises de l'ennemi commun, et l'honneur du trône et l'honneur de la nation et son propre bonheur. »

Dès que le rapporteur eut achevé, la gauche, se levant tout entière, demanda qu'on allât aux voix. Le côté droit, au contraire, prétendait qu'il fallait ouvrir la discussion. Il résulta de cette opposition un tumulte de plus de trois quarts d'heure. M. Pasquier parvint à faire entendre à la gauche que si la chambre adoptait ce qu'elle voulait maintenant, ce serait un précédent terrible, dont chaque majorité abuserait à son tour pour rendre désormais toute discussion impossible, et enlever la liberté aux opinions des députés. Ces observations reposant sur un point raisonnable, rétablirent le calme. M. Lainé en profita pour prendre la parole en ces termes :

« Monsieur le rapporteur, en exposant les motifs qui peuvent annuler la nomination du quatrième député de l'Isère....., a aussi exposé les doutes qui s'élevaient sur la validité de ces moyens; mais il est un autre motif de nullité... c'est l'indignité de l'élu... Il est une loi, messieurs, qui n'a pas besoin d'être écrite pour être connue... elle est conservée dans un tabernacle incorruptible, dans la conscience de l'homme... elle s'appelle raison et justice; en France, elle porte encore le nom de l'honneur...

« Notre choix ne me semble pas douteux. Lorsqu'un collége électoral a nommé des députés, ce ne sont encore que des députés de département. Pour être député de la France entière, pour avoir ce caractère d'universalité que les constitutions nous donnent, il faut que votre adhésion ait imprimé ce caractère, il faut que la chambre l'ait proclamé : jusque là on n'a pas le caractère représentatif.

« Il devait le savoir le collége du département de l'Isère, il devait juger que celui-là ne pouvait être élu membre, contre lequel s'éleva une si terrible notoriété publique... Il devait juger qu'il ne lui appartenait pas, non plus qu'à une autre section de la France, d'outrager le roi, d'essayer de faire violence aux chambres, et c'est commettre tous ces outrages que de vouloir ouvrir les portes de cette assemblée au quatrième député de l'Isère. Or il n'y a pas à balancer : ou il faut que cet homme se retire devant la dynastie régnante, ou que la race de nos rois se retire devant lui... »

Manuel ne perdit pas cette occasion de combattre la monarchie en faveur du régicide. Benjamin Constant fit aussi de la démocratie. La cause des régicides fut plaidée de manière à satisfaire les fils de ces assassins de leur roi. MM. Pasquier et de Corbière leur répondirent avec autant d'éloquence que d'indignation. MM. Méchin et Devaux approuvèrent encore la nomination, que combattirent aussi MM. de La Bourdonnaye, de Salaberry, Cornet-d'Incourt, de Marcellus et de Villèle, car aucun des chefs de l'opinion royaliste ne manqua à cette noble lutte.

Enfin, au milieu du tumulte toujours croissant, M. Ravez s'écria : « Que ceux qui sont d'avis de ne pas admettre M. Grégoire se lèvent. » Alors tout le côté droit, les deux centres, et même une partie de la gauche, se levèrent avec vivacité; et l'admission de ce prétendu député, provoquée avec tant de scandale, fut rejetée spontanément aux cris répétés de *Vive le roi !* Il eut pour successeur l'honorable Camille Tayssière.

Lorsqu'on vint au château m'apporter la nouvelle de cette victoire, je dis :

— C'est la dernière pierre qui manquait à la solidité du trône. La France dès aujourd'hui s'est séparée irrévocablement de la révolution.

Le reste des Tuileries manifesta sa joie en termes non équivoques. Il est certain que si Grégoire était entré dans la chambre élective, il ne nous restait plus qu'à sortir du royaume.

CHAPITRE II.

Choix du bureau de la chambre des députés. — M. Ravez président. — Travail sur la loi électorale. — Une des réponses du roi aux complimens de la nouvelle année. — Tableau des progrès du carbonarisme. — Avertissement que le roi donne au comte Decazes. — Sa réplique. — Gâteau des rois. — Colloque entre la reine et le roi de la fève. — Le roi accorde une audience secrète à…. — Révélation importante. — On manque de confiance en M. Decazes. — Conversation avec Monsieur. — Témérité du duc de Berri. — Anecdotes. — Calomnies révélées. — L'officier chassé — La croix de saint-Louis arrachée. — Mot qu'on prête au roi aux dépens du duc de Berri. — Repartie chevaleresque de celui-ci — Conversation. — Réveil terrible dans la nuit du 13 février 1820. — Parole qui échappe au roi.

Les choix de la chambre des députés se partagèrent singulièrement ; ils furent pris dans les rangs de la droite pour les candidats à la présidence et les vice-présidens, et dans ceux de la gauche pour l'élection des secrétaires. Les candidats à la présidence furent : MM. Ravez, Courvoisier, Bellart et de Villèle ; les quatre secrétaires : MM. Cassagnolle, Venzel, Dumeilet et Delong. Ceux-ci appartenaient à la section du centre gauche, où se placent toujours des hommes très-recommandables, que je mets au nombre de mes serviteurs dévoués.

3.

Mais, en arrière de ces actes d'apparat, on discutait dans le conseil les changemens à faire à cette loi d'élection si dangereuse, si menaçante. Le travail n'était pas facile; il fallait craindre les obstacles qui résulteraient et des débats et d'une intrigue non avouée. Les ultras s'annonçaient bien comme disposés à seconder le ministère dans le renversement de cette loi; mais qui pouvait affirmer qu'au moment du vote ils ne l'abandonneraient pas?

M. Decazes avait du penchant pour les doctrinaires. Il alla à eux dans cette circonstance, dirigé d'ailleurs par M. Guizot, qui lui fit faire plus d'une sottise. M. le duc de Broglie mit aussi la main à l'œuvre ; il en résulta un projet de loi qui ne put avoir qu'une existence éphémère. Voici quelles en étaient les dispositions principales :

« Quatre cent trente-deux membres composaient la chambre des députés ; — deux cent cinquante-huit à la nomination des colléges d'arrondissement, — cent soixante-douze par les colléges de département; — les colléges d'arrondissement choisiraient, parmi les imposés à mille francs, ceux qui formeraient par leur réunion le collége du département. — Le cens électoral serait composé pour moitié de la seule contribution foncière; — les électeurs écriraient leur bulletin sur le bureau, ou le feraient écrire par un membre du bureau; — on nommerait sur-le-champ les membres des colléges de département; la chambre actuelle serait septennale. »

La loi, avec ces améliorations, devenait royaliste. La grande propriété est demeurée, malgré les malheurs de la révolution, aux mains de ceux qui la possédaient entièrement en 1789. Quelques acquéreur de domaines nationaux se joignirent à l'ancienne noblesse, et la plupart de ceux-ci ont depuis adopté les maximes monarchiques d'ordre et de conservation. Dès lors il était certain que la faction libérale se trouverait peu ou point représentée dans les colléges de département, et que les cent soixante-douze nouveaux députés iraient s'asseoir sur les bancs de la droite, ou sur ceux du centre, plus favorables au ministère.

Lorsque ces bases furent arrêtées, on s'occupa de régler les dispositions des divers articles. Ceci devenait plus difficile à cause d'une multitude de combinaisons privées qu'il fallait faire entrer dans la rédaction générale : donc plusieurs mois s'écoulèrent sans que la loi fût entièrement prête. On sait trop quel malheur affreux précipita sa présentation.

Le nouvel an 1820, qui devait être si fatal à ma famille, s'ouvrit, selon l'usage, par des félicitations. Je répondis aux complimens de la chambre des députés, par cette phrase qu'on commenta et non sans cause :

« Nous sommes en paix avec toute l'Europe; mais nous avons un ennemi à combattre, c'est l'anarchie. Néanmoins notre position ne saurait offrir des dangers, tant que je pourrai compter sur vous, comme vous pouvez compter sur moi. »

Il est certain qu'à cette époque, les manœuvres

de mes ennemis m'étaient trop démontrées. (Par ces mots ennemis, j'entends ceux de la France et de ma famille.) Un complot gigantesque, dont le centre était à Paris, étendait ses ramifications dans toute l'Europe : l'Allemagne, l'Italie, l'Espagne, le Portugal, la Turquie et jusqu'à l'Angleterre, ressentaient les atteintes de ce chancre politique.

Le carbonarisme, secte mystérieuse, branche de la franc-maçonnerie, s'unissait au libéralisme français, au radicalisme de la Grande-Bretagne, au tungenbund de la Germanie, aux agraviados espagnols, en un mot, à tous les anarchistes. Des avis certains donnaient déjà la preuve que l'incendie, préparé sur tant de points, tarderait peu à éclater. Tous les cabinets étaient en proie à une vive inquiétude; on s'en occupa au congrès de Carlsbad, et on communiqua réciproquement à chaque cour les lumières que l'on recevait par divers moyens.

Les régicides attisaient cette flamme impure contre leur patrie, d'autres esprits audacieux agissaient aussi à l'intérieur. Aux uns, ils promettaient la république; aux autres, les Buonaparte : ici, c'était le duc d'Orléans qu'on appellerait à la couronne de France; là, le prince d'Orange. Enfin, l'intrigue allait si loin, que le jacobinisme, en suivant ce torrent, ne s'abstenait plus de pousser à la révolte contre moi les royalistes fanatiques : il savait qu'une conflagration, à quelque titre qu'elle eût lieu, leur serait toujours avantageuse.

Ces avis, que je recevais, furent la cause première

du changement de système que j'imprimai à mon cabinet. Je m'y maintins à la suite des catastrophes de 1820, et je m'y renferme encore mieux aujourd'hui, à mesure que je vois l'opinion libérale s'accroitre et menacer le trône plus insolemment.

Je ne cachai rien de ceci au comte Decazes.

— Mon enfant, lui dis-je aux environs de janvier 1820, vous voyez l'orage se former, et vous devez comprendre que les intérêts de la France et de toute l'Europe veulent qu'on se précautionne contre les coups de l'avenir. Les libéraux agissent et ne craignent pas de laisser à l'écart ce précepte de Sénèque :

Minimum decet libere, cui multum licet.

(Quelque liberté qu'uon aie, il ne faut pas en abuser.)

Ils abusent, au contraire, de celle que je leur ai concédée avec tant de générosité. Ne souffrons pas qu'ils continuent leurs attaques, arrêtons-les au milieu de leurs complots. Je vous recommande surtout une extrême vigilance envers le Palais-Royal, c'est le quartier-général des conspirateurs. Ils travaillent sans doute à l'insu de notre cousin, auquel j'accorde la loyauté de ne pas conspirer, mais qui ne refuserait pas ma couronne, si un jour elle lui était offerte avec la chance de pouvoir la conserver.

M. Decazes, à ces derniers mots, répondit que je m'alarmais à tort, que le duc d'Orléans n'oublierait jamais la magnanimité de ma famille à son égard, et que si de nouveaux malheurs nous frappaient, il les partagerait avec nous. Il ajouta : La preuve de ceci m'est acquise, et c'est un crime que d'inspirer au roi des soupçons sur la fidélité du duc d'Orléans.

J'admirai la candeur de mon ex-ministre de la police générale, sans me ranger à son avis : je connais trop le cœur humain pour me reposer sur des manifestations extérieures.

Quelques jours après vint la fête des Rois : il y eut un grand couvert dans la galerie de Diane. J'invitai le duc d'Orléans, le duc de Bourbon qui ne vint pas, mademoiselle d'Orléans et madame la duchesse de Bourbon. Le repas fut gai. La royauté de la fève échut à notre cousin : il choisit pour reine madame la duchesse d'Angoulême, qui accepta avec résignation. C'était, en effet, une alliance pénible, quoique momentanée. Madame royale ne put s'empêcher de dire :

— Monsieur, voilà une couronne qui vous vient de franc jeu, et celle-là tombe sans orages.

— Aussi sa perte ne cause-t-elle aucun regret, répondit le duc, au lieu que la chute des autres laisse une amertume que le temps n'efface pas.

Ce reproche indirect en réplique à l'attaque de madame la duchesse d'Angoulême fut entendu de peu de monde. M. le duc d'Orléans était toujours fort habile pour se tirer d'une situation difficile. Dieu veuille que toutes ses royautés se bornent à celle de la fève! Il sera plus heureux, et ma famille moins à plaindre.

Vers le milieu de janvier, une personne, attachée à mon service intime et avec laquelle, d'ailleurs, je causais avec plaisir, me demanda une audience particulière le plus tôt possible, ayant quelque chose d'important à me révéler. Cette personne, que la prudence m'interdit de signaler, m'est toute dévouée, et possède à juste titre ma confiance. Je n'éloignai donc que de deux heures le moment de l'entrevue.

Alors elle commença un récit accusateur contre quelqu'un que je ne nommerai pas non plus : et de tout cela, je dus conclure que la vie du duc de Berri était sérieusement menacée. Des renseignemens positifs, et une foule de détails, vinrent à l'appui de ce texte. J'appris que le carbonarisme ne reculerait devant aucun crime ; on me révéla le nom de deux individus auxquels des propositions avaient été faites, lesquels demandaient à me voir, si j'y consentais. En un mot rien de ce qui pouvait me convaincre ne fut omis. Je reconnus que ma bonté, ma clémence, mes bienfaits, étaient en pure perte, et qu'au lieu de reconnaissance, je ne recueillais qu'une noire ingratitude.

J'écoutai ce long récit avec autant de douleur que d'indignation; mon premier mouvement fut le doute. Je fis des objections, mais elles se turent devant des répliques victorieuses : aucune preuve morale ou testimoniale ne manquait. Cependant les chefs et agens de cette conspiration avisaient avec une adresse telle, qu'on ne pouvait les prendre sur le fait. Ce fut sur cette impossibilité qu'on s'appuya pour me démontrer l'inutilité d'une esclandre. Je le sentais aussi bien que le révélateur : il m'était démontré qu'en une occurrence semblable, la forme de la justice est plus favorable au coupable qu'à la défense légitime.

En conséquence, je dis à la personne, que je consentais à me taire officiellement, mais que je parlerais de ce complot au garde des sceaux et au ministre de l'intérieur.

— Au premier, soit, me répondit-on avec vivacité ; au second, c'est inutile.

— Pourquoi? demandai-je.

— Parce qu'il n'en croira rien.

— Je le crois bien, moi!

— Sans doute il s'agit de l'intérêt réel du roi et de celui de la couronne, mais ce sont choses étrangères à M. Decazes. Le roi, poursuivit l'interlocuteur, est libre néanmoins de faire comme il le jugera convenable ; la seule grâce que j'attende de Sa Majesté, c'est que mon nom ne soit pas prononcé à M. Decazes. Je suis persuadé de sa fidélité, mais je craindrais de sa part un moment de distraction ou un épanchement d'amitié dont je pourrais être victime ; il a dans son ministère des agens qui n'ont pas ma confiance. Quoi qu'il en soit, j'ai rempli mon devoir, le roi est prévenu, et j'espère qu'on veillera avec soin sur monseigneur le duc de Berri.

Je congédiai alors cette personne, en la remerciant de ses révélations; car lors même qu'elle eût été trompée, sa démarche n'en était pas moins faite dans de bonnes intentions. Elle venait à peine de sortir, lorque Monsieur arriva. Il me vit sombre et triste, et pensant que cette tristesse n'avait aucun rapport à l'administration ou à la politique, il me demanda avec intérêt ce qui me tourmentait.

J'étais trop oppressé pour me taire. Monsieur, d'ailleurs, entraîné par son extrême bonté, était tellement au dessus de toute méfiance envers qui de droit, que je crus devoir lui faire part de ce qu'on venait de me dire : je lui cachai seulement le nom du révélateur.

Le premier mouvement de mon frère fut de se fâcher contre ceux qui attaquaient des personnages respectables; cependant son amour pour son fils l'emporta sur sa générosité naturelle. Nous nous occupâmes du péril que courait monseigneur le duc de Berri, et nous cherchâmes les moyens de le détourner. Ce cher neveu ne pouvait redouter des Français, disait-il. Aussi il se livrait imprudemment à toutes les chances du hasard. On aurait pu encore lui passer sa témérité, lorsqu'un incognito profond le confondait avec le reste des citoyens; mais point, il s'exposait de manière à braver véritablement le sort. J'en citerai une preuve empruntée aux pages sublimes que M. de Châteaubriand a consacrées à cet auguste infortuné.

« Lorsqu'on transporta au Pont-Neuf la statue de Henri IV, un incident arrêta l'appareil dans l'avenue de Marigny. Monseigneur le duc de Berri, qui se trouvait sur la terrasse de son jardin, aperçut Monsieur et monseigneur le duc d'Agoulême au milieu du peuple dans leur voiture. Il descend aussitôt, la tête nue, en habit bleu, et sans ordres. La foule, qui ne le connaissait pas, ne voulait pas le laisser passer : par hasard quelqu'un le reconnaît. Dès lors la multitude ouvre ses rangs, et le prince passe en disant :

» Je vous demande pardon, mes amis, c'est mon père, c'est mon frère qui m'appellent. » Le peuple fut charmé de cette simplicité et de cette confiance.

Mais, mon Dieu! qu'elle était téméraire!.... Mon neveu, depuis quelque temps, recevait des lettres anonymes pleines d'injures et de menaces. Lui levait les épaules, en disant :

— S'ils en voulaient véritablement à ma vie, ils ne m'en avertiraient pas.

On continuait contre ce prince le système atroce de calomnies avec lequel on l'avait accueilli à sa première rentrée en France; on l'accusait de s'enivrer tous les jours, lorsque par habitude il ne buvait que de l'eau, en citant de lui des actes de grossièreté qui n'étaient que mensonges. A Metz, par exemple, en 1814, il aurait arraché brutalement la croix de Saint-Louis à un officier dont la conduite lui aurait déplu. Voici le fait réel, que le comte de Vaublanc raconte à qui veut l'entendre, comme s'étant passé sous ses yeux. Il était alors préfet de la Moselle: on peut, d'ailleurs, vérifier l'exactitude de son récit.

« Monsieur le duc de Berri fut envoyé à Metz, en 1814, pour rallier aux Bourbons l'esprit des troupes mal disposées et buonapartistes. » Mon neveu eut à souffrir dans cette ville, non de l'arrogance des soldats, mais de celle des officiers, et particulièrement de ceux qui appartenaient au génie et à l'artillerie : il supporta tout avec une patience angélique. M. de Vaublanc ajoute, dans la note qu'il m'a remise à ce sujet, en me donnant sa parole d'honneur qu'elle sera insérée dans les journaux qu'il se propose de publier :

« Le prince fit manœuvrer les troupes de la garnison : le maréchal Oudinot les commandait sous ses ordres. Il y eut un peu d'indécision parmi quelques soldats, et le maréchal témoigna son indignation par les paroles et les gestes les plus expressifs. La revue terminée. le prince étant à la préfecture, j'étais près de lui lorsqu'un officier lui présenta une requête. Il la lut avec attention, et manifesta son étonnement de l'injustice dont se plaignait l'officier. Il l'interrogeait avec bonté, lorsque le maréchal entre, reconnait l'officier, et lui dit d'une voix sévère :

— « Comment osez-vous vous présenter devant le prince, vous qui m'êtes connu par votre lâcheté et votre insubordination ? Sortez, et ne reparaissez plus. »

Quelques jours après, le prince fit, à Pont-à-

Mousson, la réception des chevaliers de Saint-Louis, comme il l'avait faite à Metz. S'étant aperçu qu'il en avait reçu un de plus que le nombre marqué sur la liste, il ordonna une recherche. Il s'ensuivit qu'un officier, sans doute par erreur, s'était présenté sans aucun titre, pour recevoir la croix de Saint-Louis. Il fallut bien qu'il la rendît.

Voilà les faits certifiés par la probité respectable de M. de Vaublanc et corroborés par la signature de mon neveu. L'accusera-t-on maintenant d'avoir chassé un *digne officier*, de lui avoir enlevé de vive force sa croix de Saint-Louis ? car des deux anecdotes la malveillance en a fait une seule. Il y a là autant de fausseté que dans l'histoire où le malheureux prince aurait arraché les épaulettes d'un major, faute énorme que j'aurais réparée en disant à cet officier, que le duc de Berri voulait lui donner à la place celles de colonel, et que je m'étais chargé de les lui remettre en son nom.

La malignité parlait bien d'un *major*; — mais lequel ? Nommez-le. — Elle n'avait garde ; et moi qui me serais amusé à faire un jeu de mots sur un cas aussi grave ! Et ce nouveau colonel dont nul ne connaissait l'existence !.... Si les badauds se donnaient la peine de réfléchir, ils ne seraient pas dupes aussi souvent des mensonges dont on étourdit leurs oreilles.

Il en est de même de toutes les inculpations qui ont pesé sur le duc de Berri. Un proverbe vulgaire dit : *Quand on veut tuer un chien, on l'accuse d'avoir la rage*. On voulait assassiner mon royal neveu ; et afin de rendre sa mort moins odieuse, on essayait à l'avance de flétrir sa vie. Il avait des défauts, sans doute ; mais il les rachetait par des qualités solides et brillantes, par de nombreux bienfaits. Il protégeait les militaires de l'ancienne armée, loin de les rudoyer; et certes on ne prendra pas en mauvaise part son mot charmant à des *grognards* qui devant lui exaltaient les victoires de Buonaparte :

— Parbleu ! reprit-il, le beau mérite avec des hommes tels que vous !

Adoré dans sa maison et cher à tous ceux qui l'approchaient, il séchait les larmes de l'infortune et connaissait le prix de l'amitié. Il ressemblait beaucoup à Henri IV. Aussi avait-il quelques-unes des faiblesses de ce grand homme ; mais ce sont de celles que le peuple pardonne et dont les femmes ne font jamais un crime. Il pouvait espérer qu'enfin mieux apprécié, il porterait avec gloire à son tour la couronne de France. La Providence, sévère à son égard, en a disposé autrement.

Après avoir eu avec mon neveu la conversation ci-dessus, je fis appeler le duc de Berri pour le gronder de ses imprudences.

— Sire ! me répondit-il, ce serait payer trop cher mon existence, que de l'acheter par des précautions pénibles. Je me repose sur Dieu du soin de mon avenir, et j'attends avec soumission ses décrets.

4.

— Mais, mon cher fils, le ciel, tout en veillant sur nous, ne nous défend pas la prudence.

— Je n'ai peur que de n'être pas aimé des Français ; quant à attenter à ma vie, je les en crois incapables. Et que leur ai-je fait ?..... D'ailleurs, simple citoyen, perdu dans la foule, ils me connaissent à peine... Ah! sire, quand me sera-t-il permis de me signaler les armes à la main, de mériter la part de louanges que tant de belles actions ont valu à mes ancêtres!

— Patientez, jeune homme, on vous servira plus tard votre fantaisie ; mais auparavant donnez-nous deux ou trois fils, qui puissent, en cas de besoin, vous remplacer.

La conversation continua quelque temps sur ce ton ; puis le duc de Berri me quitta en me faisant de belles promesses. Il n'en continua pas moins à mener sa vie un peu aventureuse. Le reste du mois de janvier s'écoula ; les avis se multipliant, j'en parlait à M. de Serre, qui s'en effraya. Quant à M. Decazes, trompé par un faux calcul d'attachement, il me parut douter de ce que je lui disais ; il ordonna néanmoins à ses agens une surveillance plus active, mais repoussa avec opiniâtreté toute preuve d'un complot d'assassinat.

Ce fut là le tort que je ne lui ai jamais pardonné, bien qu'il ne prît sa source que dans trop de confiance.

Je me couchai tranquille le fatal dimanche 13 février 1820. J'avais souffert de ma goutte toute la journée, et le repos m'était nécessaire. J'étais à peine endormi lorsque tout à coup on entre dans ma chambre, on m'éveille... Puis on entoure de préparations la terrible nouvelle... Je la devine, je pousse un cri ; et levant les bras au ciel :

— Oh ! m'écriai-je, pauvre France ! pauvre famille ! par quelle voie on donne le sceptre au duc d'Orléans !

CHAPITRE III.

Assassinat du duc de Berri. — Récit. — Suite de ce crime. — Arrestation du coupable. — Les médecins. — L'évêque de Chartres. — Venue de Monsieur et de la famille royale. — Le duc mourant bénit sa fille. — Pansement du blessé. — Révélation importante que fait le duc de Berri. — Il revivra — Il demande grâce pour l'assassin. — Derniers sacremens. — Douleur des assistans. — Venue du roi. — Magnanimité du prince. — Sa mort. — Douleur de la duchesse. — Acte de fermeté du roi.

Oui, je l'avoue, ma première pensée fut que mon neveu infortuné mourait victime d'un complot auquel le duc d'Orléans était étranger sans doute, mais consommé à son avantage par ceux qui attendaient de lui des faveurs que les miens ne pouvaient leur accorder. Je savais qu'à ce parti se ralliaient les anciens jacobins, et que ceux qui avaient fait tomber la tête du vertueux Louis XVI ne reculeraient pas devant un autre forfait. Il a fallu l'investigation apportée dans le procès de l'assassinat et le résultat négatif qui en est ressorti pour éteindre ma conviction à ce sujet.

On n'attend pas de moi que je rende compte de cette nuit de douleur et du jour qui la suivit. Cependant je veux que l'on trouve dans mes mémoires le récit de cet horrible événement, et pour cela j'ai ordonné qu'on transcrivît à la suite de ceci les pages éloquentes inspirées au génie de M. de Châteaubriand par son amour des Bourbons.

(Nota. — *L'intention du roi est remplie par une main étrangère, et on a reproduit textuellement ce que notre chef de la littérature moderne a tracé avec autant d'énergie que de douleur.*)

« Le dimanche 13 février, M. le duc et madame la duchesse de Berri allèrent à l'Opéra, où les danses et les jeux étaient appropriés aux folies de ces temps de l'année. Ils profitèrent d'un entr'acte pour visiter dans leur loge M. le duc et madame la duchesse d'Orléans. M. le duc de Berri caressa les enfans et joua avec le jeune duc de Charrtes. Témoin de cette union des princes, le public applaudit à diverses reprises.

« Madame la duchesse de Berri, en retournant à sa loge, fut heurtée par la porte d'une autre loge qui vint à s'ouvrir. Bientôt elle se trouva fatiguée et voulut se retirer. Il était une heure moins quelques minutes. M. le duc de Berri la reconduisit à sa voiture, comptant rentrer ensuite au spectacle.

« Le carrosse de madame la duchesse de Berri s'était approché de la porte, les hommes de garde étaient restés dans l'intérieur ; depuis long-temps le prince ne souffrait pas qu'ils sortissent ; un seul en faction présentait les armes et tournait le dos à la rue de Richelieu. M. le comte de Choiseul, aide-de-camp de monseigneur, était à la droite du factionnaire au coin de la porte d'entrée, tournant également le dos à la rue de Richelieu.

« M. le comte de Ménard, premier écuyer de madame la duchesse de Berri, lui donna la main gauche pour monter dans son carrosse, ainsi qu'à madame la comtesse de Béthisy ; monseigneur le duc de Berri leur donnait la main droite. M. le comte de Clermont-Tonnerre, gentilhomme d'honneur du prince, était derrière lui, attendant S. A. R. pour le suivre ou le précéder.

« Alors un homme, venant du côté de la rue de Richelieu, passe rapidement entre un factionnaire et un valet de pied qui relevait le marchepied du carrosse. Il heurte ce dernier, se jette sur le prince au moment où S. A. R., se retournant pour rentrer à l'Opéra, disait à madame la duchesse de Berri : Adieu, nous nous reverrons bientôt. L'assassin, appuyant la main gauche sur l'épaule gauche du prince, le frappe de la main droite au côté droit, un peu au-dessous du sein. M. de Choiseul, prenant ce misérable pour un homme qui en rencontre un autre en courant, le repoussa en lui disant : Prenez donc garde à ce que vous faites. Poussé par l'assassin sur le comte de Ménard, le prince porta la main sur le côté où il n'avait cru recevoir qu'une contusion, et tout à coup il dit : *Je suis assassiné ! cet homme m'a tué. — Seriez-vous blessé, monseigneur ?* s'écria le comte de Ménard.

« Aux premiers cris du prince, MM. de Clermont

et de Choiseul, le factionnaire, nommé Desbiez, un des valets de pied et plusieurs autres personnes avaient couru après l'assassin, qui s'était enfui par la rue de Richelieu. Madame la duchesse de Berri, dont le carrosse n'était pas encore parti, entend la voix de son mari et veut se précipiter par la portière qu'on entr'ouvre. Madame la comtesse de Béthisy la retient par sa robe, un des deux valets de pied l'arrête pour l'aider à descendre ; mais elle, s'écriant : Laissez-moi, je vous ordonne de me laisser...... s'élance au péril de sa vie par dessus le marche-pied de la voiture. Le prince s'efforçait de lui dire de loin : *Ne descendez pas!* Suivie de madame la comtesse de Béthisy, elle court à monseigneur, que soutenait M. le comte de Ménard, M. le comte de Clermont et plusieurs valets de pied. Le premier avait retiré le couteau de son sein, et l'avait donné à M. de Ménard, l'ami de son exil.

« Dans le passage où se tenait la garde il y avait un banc ; on assit sur ce banc M. le duc de Berri, la tête appuyée contre le mur, et l'on ouvrit ses habits pour découvrir la blessure. Elle rendait beaucoup de sang. Alors le prince dit de nouveau : *Je suis mort ; un prêtre. Venez, ma femme, que je meure dans vos bras...* Une défaillance survint ; la jeune princesse se précipita sur son mari, et dans un instant ses habits de fête furent couverts de sang.

« L'assassin, déjà arrêté par un garçon de café

nommé Paulmier, par le factionnaire Desbiez, chasseur au quatrième régiment de la garde royale, et ensuite par les sieurs Lavigne, David et Bolaud, gendarmes, avait été amené à la porte où il avait commis son crime. Les soldats l'entouraient; il était à craindre qu'ils le massacrassent. M. le comte de Ménard leur cria de ne pas le toucher; M. le comte de Clermont donna l'ordre de le conduire au corps-de-garde, et l'y suivit. On le fouilla, et on trouva sur lui un autre poignard avec sa gaîne et la gaîne du poignard laissé dans la blessure. Ces objets furent donnés à M. le comte de Clermont, qui les remit au comte de Ménard... Tandis que M. le duc de Berri était assis sur le banc dans le passage, M. le comte de Choiseul, un valet de pied et un ouvreur de loges, avaient été chercher un médecin. On leur avait indiqué le docteur Blancheton; il demeurait dans le voisinage, et vint à l'instant même. M. Drogard, médecin, l'avait précédé. Ces deux hommes de l'art trouvèrent M. le duc de Berri dans le petit salon de sa loge, où il avait été porté. En entrant dans le salon, le prince, qui avait repris sa connaissance, demanda si le coupable était un étranger. On lui répondit que non. *Il est cruel*, dit le fils de France, *de mourir de la main d'un Français* !

Madame la duchesse de Berri s'adressa au docteur Blancheton pour connaître la vérité, promettant de la supporter avec courage. Il répondit que le prince, n'ayant pas rendu le sang par la bouche, c'était un favorable augure. M. le docteur Blancheton crut d'abord que la plaie était au bas-ventre, où il trouva une grande quantité de sang épanché; mais il reconnut bientôt qu'elle était au-dessous du sein droit. Il la dégagea du sang caillé; le prince fut saigné au bras droit par M. Drogard. Monseigneur recouvra alors assez de force pour dire aux médecins : *Je suis bien sensible à vos soins, mais ils sont inutiles ; je suis perdu!* M. Blancheton essaya de lui persuader que la blessure n'était pas profonde... *Je ne me fais pas illusion*, repartit le prince, *le poignard est entré jusqu'à la garde ; je peux vous l'assurer*. Madame la duchesse de Berri arracha sa ceinture pour servir de bandage et d'appareil. Elle seule avait conservé sa présence d'esprit dans cet affreux moment, et déployait un caractère au dessus d'une ame commune. Le prince, dont la vue s'obscurcissait de temps en temps : *Ma femme, êtes-vous là?* — *Oui*, répondait la princesse en essuyant ses pleurs, *je suis là, et ne vous quitterai jamais*... M. le duc de Berri n'avait cessé de demander un prêtre. M. le comte de Clermont-Tonnerre était parti pour les Tuileries, dont il ramena M. l'évêque de Chartres. Confident d'une conscience qui n'a rien à cacher à la terre, le prélat, accoutumé à admirer le père, venait s'instruire avec le fils. Il trouva le prince dans le cabinet de sa loge, assis dans un fauteuil, soutenu de ses gens et entouré de chirurgiens. Le blessé tendit la main au respectable évêque, demanda les secours de la religion, en exprimant les plus vifs sentimens de foi, de repentir et de résignation. Monseigneur l'évêque de Chartres exhorta monseigneur le duc de Berri à la confiance en Dieu ; il lui demanda un acte général de contrition afin de pouvoir l'absoudre, calmer ses inquiétudes, et attendre le moment où il serait possible à S. A. R. de faire une confession plus détaillée.

« M. le comte de Ménard, se flattant encore que la blessure n'était pas mortelle, était allé chercher monseigneur le duc d'Angoulême. Ce prince, qui venait de se coucher, s'habilla à la hâte, et se rendit sur le lieu de douleur. L'entrevue des deux frères ne peut s'exprimer. Monseigneur le duc d'Angoulême se jeta sur la plaie de monseigneur le duc de Berri, en la baisant et l'inondant de ses larmes : ses sanglots l'étouffaient. Son malheureux frère était également incapable de parler.

« Tout ceci se passait dans le petit salon de la loge. On résolut alors de porter le prince dans une pièce voisine, où l'on établit une espèce de lit sur quatre chaises, que l'on remplaça par un lit de sangle.

« Monseigneur le duc d'Angoulême, craignant quelque nouveau danger n'avait pas permis à *Madame* de l'accompagner lorsqu'il s'était rendu à l'Opéra; mais *Madame* n'avait pas tardé à le suivre. Que lui importaient les périls ! est-il une douleur qui puisse se passer d'elle, une adversité qui l'ait jamais fait reculer? *Madame* est accoutumée à regarder la révolution en face. Ce n'était pas la première fois que la fille de Louis XVI et de Marie-Antoinette prenait soin d'un frère mourant.

« Bientôt Monseigneur arrive, Il faut connaître la bonté, la tendresse, le cœur paternel de ce prince, pour savoir ce qu'il eut à souffrir. *Monsieur* avait persisté à venir seul; mais il ignorait qu'un de ses meilleurs serviteurs, M. le duc de Maillé, avait trouvé moyen de l'accompagner. Monseigneur le duc Berri témoigna le désir de donner sa bénédiction à Mademoiselle : elle lui fut apportée par madame la vicomtesse de Gontaut. Alors le prince levant une main défaillante sur sa fille : *Pauvre enfant,* dit-il, *je souhaite que tu sois moins malheureuse que ceux de ma famille?* Monseigneur le duc d'Orléans, madame la duchesse d'Orléans, mademoiselle d'Orléans, qui s'étaient rencontrés au spectacle, n'avaient pas quitté le prince. Le père du duc d'Enghien arriva à son tour.

« On tenta la saignée au pied presque sans succès; mais plusieurs applications successives de ventouses apportèrent quelque soulagement au prince. Le pouls se ranima, le visage se colora, le sang coula par les veines ouvertes : l'on se réjouit de voir couler le sang.

« M. le duc de Maillé et M. le comte d'Oudenarde étaient allés chercher M. Dupuytren. Ce chirurgien célèbre arriva à une heure. Quand il entra, il trouva le prince couché sur le côté droit : sa pâleur, ses traits altérés, sa respiration courte, le gémissement qui s'échappait de sa poitrine, la sueur froide qui couvrait son front, le désordre de ses mouvemens, le sang qui inondait son lit, et, plus que tout cela, l'horrible blessure qui se présentait à découvert, frappèrent de consternation un homme pourtant accoutumé au spectacle des douleurs humaines. Le prince ne connaissait point M. Dupuytren; il lui tendit affectueusement la main, en lui disant qu'il souffrait horriblement. M. Dupuytren examina la blessure, puis se retira à l'écart pour se consulter avec les hommes de l'art. MM. Blancheton, Drogard, Bonjour, Lacroix, Thérein, Cazemande, Dubois, Baron, Roux et Fournier jeune, chirurgien qui se fit distinguer par son zèle. On fut d'avis d'élargir la plaie, comme le seul moyen qui restât d'ouvrir une issue au sang épanché dans la poitrine. M. Dupuytren se rapprocha du prince, l'interrogea sur son état; il ne put en obtenir de réponse. Il pria alors madame la duchesse de Berri de lui adresser quelques questions. La princesse, se penchant sur le lit de son mari : *Je vous en prie, mon ami, indiquez-moi l'endroit où vous souffrez.* Le prince se ranima à cette voix sichérie; il prit la main de sa femme, et la posa sur sa poitrine. Madame la duchesse de Berri reprit : *C'est là que vous souffrez ?* — Oui, répondit-il avec peine, *j'étouffe.*

« Monsieur voulut éloigner sa fille pendant l'opération. *Mon père,* dit-elle, *ne me forcez pas à vous désobéir.* Et, se tournant vers les hommes de l'art : *Messieurs, faites votre devoir.* Pendant l'opération, elle était à genoux, au bord du lit, tenant le prince par la main gauche. Lorsqu'on porta le fer dans plaie, monseigneur le duc de Berri s'écria : *Laissez-moi, puisque je dois mourir.*—*Mon ami*, dit sa femme en pleurs, *souffrez pour l'amour de moi.* Un mot de cette jeune et admirable princesse apaisait les douleurs de son mari, et quand monseigneur l'évêque de Chartres parlait de religion, tout se changeait, dans le malheureux prince, en acte de résignation à la volonté de Dieu.

« L'opération faite, monseigneur le duc de Berri passa la main sur les cheveux de la princesse, et lui dit : *Ma pauvre femme, que vous êtes malheureuse !* On reconnut dans l'opération toute la profondeur de la plaie : le couteau dont le prince avait été frappé avait six à sept pouces de largeur; la lame en était plate, étroite, à deux tranchans comme celle du couteau de Ravaillac, et extrêmement aiguë.

« Un moment de calme suivit l'élargissement de la plaie. Les mourans près d'expirer éprouvent presque toujours un soulagement qui leur laisse le temps de jeter un dernier regard sur la vie; c'est le voyageur qui s'assied un instant pour contempler le pays qu'il a parcouru avant de descendre le revers de la montagne. Le prince tenait la main de M. Dupuytren, et le priait de l'avertir lorsqu'il sentirait le pouls remonter ou s'affaiblir. Vigilant capitaine, il posait une sentinelle expérimentée pour n'être pas surpris par la mort, et pour s'avancer courageusement au devant de ce grand ennemi : *Mors ubi est victoria tua.*

« Dans cet intervalle de repos, il adressa ces paroles à madame la duchesse de Berri : *Mon amie, ne vous laissez pas accabler par la douleur, ménagez-vous pour l'enfant que vous portez dans votre sein.* Ce peu de mots fit un effet surprenant sur l'assemblée. En présence de la douleur, on sent naître malgré soi un mouvement de joie ; l'attendrissement redouble en même temps pour le prince qui laisse à la patrie pour dernier bienfait cette douce espérance. Il s'en va, ce prince ; il semble emporter avec lui toute une monarchie, et à l'instant même il en annonce une autre.

« Partout où monseigneur le duc de Berri tournait ses yeux à demi éteints, c'était pour donner une marque de bonté ou de reconnaissance. Tandis que M. Blancheton lui pressait la tête pour comprimer l'horrible douleur qu'il éprouvait, il aperçut à quelque distance, au pied de son lit, des domestiques fondant en larmes : *Mon père*, dit-il à Monsieur, *je vous recommande ces braves gens et toute ma maison.*

« Des vomissemens survinrent : le prince répéta plusieurs fois que le poignard était empoisonné. Quelque temps auparavant, il avait demandé à voir son assassin. *Qu'ai-je fait à cet homme ?* répétait-il ; *c'est peut-être un homme que j'ai offensé sans le vouloir.* — *Mon fils*, répondit Monsieur, *vous n'avez jamais vu, vous n'avez jamais offensé cet homme ; il n'avait contre vous aucune haine personnelle.* — *C'est donc un insensé !* reprit le prince... Il s'informait souvent de la venue du roi. *Je n'aurai pas le temps de demander grâce pour la vie de l'homme!* Il ajoutait ensuite, s'adressant tour à tour à son père et à son frère : *Promettez-moi, mon père, promettez moi, mon frère, de demander au roi la grâce de la vie de l'homme.*

« Cependant on étendit le prince sur un matelas, tandis qu'on remuait sa couche. Ce fut là qu'il se confessa d'abord à l'évêque de Chartres, et qu'il fit à haute voix un aveu de ses fautes. On aurait cru voir saint Louis expirant sur son lit de cendres. Il demanda pardon à Dieu de ses offenses, et du scandale qu'il avait pu donner. *Mon Dieu!* ajouta-t-il, *pardonnez-moi, pardonnez à celui qui m'a ôté la vie.* Il demanda ensuite à son père sa bénédiction. « Lors
« le doux père frémit et pardonna au fils les défauts
« et courroux, et avec merveilleuse ferveur de
« foi, lui donna sa bénédiction, et, entre ses
« saints baisers, le salua et à Dieu le recommanda.
« Renaud, dans la *Vie de Philippe-le-Bel.* Ces princes trouvent tous leurs exemples dans leur famille.

« Le mourant étant remis sur son lit, monseigneur le duc d'Angoulême se replaça à genoux à ses côtés. *Oh mon frère*, dit le Machabée chrétien, *vous êtes un ange sur la terre; croyez-vous que Dieu me pardonne? — Vous pardonner!* répondit le duc d'Angoulême, *il fait de vous un martyr!* Un rayon de joie éclaira le front du prince mourant; il ne douta point qu'un frère si pieux ne connût les desseins de la Providence, et il se reposa de son bonheur sur la foi du juste.

« Alors le curé de saint-Roch, que M. le comte de Clermont avait été chercher, apporta les saintes huiles. Partout où l'on trouve une douleur, on rencontre un prêtre chrétien. Monseigneur le duc de Berri demanda le viatique. Monseigneur l'évêque de Chartres lui dit, avec un vif regret, que les vomissemens s'y opposaient. Le prince se résigna, fit un signe de croix, et attendit l'extrême-onction. Il commença son *Confiteor*, et frappa comme un coupable, d'une main pénitente, ce sein que le poignard semblait n'avoir ouvert que pour en faire sortir les innocens secrets, et d'où il ne s'écoulait que des vertus avec le sang de saint Louis.

« Le prince voyait approcher sa dernière heure, il ressentait des douleurs cruelles, et à tout moment on l'entendait répéter à voix basse : *Que je souffre! que cette nuit est longue! Le roi vient-il?* Il appelait souvent son père, et son père, étouffant ses sanglots, lui disait : *Je suis là, mon fils*. On lui apprit que les maréchaux étaient arrivés. *J'espérai*, répondit-il, *verser mon sang au milieu d'eux*. Dévoré d'une soif ardente, il ne buvait qu'à regret, et seulement pour se soutenir jusqu'à l'arrivée du roi. On lui annonça M. de Nantouillet *Viens, mon bon Nantouillet, mon viel ami*, lui cria-t-il en faisant un effort, *que je t'embrasse encore une fois*. Le viel ami se précipita sur la main du prince et sentit amèrement l'impuissance de l'homme à racheter de ses jours les jours qu'il voudrait sauver.

« Les compagnons de M. de Nantouillet, M. le comte de Chabot, M. le marquis de Coigny, M. le comte de Brissac, M. le vicomte de Montélegier, M. le prince de Beaufremont, et M. le comte Eugène d'Astorg, étaient aussi accourus ; ils se pressaient autour de leur prince expirant, comme ils l'auraient environné au champ d'honneur. Leur douleur était partagée par les autres loyaux serviteurs attachés au reste de la famille royale. M. le marquis de Latour-Maubourg se tint constamment debout au pied du lit de monseigneur le duc de Berri. Ce guerrier, qui avait laissé une partie de son corps sur les champs de bataille, étaient là comme un noble témoin envoyé par l'armée pour assister au dernier combat d'un héros.

« Une autre scène se passait près de là : on interrogeait l'assassin. Il déclarait son nom, s'applaudissait de son crime; il disait qu'il avait frappé le duc de Berri pour tuer en lui toute sa race; que si lui, meurtrier, s'était échappé, il serait allé *se coucher*, et que le lendemain il eût renouvelé son attentat sur la personne de monseigneur le duc d'Angoulême. Se coucher pour dormir, malheureux ! Votre bienveillante victime avait-elle jamais troublé votre sommeil? Dans la suite de son interrogatoire, cette brute féroce, sans attachement même sur la terre, a déclaré que Dieu n'était qu'un mot, qu'elle n'avait d'autre regret que de ne pas avoir sacrifié toute la famille royale. Et le prince expirant, plein de tendresse et d'amour, n'a d'autre regret que de ne pouvoir sauver la vie à son meurtrier; il n'acusse persone, et sa rigueur ne tombe que sur lui-même...

« La foule s'était écoulée du spectacle : le plaisir avait cédé la place à la douleur. Les passages conduisant à l'appartement du prince étaient renplis. Trois bulletins avaient été portés aux Tuileries. A cinq heures, le roi arriva : on l'avait toujours rassuré sur la position du prince. Le mourant, qui avait entendu le bruit des chevaux dans la rue, parut revivre. Le roi entra. *Mon oncle*, dit aussitôt monseigneur le duc de Berri, *donnez-moi votre main que je la baise pour la dernière fois*. Le roi s'avança : son visage exprimait cette douleur majestueuse que ressentit Louis XIV lorsqu'il vit l'espoir de la monarchie reposer sur la tête d'un enfant. Il donna sa main à baiser à son neveu, et baisa lui-même celle du prince infortuné. Alors monseigneur le duc de Berri dit au roi : *Mon oncle, je vous demande la grâce de l'homme*. Le roi, profondément ému, répondit : *Mon neveu, vous n'êtes pas aussi mal que vous le pensez ; nous en reparlerons. — Le roi ne dit pas oui*, reprit le prince en insistant ; *grâce au moins pour la vie de l'homme, afin que je meure tranquille.*

« Revenant encore sur le même sujet : *La grâce de la vie de cet homme eût pourtant adouci mes derniers momens !* Enfin, lorsqu'il ne pouvait plus parler que d'une voix entrecoupée, on l'entendit dire : *Si du moins j'emportais l'idée... que le sang d'un homme ne coulera pas après ma mort.*

« Le roi demanda en latin à M. Dupuytren ce qu'il pensait de l'état du prince. M. Dupuytren fit un signe qui ne laissa au monarque aucune espérance.

« Monseigneur le duc de Berri avait pourtant rassemblé le reste de ses forces. Sous les yeux du chef de son auguste maison, le pouls s'était ranimé, la parole était plus libre, l'oppression moins violente. Le prince s'inquiéta du mal qu'il avait pu faire au roi en troublant son sommeil ; il le supplia d'aller se coucher. *Mon enfant*, répondit le roi, *j'ai fait ma nuit ; il est cinq heures, je ne vous quitterai plus.*

« Monseigneur ne s'était pas abusé sur le soulagement apporté à son état par cette vertu de la présence du roi qui ranime toujours un cœur français. Il sentit approcher une défaillance, et dit : *c'est ma fin.*

« Madame la duchesse de Berri, qui depuis si long-temps faisait violence à sa douleur, la laissa enfin éclater. *Ses sanglots me tuent*, s'écria le prince ; *emmenez-là, mon père.* On entraîna la princesse dans le cabinet voisin. La princesse fut un peu soulagée par ses larmes ; elle promit de ne plus pleurer, et elle rentra dans l'appartement du prince.

« Tout espoir s'évanouissait, les symptômes les plus alarmans étaient revenus. Le découragement des médecins était visible : la mort arrivait. Le prince demanda à être changé de côté, les medecins s'y opposèrent : le prince insista. On l'entendit prononcer à voix basse ces derniers mots : *Vierge sainte, faites-moi miséricorde !* Il ajouta quelques autres paroles qui se sont perdues dans la tombe. Alors on le tourna sur le côté gauche selon son désir : dans un instant, les facultés intellectuelles s'évanouirent. Monsieur parvint une seconde fois à arracher sa fille à l'horreur de ce dernier moment.

« Hors de la présence de son mari, madame la duchesse de Berri se livra au plus effrayant désespoir ; s'adressant à madame la vicomtesse de Gontaut, elle s'écriait : *Madame, je vous recommande ma fille. Puisque mon mari est mort, je veux mourir aussi.* Tout à coup, échappant aux bras de ceux qui la retiennent, elle rentra dans la chambre de deuil, renverse tout sur son passage, arrive auprès de la couche, pousse un cri, et se jette échevelée sur le corps de son mari. Monseigneur le duc de Berri venait d'expirer. On présente en vain à la bouche du prince le verre qui couvrait la tabatière du roi : le souffle que l'on cherchait était retourné à Dieu. Tout le monde tombe à genoux ; des sanglots et des prières s'élèvent vers le ciel...

« A cette clameur succéda un morne effroi. Le silence de la mort semble un moment se communiquer à ceux qui environnent le lit funèbre. Madame la duchesse de Berri le rompt la première ; elle se lève, se tourne vers le roi, et lui dit *Sire, j'ai une grâce à requérir de Votre Majesté ; elle ne me la re-*

fusera pas. Le roi écouta dans l'égarement de sa douleur la princesse ajouter; *je vous demande la permission de retourner en Sicile: je ne peux vivre ici après la mort de mon mari.* Le roi cherche à la calmer; on la porte dans son carrosse à moitié évanouie, et on la dépose dans son palais solitaire.

« Les princes prièrent alors le roi de s'éloigner. *je ne crains point le spectacle de la mort,* répondit le monarque, *j'ai un dernier devoir à rendre à mon fils.* Appuyé sur M. Dupuytren, il s'approche du lit, ferme les yeux et la bouche du prince, et se retire sans proférer une parole. »

CRAPITRE IV.

Effet produit par l'assassinat du prince. — Révolution politique. — Précaution et prudence. — Mariage arrêté entre mademoiselle et le duc de chartres. — Le roi console M. Decazes. — il prévoit son malheur. — Le roi le défend contre la famille royale. — Conseil qu'il donne à M. Decazes. — Hostilité des royalistes envers lui. — M. Clausel de Coussergue. — Il accuse M. Decazes de complicité du meurtre du duc de Berri. — Discours de M. de La Bourdonnaye. — Adresse énergique votée à la chambre des députés — *Le pied lui a glissé dans le sang.* — Monsieur demande le renvoi de M. Decazes. — Conseil de cabinet. — M. Decazes propose au roi son successeur. — Ce que le roi dit à Monsieur. — On veut M. de Richelieu à la présidence du conseil. — Il l'accepte.

L'assassinat du duc de Berri fut un événement terrible qui retentit dans toutes les cours de l'Europe. Il me serait impossible de dépeindre les angoisses de mon ame, le mélange de désespoir et de colère qui la remplit, le désir immodéré de vengeance que je ressentis. J'eus fort à faire pour contenir tant de pensées tumultueuses, ce besoin si légitime, si dangereux, peut-être, de remonter jusqu'aux vrais coupables,

Il y a, dans cette affreuse histoire, des profondeurs qu'on ne pénétrera jamais bien. *Non, le meurtre de mon malheureux neveu n'est pas un crime isolé*, et cependant, dans le procès public, la chose parut prouvée : il résulta de l'universalité des dépositions, que l'assassin était seul. *Cela n'est pas vrai*; mais je le répète, on a agi comme il convenait de le faire, pour éviter de plus grandes catastrophes peut-être.

Dans quel état d'exaltation je demeurai jusqu'au jour de la naissance de M. le duc de Bordeaux ! C'était là que devait finir ou recommencer la dynastie royale. Si ma nièce avait mis au monde une fille, une révolution de palais serait devenue indispensable ; trois rois auraient disparu en un même jour, les choses étaient arrivées au point que mon abdication, et celle de Monsieur et du duc d'Angoulême auraient été commandées par les circonstances. C'est un secret que peu ont connu. J'avais vu l'impossibilité de nous maintenir en présence du nouvel héritier présomptif ; il m'était prouvé, mathématiquement, que les gens qui entouraient ce prince n'auraient pas permis que les rameaux, dorénavant stériles, de la branche aînée, achevassent leur existence sur le trône. Nous nous serions trouvés en butte à tant de trames, à tant d'intrigues, que pour le repos de la France, et notre propre sûreté, il eût été prudent de nous mettre à l'écart,

Monsieur, père inconsolable, avec lequel je traitai ce point délicat (lui seul, monseigneur le duc d'Angoulême et Madame royale en ont eu connaissance), Monsieur vit aussi bien que moi le péril de notre nouvelle situation, et surtout ce qu'elle présentait d'équivoque. Il tenait peu aux grandeurs de la terre ; il voyait que le temps nous manquerait pour faire venir, établir et naturaliser en France des membres mâles du second rameau de la branche aînée, celle d'Espagne ; et que, par conséquent, puisque la providence voulait que le sceptre passât à la postérité de ce régent qui a tant fait de mal à la France, nous devions nous soumettre à ses décrets.

Ce fut alors que nous arrêtâmes le mariage de mademoiselle de Berri avec le jeune duc de Chartres, mariage que je conseille de maintenir, quoique la naissance du duc de Bordeaux assure à notre famille une prolongation de règne.

Parmi ceux dont la douleur fut excessive après la sanglante catastrophe, je signalerai M. Decazes. J'eus besoin de le consoler ; car il savait avec quelle rage ses ennemis l'attaqueraient, comment ils chercheraient à le rendre responsable d'un meurtre, que certes il ne pouvait prévoir.

Il se jeta à mes pieds en me conjurant de le défendre contre la malice de ses adversaires, et de croire qu'il aurait sans hésiter, sacrifié sa vie, pour sauver celle de la royale victime.

— Je n'en doute pas, mon enfant, lui dis-je, et je réponds de votre cœur comme du mien ; mais je ne puis vous donner une prime d'assurance contre les coups qu'on vous portera sur le champ de bataille, ce sera le château et la chambre des députés. Ici la victoire ne vous manquera pas. Êtes-vous certain de la majorité au Palais-Bourbon?

M. Decazes était aussi ignorant que moi sur ce point. En effet, qui pouvait savoir si un événement aussi affreux n'amènerait pas d'autres combinaisons, ne pousserait pas vers l'extrême droite des hommes attachés au fond à ma famille, et persuadés désormais que tout ménagement envers la démagogie était une faute, et qu'il fallait l'attaquer avec vigueur pour la dompter? D'ailleurs moi-même, je l'avoue, je me trouvais entièrement changé: le système d'équilibre suivi jusqu'alors n'était pas bon, puisqu'il n'avait gagné à ma cause aucun de ceux que je caressais en quelque sorte, afin de les faire sortir de leurs anciennes erreurs.

Oui, j'étais forcé de voir qu'entre la monarchie bourbonnienne et la révolution, c'est une guerre d'extermination où nulle trêve n'est possible. Ceux qui ont pris nos biens, qui nous ont proscrits, emprisonnés, tués, nous et nos amis, n'oublieront jamais leurs crimes; ils craindront toujours que nous aspirions à les punir. D'ailleurs, quel point de contact y a-t-il entre l'anarchie et la loi, l'impiété et la religion, la vertu et le vice? aucun. Le roi doit être en opposition permanente avec les régicides; et dès que je me fus bien inculqué cette vérité positive, je tendis à mon tour vers l'extrême droite.

Si d'abord je ne manifestai pas ouvertement ce changement de pensée; si, pendant près d'un an encore, je me maintins dans une sorte d'hésitation, il faut l'attribuer à la crainte que j'avais de la naissance d'une fille ; je savais que, dans ce cas, les personnes qui m'avaient aidé à ramener le vaisseau de l'état sur sa mer naturelle en seraient châtiées, et que déjà sans doute on dressait les tables de proscription où l'on inscrirait les royalistes purs. Ce fut ce que j'opposai aux sollicitations pressantes de ma famille : je lui dis que plus tard elle aurait pleine satisfaction.

J'eus à soutenir dans mon intérieur un assaut violent, et je puis dire général. On prétendait que monseigneur le duc de Berri avait été assassiné par des conspirateurs auxquels M. Decazes n'était pas étranger. Cette odieuse calomnie fut présentée d'abord comme une vérité incontestable. — Mais, disais-je, donnez-m'en une preuve. — Le fait est certain. — Dans ce cas, il sera facile de le prouver. Croyez que je ne fermerai pas les yeux à l'évidence.

J'avais beau tenir le langage de la raison, on ne me répondait que par celui de la haine. Un des principaux griefs, et certes bien injuste, que l'on reprochait à M. Decazes était de ne pas vouloir améliorer la loi des élections. On prétendait le convaincre de ce grief en montrant la session ouverte depuis deux mois et demi, et le projet non encore présenté. J'avais compris l'avantage que dans l'occurence on tirerait de ce retard, et lui avais dit le matin du 14 février :

—Au nom de Dieu, donnez-leur la loi, n'importe comment vous l'aurez accommodée. L'essentiel est qu'elle puisse fermer la bouche aux mécontens, aux énergumènes, et mieux encore aux fanatiques à froid.

Tout ce que je prévoyais arriva. Une foule immense assiégeait les avenues du Palais-Bourbon; les députés étaient presque tous en costume ayant un triple crêpe au chapeau, à l'épée et au bras; d'autres venaient en costume noir complet, avec des pleureuses et des effilés. Partout dans les groupes se manifestaient le chagrin et l'indignation. Ceux qui se réjouissaient du crime, cachaient leur satisfaction sous une douleur hypocrite, et la plupart essayaient de donner le change à leurs sentimens secrets.

L'extrême droite, bien que réellement affligée, était triomphante. Par là, j'entendis qu'elle espérait que ce dernier crime séparerait entièrement la royauté de la démagogie, et que désormais on n'aurait pas besoin de répéter à mon ministère ces vers *d'Athalie*, si convenables à la situation actuelle :

> Le sang de vos rois crie, et n'est pas écouté.
> Rompez, rompez tout pacte avec l'impiété.

Là, MM. de la Bourdonnaye, de Castelbajac, de Sallabery, de Puymaurin et de Clausel-Coussergue, se juraient réciproquement, ainsi que nombre d'autres, de renverser M. Decazes. Ce dernier, homme de robe et d'épée, qui a servi la monarchie de sa personne et de sa plume, apportait dans le royalisme toute la chaleur d'une tête méridionale. Il voyait dans le ministre de l'intérieur le champion du libéralisme ; il le détestait politiquement, et rêvait de lui des actes coupables. M. de Clausel-Coussergue attendait avec impatience que la tribune lui fût ouverte. Aussi dès la lecture du procès-verbale achevée, il prit la parole, et d'une voix qui domina les murmures de la gauche :

« Messieurs, dit-il, il n'y a point de loi qui fixe le mode d'accusation des ministres ; mais il est de la nature d'une telle délibération qu'elle ait lieu en séance publique et à la face de la France. Je propose à la chambre de porter une acte d'accusation contre M. Decazes, ministre de l'intérieur, comme complice de l'assassinat de monseigneur le duc de Berri ; si on le permet, je vais développer ma proposition. »

Ici toute la gauche se leva pour demander le rappel à l'ordre de l'orateur. Le président le censura indirectement, en disant qu'il ne lui avait accordé la parole que parce qu'il croyait qu'il se serait agi du procès-verbal. L'orateur, continuant toujours, lut la lettre par laquelle le président du conseil des ministres donnait avis du crime commis pendant la nuit dernière, et de la mort qui s'en était suivie. Alors M. de la Bourdonnaye dit à son tour :

« Quel esprit un peu élevé peut voir un assassin

obscur, sans haine personnelle comme sans ambition, porter une main parricide sur le descendant de nos rois, sur celui qui devait en perpétuer le sang; et cela dans le but hautement avoué d'en tarir à jamais la source; sans reconnaître, dans cet horrible forfait, le calcul déplorable d'une imagination exaltée par le fanatisme politique qui sape chaque jour les fondemens du trône pour élever sur ses ruines de nouveaux pouvoirs; dont une philantropie délirante a cherché la source dans la souveraineté du peuple, dans la puissance numérique de la multitude, dans le droit du plus fort enfin, contre lequel le contrat social fut rédigé et l'ordre public institué?

« A la vue d'un attentat si déplorable, la première pensée d'un corps politique doit être de détruire dans son germe un fanatisme qui conduit à des résultats aussi funestes, parce que ce n'est qu'en enchaînant de nouveau l'esprit révolutionnaire qu'un bras de fer avait comprimé, ce n'est qu'en sévissant contre des écrivains téméraires enhardis par l'impunité, que vous arrêterez les manœuvres scandaleuses et coupables qui commencent les révolutions et excitent aux crimes les plus odieux. »

M. de La Bourdonnaye conclut en demandant que l'adresse qu'on me présenterait affirmât la volonté de coopérer avec énergie à toutes les mesures nécessaires pour comprimer les doctrines pernicieuses qui, sapant à la fois tous les trônes, toutes les autorités, attaquent la civilisation entière et menacent le monde de nouvelles révolutions.

Les centres et la droite approuvèrent le discours de M. de La Bourdonnaye; le comte Foy, au contraire, parla de demeurer dans l'ordre légal. Il ne pensait pas que dans ce moment on forçait la constitutionnalité aux dépens de la monarchie. Cependant la majorité se prononça pour qu'on accordât au gouvernement les secours réclamés par l'opportunité de la circonstance.

Ce qui se passa à la chambre des députés et ce qu'on ne manqua pas de me rapporter acheva de me convaincre que je ne pourrais désormais conserver M. Decazes au ministère. Martainville, rédacteur du *Drapeau Blanc*, dit le même jour, en parlant du président de mon conseil : *Le pied lui a glissé dans le sang!* C'était une malice cruelle, si par là il faisait allusion à la prétendue complicité de M. le ministre avec les assassins du malheureux duc de Berri. Sous un rapport, il disait vrai, sans doute; oui, le *pied* de M. Decazes *a glissé dans le sang*; car on s'est servi du meurtre de mon neveu pour perdre le ministre qui m'était cher.

Monsieur me déclara que désormais il lui serait impossible de supporter la vue de M. Decazes ; Madame me tint le même langage, et elle termina par la phrase suivante :

— Le président du conseil est l'homme du duc d'Orléans.

Que pouvais-je répondre pour rétorquer cette accusation qui n'était fondée sur aucune base ?

Les heures s'écoulaient dans le chagrin et dans des luttes pénibles; j'avais indiqué un conseil d'état où, à part les secrétaires d'état ayant départemens et portefeuille, je fis appeler MM. de Fontanes, de Garnier, de Lally-Tolendal, Mounier et Portalis; le marquis de Brézé, grand-maître des cérémonies de France, y prit place à cause de la solennité des obsèques de mon infortuné neveu.

On décida d'abord le point d'étiquette, la chapelle ardente au Louvre et la pompe du convoi funèbre, puis deux projets de loi furent lus. L'un devait suspendre l'exercice de la liberté individuelle et investir l'autorité de plus de moyens énergiques pour réprimer les complots. Le second tendait à établir la censure sur les journaux, la presse périodique pouvant faire trop de mal si elle était livrée à sa véhémence perturbatrice.

Les membres du conseil du cabinet que j'avais choisis parmi les ministres d'état étaient en liaison avec les députés de la chambre, aussi j'étais certain que ce qu'il me conviendrait de leur dire serait répété. Je crus devoir défendre M. Decazes, je me plaignis de l'accusation de complicité dans l'assassinat de M. le duc de Berri, que les ultras faisaient rejaillir sur moi.

— Sur vous, sire ! s'ecrièrent à la fois MM. de Lally-Tolendal et de Fontanes, nul n'en a rien dit, et l'absurdité de la chose.....

— Messieurs, repris-je, n'est-ce pas arriver jusqu'à moi que de reprocher ce grand malheur à

M. Decazes? Pensez-vous que si son système n'était pas le mien, je le laisserais maître de le poursuivre; non sans doute, il exécute ma volonté, et voilà tout. D'ailleurs, sans parler de cette inculpation qui retombe sur ma personne, il y a long-temps que je suis en butte à des calomnies de ce genre; on en veut venir à un changement de ministère ; soit, si cela est nécessaire, mais je ne veux pas abdiquer entre les mains des conseillers qu'on m'imposera.

Après cette vive sortie que j'abrège, je demandai s'il n'était pas possible de se former un appui dans une majorité prise dans les deux centres, bien entendu toutefois que celui de gauche me fournirait des garanties de ses sentimens monarchiques.

M. Decazes était présent, on craignait de le mécontenter puisqu'on le voyait encore fort de mon amitié, et néanmoins ni l'un ni l'autre de ceux auxquels je m'adressai plus particulièrement n'osa m'assurer que cette majorité aurait lieu telle que je la souhaitai. Le marquis de Fontanes prenant la parole:

— Le royalisme, dit-il, vient de recevoir une trop violente secousse pour qu'il se rallie à un ministère, à moins qu'il ne lui donne toute sa confiance, car au point où nous en sommes aujourd'hui.....

M. de Fontanes s'étant arrêté, M. de Lally-Tolendal dit que l'irritation des ultra-monarchistes était trop envenimée pour qu'on pût espérer de la calmer. Il faut connaître, ajouta-t-il, les garanties que leur offrira le ministère.

Je voyais que chacun de ces messieurs visait à entrer dans le conseil, et mon intention n'était pas de consentir à cette fantaisie. Je levai la séance, et, seul avec M. Decazes, je m'informai si les doctrinaires le soutiendraient : il me répondit avec la plus noble franchise qu'il n'osait y compter ; que dans ce parti (le canapé, comme on l'appelait alors), l'égoïsme l'emporterait sur toute autre considération, que si on trouvait moyen de le renverser pour prendre sa place, on le ferait avec empressement, bien loin de songer à l'appuyer.

M. Decazes continuant à jouer son rôle d'honnête homme, j'appris que les organes de la presse royaliste avaient déclaré qu'ils lui feraient une guerre à outrance, qu'on s'y prendrait de toutes manières pour déconsidérer le ministère et le rendre suspect aux gens bien pensans, qu'on assumerait enfin sur la tête du président du conseil la responsabilité de tout ce qui résulterait de la récente catastrophe.

— Et les libéraux, dis-je, seront-ils ingrats?

— Ils sont en minorité, d'autant mieux que le centre gauche peut à chaque instant échapper à une combinaison parlementaire.

J'avais fait cette dernière question à M. Decazes plutôt pour savoir ce qu'il en était que pour l'autoriser à négocier avec ce parti, duquel je n'aurais pas consenti à me rapprocher.

M. Decazes ne se démentit point : il fut le premier à me proposer un changement de système et un cabinet composé sur de nouvelles bases.

— Qui en serait le chef? dis-je.

— Mais le roi peut choisir entre le prince de Talleyrand et M. le duc de Richelieu.

— Le premier, jamais; quant au second, je n'ai aucune répugnance à le mettre à la tête du cabinet. Voudra-t-il y entrer? c'est la question. Allez le trouver de ma part : je suis déterminé à subir la loi de la nécessité ; mais si je dois me séparer de vous, ce ne sera pas sans avoir montré que je sens vivement ce que Syrus exprime si bien par cette maxime :

Amicum perdere est damnorum maximum.

(La plus grande perte est celle d'un ami.)

A ces mots, M. Decazes, auquel je tendis la main, la baisa à plusieurs reprises avec un profond attendrissement que je partageai.

Dès que le président du conseil se fut retiré, je fis appeler Monsieur. Ce pauvre frère ne pouvait se consoler du coup cruel qui l'avait frappé ; ses pleurs coulaient presque constamment, et sans la religion qui le soutenait, j'aurais redouté les suites de son désespoir. Dès qu'il fut entré, je lui dis:

— Vous ne vous plaindrez pas de moi ; vous avez exigé le sacrifice de l'homme auquel j'accordais ma confiane, j'y ai consenti: M. Decazes se retire.

— Ah! que n'est-il parti un an plus tôt! mon fils vivrait encore !

— Vous êtes injuste, mon frère. Aucun ministère, même celui que vous auriez choisi, n'aurait sauvé notre malheureux enfant. Ce sont les principes de la révolution qui ont fait le crime ; espérons qu'ils n'iront pas plus loin.

Monsieur était trop satisfait de ma détermination pour me contredire davantage. Il me demanda seulement à qui je réservais la place de président du conseil. Ce fut la première fois qu'on me proposa M. de Villèle pour en remplir les fonctions. Je ne pus m'empêcher de repartir :

— La chose n'est pas encore assez avancée pour que je consente à m'annihiler complètement.

Monsieur se plaignit de ce qu'il appela la dureté de ce propos, et il continua à me faire un pompeux éloge de M. de Villèle. Je répondis que je lui croyais du mérite ; mais que le duc de Richelieu était le seul qu'il me plaisait dans ce moment de porter à la tête des affaires. Celui-ci était bien alors avec le pavillon Marsan ; aussi Monsieur me remercia de ce choix.

Ce qu'on craignait le plus autour de moi, c'était un refus de M. de Richelieu; en conséquence, dès que Monsieur eut appris cette nouvelle à ses amis, on se hâta de faire parler au duc, pour qu'il n'opposât pas une résistance invincible à rentrer aux affaires. Parmi ceux qu'on lui dépêcha, on n'eut garde d'oublier M. Laîné, dont les vertus romaines avaient acquis son estime.

M. Laîné démontra au duc de Richelieu le péril

du moment, la nécessité de former une masse compacte, et capable d'opposer une digue aux entreprises révolutionnaires, et surtout de satisfaire les royalistes, qui, dans la circonstance, ne se rallieraient qu'à un homme dont ils seraient sûrs.....

Ici M. de Richelieu, interrompant son ami, s'écria :

— Mais moi, ne m'ont-ils pas outrageusement maltraité pendant la durée de mon ministère ? Quelle garantie me donnerez-vous que les royalistes purs me soutiendront maintenant ?

Ce fut un autre obstacle à lever. M. Laîné, avec sa probité antique, prit, au nom des ultras, un engagement que certes aucun ne devait tenir. Enfin il pressa M. de Richelieu avec tant de chaleur qu'il en obtint une demi-parole. Le duc voulait, avant de rien décider, entendre les mêmes promesses de la bouche du comte d'Artois.

CHAPITRE V.

M. Decazes accusé d'orléanisme.— M. Capelle.—Lettre du roi à M. de Serre.— Comte de Portalis.— Il plaît aux *zelanti*. —Le roi s'isole sur le trône.—Comment il témoigne sa bienveillance à M. Decazes.— Il se querelle avec Monsieur relativement au comte Decazes.— L'évêque de Chartres.— L'abbé de Frayssinous.— Gouvernement occulte.— Détails. —M. Madier Monjau.— Sa dénonciation.— Dénouement de cette affaire.— Explication qui n'explique rien.— Pourquoi le roi voudrait avoir une baguette magique.— Monomanie de Monsieur envers la famille d'Orléans.— Anecdote de l'altesse royale.

Monsieur a toujours en vue le bien public, aussi le trouve-t-on prêt à chaque démarche qu'on lui demande au nom de l'état. On l'avait entraîné naguère à promettre sa protection au duc d'Otrante, on dut avoir beaucoup moins de peine à le décider à s'engager avec le duc de Richelieu. Il lui accorda donc une audience, dans laquelle il se montra décidé à le soutenir; l'essentiel étant, dit-il, que M. Decazes fût renvoyé.

Monsieur dans ce moment était convaincu que ce ministre avait des liaisons avec le parti d'Orléans; il prétendit m'en fournir des preuves là où je ne vis que la haine du pavillon Marsan pour M. Decazes.

Monsieur donc, persistant dans son éloignement pour M. Decazes, n'hésita pas à promettre à M. de Richelieu le concours constant *de ses amis* dans les deux chambres.

Ce point convenu, il fallait choisir la place que M. de Richelieu occuperait. Il ne voulut ni de celle de l'intérieur, ni du ministère des affaires étrangères; en conséquence, on lui en fit un sans portefeuille de la simple présidence. Il me désigna, pour remplir le poste que laissait vacant la démission de M. Decazes, le comte Siméon, que j'ai déjà fait connaître. Ce choix me convenait beaucoup : il y avait la capacité, savoir et sagesse. M. Mounier, fort aimé de M. de Richelieu, eut la place de sous-secrétaire-d'état; et M. Capelle, homme tout à mon frère, fut nommé secrétaire-général sous MM. Siméon et Mounier.

Ici encore, c'était un bon choix : M. Capelle est sans contredit une des premières supériorités du gouvernement impérial et une des meilleures conquêtes de la restauration. M. Capelle a autant d'habileté que d'esprit, autant de finesse que de profondeur. Il ira loin, s'il parvient à se dégager de la foule des médiocrités qui l'environnent.

M. de Serre voyageait pour sa santé au moment de cette catastrophe. Il fallait craindre qu'il ne voulût en profiter pour se retirer des affaires; sa retraite eût été fâcheuse : aussi je lui écrivis, afin de le décider à demeurer. On doit se rappeler, pour l'intelligence de quelques passages de ma lettre, que

M. de Serre avait glorieusement servi dans l'armée de Condé.

« Mon cher soldat,

« Ce n'est pas au moment du peril que vous abandonnerez votre vieux général. Les assassins de votre roi menacent de nouveau le reste de sa famille infortunée. C'est par des coups de poignard qu'ils signalent leur retour. j'espère que votre secours ne me manquera pas, et que je vous trouverai comme je retrouve cet excellent duc de Richelieu, qui revient à moi sans fiel, sans rancune. Chacun de nous aujourd'hui a des sacrifices à faire et doit les consommer. Ne vous y refusez pas plus que les autres; restez avec nous un peu de temps encore. Hélas! l'heure approche ou nous nous reposerons de compagnie des fatigues du combat. Mais mon repos à moi sera éternel.

«Je compte en attendant sur vous, mon cher soldat comme vous pouvez en retour compter sur votre capitaine. Adieu....»

Le reste rentrait dans les phrases de convenance. J'ai toujours affectionné M. de Serre. Il y avait en lui tant de bonnes qualités! Avant son retour, et afin de lui rendre la besogne facile, le comte de Portalis fut nommé sous-secrétaire-d'état au département de la justice. Celui-ci est le fils d'un homme dont on ne peut faire assez l'éloge ; lui-même a de nombreuses qualités, peu brillantes, il est vrai, mais de bon aloi. Sa piété lui a fait avoir une rude affaire avec Buonaparte. Il a gagné le titre de confesseur de la foi, que lui donnent mes alentours.

M. de Portalis était allé à Rome consommer l'affaire du concordat, entamée par le duc de Blacas ; on l'y reçut à bras ouverts, à cause de sa résistance à Buonaparte, ou plutôt de la vertu avec laquelle il avait porté la fameuse bulle d'excommunication, cachée dans la forme de son chapeau. Il en était revenu chargé de pardons, d'indulgences, ce qui lui valut les bonnes grâces du pavillon Marsan. Aussi, ne pouvant avoir ici un des *nôtres*, on accepta avec plaisir M de Portalis.

L'affaire du ministère terminée à la satisfaction générale, je revins à celle de mon cher et malheureux ami. La violence d'un parti despote l'enlevait à ma confiance; et, lorsque, pour céder à des exigences impérieuses, je consentais à m'isoler sur le trône, je voulus du moins donner aux calomniateurs la preuve éclatante que je détestais leurs mensonges; et de moi-même, je réglai les récompenses que j'accordais à M. Decazes pour son dévouement et sa loyauté.

Je lui donnai le brevet de ministre d'état et de membre du conseil privé. Je le maintenais par là au plus haut degré de la position sociale, puisque je lui ouvrais à perpétuité l'entrée du conseil. Je fis ensuite de ce ministre un duc et pair de France. Ce titre avait d'autant plus de prix que, loin de le prodiguer, je l'avais réservé uniquement pour le petit nombre de gens de l'ancien régime, sur lesquels il me plaisait de verser mes faveurs. Aucun homme nouveau ne l'avait encore obtenu.

Je regarde la dignité de duc et pair comme la plus éclatante dans un gouvernement, comme celle dont l'obtention est la meilleure preuve de mon estime et de mon affection; et certes, tant que je régnerai, nul ne la polluera par une admission inconvenante. On savait là-dessus mon opinion ; et ce fut au château un deuil général que ce duché, que cette noble couronne posée sur la tête de M. Decazes. On aurait voulu l'accabler d'une pleine disgrâce. Mais que ne dit-on pas lorsqu'on apprit que le congédié était appelé à l'ambassade d'Angleterre qui, dans la circonstance présente, était certes la première parmi les plus dignes !

M. de Richelieu eut à ce sujet plus d'une lance à rompre. Certains osèrent lui dire que, puisqu'il consentait à de pareils choix, il devait s'attendre à être abandonné de ses amis ; qu'il fallait opter entre les royalistes et M. Decazes. Le duc répondit que ce qui se faisait avait lieu par mon ordre, et qu'il engageait les mécontens à se plaindre au roi. Nul ne se hasarda à le faire. Monsieur seul me dit qu'on trouvait étrange de voir récompenser d'une manière aussi éclatante un homme qui méritait un châtiment.

— Et pourquoi, s'il vous plaît? demandai-je.
— Mais pour sa conduite criminelle.

— A quelle époque ?

— Pendant son administration.

— Et ma signature, ne la lui ai-je pas confiée librement ?

— Il a trempé dans le meurtre de mon malheureux fils !

— Certes, si cette chose m'est prouvée, soyez certain, mon frère, que sa disgrâce en sera d'autant plus terrible, et que nulle considération ne le dérobera au châtiment mérité. Mais ce ne sera pas sur de vaines allégations que je livrerai M. Decazes; il me faut des actes, des témoignages au moins ; et jusqu'ici, malgré la bonne volonté de ceux qui vous entourent, on n'a pu trouver même aucune apparence d'un grief. Le grand crime de M. Decazes est de déplaire à ceux que vous aimez. On lui fait un tort de sa faveur; il me semble que, puisqu'il la perd, les calomnies devraient s'arrêter.

Monsieur se récria sur ce mot.

— En vérité, répondis-je, ma patience commence à se lasser. Avez-vous oublié toutes les allégations contre d'Avaray ? Qui des vôtres *ne possédait pas la preuve évidente de la trahison de ce cher ami ?...* D'Avaray mourut; Blacas vint à sa place, et l'on vit se renouveler les mêmes intrigues. On se sert aujourd'hui d'armes semblables contre M. Decazes, et vous ne vous en apercevez pas ! Ouvrez enfin les yeux, mon frère. Quant à moi, je croirai à la trahison d'un Fouché, d'un Talleyrand, parce qu'elle a été l'histoire de toute leur vie ; mais on n'a aucun reproche raisonnable à faire à M. Decazes. Aussi ma conviction à ce sujet est inébranlable.

On s'était flatté au pavillon Marsan que la chute de M. Decazes aurait amené un changement complet de système dans lequel ces messieurs espéraient entrer. Ce fut à cet époque que M. de Latil, qui exerce une influence positive sur mon frère, se plaça à la tête de ce qu'on appelle le parti prêtre. Il y avait cependant, en arrière de lui, un ecclésiastique bien autrement habile et plus en état de diriger la flotte de saint Pierre, je veux parler de M. l'abbé de Frayssinous, depuis évêque d'Hermopolis.

Celui-ci est, sans contredit, le prélat le plus remarquable de l'époque; sa capacité supérieure devinée par Buonaparte, qui était un bon juge, est jointe à beaucoup de finesse, à un art de conduite parfait; homme de Dieu, homme du monde, homme d'état, homme de lettres, il a tout ce qui fait les grands ministres, tout ce qui appelle au gouvernement des royaumes. Sa pitié n'est pas du fanatisme, ses idées libérales n'ont rien de philosophique; il est dialecticien serré, orateur éloquent; il connaît également bien l'attaque et la défense. Il a de l'aplomb, de la présence d'esprit, et de ces ressources étendues qui sont si utiles lorsqu'on sait s'en servir à propos.

M. de Frayssinous, n'eût été sa robe, fût entré plus intimement dans mon conseil, et en autre temps, aurait fort bien rempli la présidence ; mais outre que ma sagesse l'en eût repoussé, il n'y serait pas parvenu par la voie naturelle, celle de son parti ; ici on le redoute presque, on hésite à l'employer en première ligne, et cela à cause de sa suprématie incontestable. Il est membre du conseil secret, mais il n'est pas toujours convoqué, on le laisse à l'écart le plus possible, tandis qu'on ne trouve pas de place assez évidente pour M. de Latil et un ou deux autres. Il y a de singuliers aveuglemens dans les cabales; on repousse presque toujours ceux dont la coopération serait une victoire.

Chaque fois que je parle avec M. Frayssinous, je suis content de lui et de moi ; il trouve l'art de faire valoir l'interlocuteur sans s'effacer soi-même; il est fort instruit sur la politique étrangère, il entend aussi bien l'administration intérieure, il comprend les concessions à faire au siècle, il pense qu'il vaut mieux acquérir par la douceur et la patience que par la force et la promptitude. Il résulte de tout ceci, que parmi les *zelanti*, M. Frayssinous passe pour être tiède. C'est compléter son éloge.

Ce n'est pas ce prélat qui se serait avisé d'établir à côté de mon gouvernement un pouvoir occulte comme le fit M. de Latil de concert avec MM. de Polignac, de Fitz-James, de Bruges et de Vitrolles. Le but de ce pouvoir était de soutenir les droits de Monsieur comme s'ils eussent été attaquables; de maintenir les esprits dans la ligne monarchique, et surtout d'obtenir des renseignemens positifs sur les solliciteurs de places. Chacun de ceux-ci était soumis à une enquête secrète sur tous les actes de sa vie, enquête qui était, et, je puis dire, est encore transmise aux personnes compétentes pour en décider.

Là aboutissent de tous les points du royaume les fils dirigeans; on dicte la conduite à tenir dans telle circonstance ; les mouvemens à faire dans telle autre; on surveille les jacobins, les buonapartistes, les libéraux, nos ennemis, il est vrai; mais dans ce nombre on place trop facilement ceux qui négligent leurs devoirs religieux, qui vont peu à la messe et point à vêpres. Ce délit justiciable du tribunal de la pénitence, leur est imputé à délit civil et puni en conséquence par le refus de toute faveur. En manquant ainsi de tolérance, on tourne contre nous ce qui était pour nous.

Je ne me rappelle pas bien si ce fut à cette époque ou un peu plus tard qu'un homme fort insignifiant, émis en polichinelle politique par les libéraux, fut jeté au gouvernement en manière de chat aux jambes; cela s'appelait M. Madier de Monjau, fils d'un membre de l'assemblée constituante et lui-même conseiller à la cour royale de Nismes. Ce personnage, incapable de faire du bruit par son talent, provoqua un tumulte prodigieux, en dénonçant aux chambres cette puissance occulte qui s'élevait à côté de la mienne.

Le premier moment de terreur au château fut

plaisant. On s'imagina que le voile du temple était déchiré du haut en bas, et que tout œil profane allait plonger dans les secrets du sanctuaire. Il y eut presque un sauve-qui-peut général ; les plus courageux craignirent de jeter un regard en arrière, cependant on se rassura : M. Monjau voulait faire plus de peur que de mal. Après avoir crié, il se tut, mais de manière à laisser croire qu'il ne savait rien, ou qu'il avait consenti à ce qu'on lui fermât la bouche. Tout ce que l'on sut, c'est que M. de Fitz-James écrivit à ses amis des lettres numérotées et enregistrées; cela mit certaines gens de mauvaise humeur sans produire aucun effet.

Quant à moi, je voulus en avoir le cœur net, j'envoyai chercher qui de droit, et lorsque le personnage eut comparu :

— Eh bien, lui dis-je, serez-vous toujours incorrigible ?

On se récria sur la cruauté d'une inculpation injuste.

— Ne voyez-vous pas que vous apprenez à des factieux véritables ce qu'ils doivent faire, que vous les excitez à la rébellion et aux complots ?

On nia plus que jamais ; tout mauvais cas sont niables, je le sais. On jura même; mais ici j'arrêtai.

— Pas de faux sermens, dis-je, je n'aime pas les tournures jésuitiques. Un jour viendra où vous serez cruellement puni de tout ce qui se passe. Mais enfin qui est-ce qui vous porte ombrage? est-ce moi?...

A ces mots éclata une explosion de tendresse, on

me certifia qu'il ne se faisait rien qu'à bonne intention, celle de soutenir mon trône.

— Que l'intention soit bonne, je veux bien le croire; mais le moyen ne vaut rien : je vous le répète, vous inquiétez les esprits, on ne sait à qui entendre, à qui obéir, et tout cela parce qu'on ne rencontre pas cet unité si nécessaire dans un gouvernement représentatif. Pour Dieu ! manifestez votre attachement pour ma personne en jetant au feu vos registres, votre administration ténébreuse et pis encore. Savez-vous ce qui arrive de cette manière d'agir? je vais vous l'apprendre. Chaque fois qu'il y a quelqu'éveil sur un mouvement, on vous trouve à droite, et quelqu'un plus à gauche ; ma police alors s'arrête sans trop comprendre que ce qui est mal d'un côté est bien de l'autre. Il en advient qu'elle ne sait que faire, et que, dans la crainte de compromettre des personnes estimables, elle exercera moins de vigilance sur ceux qui sont véritablement à craindre.

La conversation se prolongeant, je me plaignis des meneurs chefs.

— Encore, dis-je, s'ils avaient de l'habileté, la faute serait moindre. Rappelez-vous qu'ils perdront tout ; mais je ne serai plus là, et Dieu sait comment on réparera tant de folies.

Je donnerais tout ce qui me serait demandé par la Providence pour pouvoir, d'un coup de baguette, enlever de la France, et empêcher d'y revenir pendant vingt ans, douze personnes à mon choix. L'avenir m'inquiète : que fera Monsieur, une fois sur le trône ! comprendra-t-il la royauté ? ne continuera-t-il pas à y agir contre lui-même ? Hélas ! il y a mis tant de zèle jusqu'à présent, que je dois craindre la perpétuité de cette erreur !

Parmi ses fautes, je signalerai sa bonté à l'égard de la famille d'Orléans. Le chef de cette maison a toujours tenté de se rapprocher de la couronne; depuis 1814, il sollicitait le titre d'altesse royale, auquel il n'avait aucun droit; il m'avait présenté là-dessus un long mémoire, très-faible d'argumens, mais qui montrait son vif désir d'obtenir cette faveur. J'avais opposé un refus à la requête; cela ne fit rien. Mon cousin est opiniâtre, et il se maintint dans son état de solliciteur; il se procura le secours de tous mes proches, et surtout celui de Monsieur, du duc et de la duchesse de Berri. Ce trio ne cessait de me répéter que les *d'Orléans étaient de braves gens*; je n'en doutais pas : quoi qu'il en soit, j'étais fatigué de ces instances; et ne pouvant plus y tenir :

—Monsieur, dis-je à mon frère en présence du duc et de la duchesse de Berri, je me garderai bien de donner le titre d'altesse royale aux d'Orléans; il ne convient pas de les rapprocher à ce point de la couronne, ils en sont déjà trop près dans l'intérêt de vos fils mes neveux.

Depuis cette réplique, Monsieur ne m'a plus parlé de l'altesse royale, ce qui ne veut pas dire qu'il m'ait compris.

CHAPITRE VI.

La loi des élections.— Le comte Decazes quitte Paris. — Fausse position de M. de Richelieu. — Loi sur la liberté de la presse. — Tentative criminelle de Gravier. — Mot de la duchesse de Berri. — Concile dirigeant. — La charte sert de bouclier aux révolutionnaires. — Agitation dans Paris.— Procès, jugement et mort de Louvel. — Conversation avec M. Bellard. — La loi des élections votée. — On voudrait abolir la loi salique.—Complot orléaniste. — Propos du duc de Raguse. — Ce que dit le roi. — Le roi d'Espagne lui demande d'établir son droit. — Réponse de Louis XVIII.

Vainement M. Decazes avait cru désarmer la haine de ses ennemis, en portant à la chambre des députés la loi sur les élections, presque au moment même où mon malheureux neveu expirait. Il ne s'agissait, pour ces messieurs, ni de bonnes lois, ni de digues positives, mais de chasser un homme qui leur déplaisait. On fit partir avec lui M. Guizot, lequel avait tant nui au ministère, parce qu'en général les beaux parleurs sont les plus vides de fond qu'on puisse rencontrer. Je citerai pour exemple M. Villemain, autre dépossédé.

Ces messieurs, dont M. Decazes n'avait pas compris la nullité, lui firent un tort immense. Ces professeurs de la doctrine donnèrent de l'importance à des niaiseries, et parvinrent à rompre l'unité libérale, car il leur fut impossible de marcher d'accord avec leur parti. C'est un service que je leur dois, mais dont l'intention me dispense de la reconnaissance.

M. Decazes écarté, et bientôt hors de Paris (il alla à Libourne avant de se rendre en Angleterre), et le duc de Richelieu à la tête du conseil, je dis : Messieurs, il est temps de marcher; mais quelle voie comptez-vous suivre ?

Le président, dans sa bonne foi, espérait la coopération du côté droit, et se flattait en outre de ne pas être abandonné de la gauche raisonnable, et des centres; il assembla le conseil. Ce fut là que j'achevai de perdre le peu d'illusion qui me restait sur les talens politiques de M. le duc de Richelieu; il était revenu au pouvoir sans système arrêté, et se reposant, je le répète, sur la bienveillance de tous.

Il est certain qu'aucun parti, dans le fond, ne se ralliait à sa cause; il était trop libéral pour les royalistes, et les libéraux se méfiaient de ses amitiés pour les ultras. Sa position, par conséquent, devenait fausse. Dans la chambre des députés, on lui prêterait bien d'abord un appui apparent; mais, lorsque la loi électorale serait passée, nul ne s'attacherait à le maintenir.

Le 1er mars, le ministre de l'intérieur présenta aux députés un projet de loi qui suspendait la liberté de la presse périodique, lequel réglait aussi la jurisprudence relative aux journaux et écrits périodiques. La discussion ne tarda point à s'engager sur ce point important; mais comme les débats ne rentrent pas dans le cadre de mes mémoires, à moins qu'ils ne se rapportent directement à moi-même, je ne parlerai pas de ceux-ci. La loi amendée passa, ce fut l'essentiel. Celles qu'on présenta en mon nom, et toutes relatives aux nécessités du moment, y compris la modification touchant la loi électorale, passèrent également. Mais, à cette époque, l'attention se portait, avec bien plus d'intérêt, tant sur le procès de l'assassin de mon neveu, que sur les agitations de Paris et les révolutions extérieures qui signalaient cette année de calamité.

Parmi les actes intérieurs, dignes de piquer la curiosité, je citerai l'attentat si coupable de Gravier. Cet ex-militaire, homme obscur, contrefait de taille, plein de fiel et d'énergie, ne nous pardonnait pas son licenciement à l'armée de la Loire; il cherchait à nuire à la famille royale, et il se figura qu'à l'aide de l'explosion d'une sorte de machine infernale, il causerait une telle terreur à madame la duchesse de Berri, qu'il s'ensuivrait une fausse couche. En conséquence, dans la nuit du 28 au 29 avril, il fit éclater un pétard sous l'un des guichets de la galerie en construction qui, attachée au pavillon Marsan, se prolonge vers le Louvre. C'était à quelques toises de l'appartement de ma nièce où se commit cet acte criminel; mais il ne produisit pas l'effet qu'en attendait le malfaiteur.

La police ne put se saisir de Gravier, et même ne le soupçonna pas: voyant l'impunité assurée, il recommença l'attentat dans la nuit du 6 au 7 mai. Cette fois l'explosion n'eut pas lieu, car le misérable fut arrêté au moment où il allait mettre le feu. Un jugement à mort s'ensuivit ; mais la duchesse de Berri me demanda avec tant d'instance la grâce du coupable, que je la lui accordai. Le supplice fut commué par les travaux forcés, moins la marque et l'exposition. Ma nièce dit en cette circonstance:

— Tous les pétards libéraux ne m'empêcheront pas de porter mon fruit à terme, fussent-ils même renforcés par les criailleries de M. Manuel.

Les discussions sur la loi d'élection remplirent Paris de trouble: les libéraux en profitèrent pour exhaler leur venin; on fit de cette affaire un acte de vie et de mort. La tactique des pétitions individuelles et collectives commença. Il en arriva de tous les coins du royaume; c'était un véritable orage. Mais on ne s'en tint pas là; des tentatives de révolte eurent lieu.

Il est certain que depuis le meurtre du duc de Berri, c'eût été folie que de ne pas voir où l'on voulait en venir. La révolution est implacable envers les Bourbons; elle souhaite notre chute; c'est à nous à nous mettre en garde contre elle. Le comité dirigeant, que l'on est convenu d'appeler le *comité directeur*, fit ses dispositions, et sema de tout côtés, avec l'argent de Buonaparte, un sentiment d'inquiétude et d'irritation capable de provoquer de grands excès. On trouva des Séides parmi la jeunesse, et particulièrement celle des écoles de droit et de médecine. Ces deux institutions ainsi que l'école polytechnique, sont trois foyers permanens de haine contre notre maison: c'est le fruit de tous nos soins à aider au développement du génie, parmi cette troupe d'insensés qui ne voient pas le bien que nous leur faisons.

Le comité dirigeant avait réuni pareillement tout ce qu'on peut rencontrer d'officiers à la demi-solde en retraite ou en réforme : de ce noyau devait surgir une multitude d'ennemis, d'autant plus à craindre, qu'instruits au commandement, ils pourraient au besoin régulariser les mouvemens de la populace.

Le plan était de soulever celle-ci à l'aide des élections. Il s'agirait de défendre ce qu'on appelait le palladium des libertés, et étayé de ce mot pompeux, d'engager l'action entre les citadins et l'armée. Chacun des complots du comité était dévoilé au pouvoir ; il y avait, parmi les principaux conspirateurs, deux ou trois personnages avides, besogneux et capables de vendre leurs confrères, avec d'autant plus de facilité qu'eux-mêmes s'étaient toujours mis à l'enchère. Ceux-là, dont on ne se méfiait pas dans le parti, tenaient ma police au courant de ce qui se passait ; en les payant bien, ils se piquaient d'exactitude, et on n'avait par le fait nul reproche à leur faire, puisqu'ils n'hésitaient ni à livrer leurs meilleurs amis, ni à trahir leur opinion.

Sachant ce qu'il fallait prévoir, j'ordonnai

qu'on rapprochât de Paris les régimens de la garde royale, dont les garnisons étaient trop éloignées, pour surveiller les troupes en séjour dans la capitale. Afin de les préserver de la contagion morale, tous les agens de la police étaient sur pied, ainsi que la gendarmerie. Nous étions donc en mesure et prêts à tout événement ; tant que je règnerai, une conspiration pourra éclater, sans doute, mais elle ne me prendra pas au dépourvu.

Dans le mois de juin, et le premier jour où l'on adopta des articles de la loi, les étudians se réunirent en masse autour de la chambre des députés, et se mirent à crier : *vive la charte !* ce n'était point un crime; mais comme on n'y joignait pas le cri de *vive le roi !* des royalistes s'en formalisèrent, et tombant à coups de canne sur les amis isolés de la charte, ils les mirent en déroute. J'aurais préféré qu'on eût laissé à la loi le soin de dissiper les groupes.

Il en résulta une augmentation de trouble et de zizanie, Lorsque les députés sortirent, on insulta ceux qui étaient royalistes. Nos jeunes amis, en revanche, s'attaquèrent aux députés libéraux ; il y eut une sorte d'engagement ; il fallait que la troupe vînt y mettre ordre. Elle repoussa les mutins sur la place Louis XV, dans la rue de Rivoli, les quais des Tuileries, et jusque sur le Carrousel.

Au milieu de ce conflit, un étudiant, plein d'audace, vint chercher volontairement la mort, que lui donna, sans intention, un soldat de la garde royale. Les libéraux firent d'abord grand tapage, au sujet de cet accident funeste ; mais les calomnies cédèrent à l'évidence. Il fut prouvé que le jeune Lallement avait péri par sa faute, en violant une consigne positive ; celle de ne pas laisser franchir par escalade la muraille extérieure du jardin des Tuileries.

J'appris ce malheur avec un vif chagrin, mais que pouvais-je y faire ? Cependant, l'exaspération croissait, la foule faisait des menaces sinistres, la discorde était dans la chambre des députés comme au dehors. Là, on s'accusait réciproquement de tyrannie, et de troubler la paix publique. Manuel se faisait remarquer par sa véhémence et ses discours factieux ; il était dignement secondé par Benjamin Constant.

Enfin on était parvenu à soulever Paris. Chaque jour une masse compacte partait des boulevards et des quais, se dirigeant vers le pont Louis XVI : trente, quarante, cinquante, et jusqu'à quatre-vingt mille personnes la composaient ; séditieux, curieux, populace, étudians, militaires et bourgeois, femmes, enfans, tous pêle-mêle, hurlant *vive la charte !* environnaient la chambre des députés, en demandant le rejet de la loi en discussion, et c'était par des menaces qu'on soutenait le vœu prétendu national.

Les séances de la chambre continuaient au milieu de la même acrimonie ; la discussion, loin de ramener le calme, ajoutait à l'effervescence extérieure.

M. de Serre luttait contre les mauvaises doctrines, et plus d'une fois il ne craignit pas de soulever le voile dont s'enveloppait le comité dirigeant.

Cependant, grâce aux mesures de prudence qui avaient été prises, à la contenance ferme de la garde royale et à l'énergie du pouvoir, la révolution, cette fois, fut vaincue, et les libéraux ne purent ni empêcher la loi de passer ni parvenir à soulever Paris comme ils s'en étaient flattés.

Tandis que ces débats avaient lieu sur ce point, le procès de l'assassin de mon neveu s'instruisait au Luxembourg, où siégeaient les pairs en cour judiciaire. Ce grand procès leur avait été confié, et, depuis le moment où le crime fut consommé, les officiers de ce haut parlement n'avaient négligé aucun moyen propre à les mettre sur la trace des coupables. Tout a été extraordinaire dans ce meurtre décidé et exécuté par une seule personne. L'instruction écrite et connue, plus de cinquante commissions rogatoires délivrées, plus de douze cents témoins entendus ; rien de tout cela ne put jeter de la clarté sur cette horrible affaire : les preuves morales furent nombreuses, mais il fallut s'arrêter là. Ce fut en frémissant de colère que M. Bellard, faisant fonctions de procureur-général à la cour des pairs comme il l'était à la cour royale, me déclara cette nouvelle.

— Il n'y a donc que le coupable de connu ! m'écriai-je.

— Sire, il en existe un autre bien plus criminel

sans doute, mais rien ne le désigne nominativement ; il se rit de la justice.

— Et si le prévenu parlait ?

— Il ne parlera pas.

— Ainsi, le sang des miens sera toujours versé sans vengeance.

On essaya néanmoins d'arriver à la manifestation de la vérité par tous les moyens présumables au pouvoir de la justice. Ils furent vains, le coup ayant été monté avec une habileté sans exemple. La cour des pairs, de son côté, apporta à ce procès une attention scrupuleuse, mais comme on ne lui montra rien, elle ne put rien voir. La forme des débats et du jugement eut de la solennité ; on donna toutes les garanties possibles à la défense qui ne pouvait que succomber ; le crime était trop prouvé, et l'assassin ne le niait pas.

Ce Louvel était un homme jeune encore, pâle, maigre et blond ; il ne démentit jamais, durant le cours de la procédure, ni sa tranquilité farouche, ni l'uniformité de ses réponses. Il était seul coupable ; personne ne l'avait porté à ce meurtre ; il ne reprochait rien au malheureux prince ; il avait cru, en l'immolant, sauver la patrie ; si le crime était à faire, il l'accomplirait ; et si le succès eût couronné son attentat, il aurait frappé M. le duc d'Angoulême, et ne m'aurait pas épargné non plus : tel était son langage. La raison atroce qu'il donna relativement au choix qu'il avait fait du duc de Berri, *C'est*, dit-il, *parce que ce prince faisait souche*, et qu'en le sacrifiant on détruisait à la fois toute une dynastie.

Il avoua qu'il ne croyait pas en Dieu; puis, revenant sur cette déclaration, il prétendit que sa religion était celle des téophilanthropes, qu'il ne lisait d'autres journaux que le *Constitutionnel*, que ses autres et uniques lectures étaient la constitution et les droits de l'homme.

M. Bonnet, dont les talens et le royalisme sont connus, prit la défense de cet homme; il essaya de la faire reposer seulement sur la monomanie du meurtre, dont aurait été atteint le coupable. La cour des pairs eut à apprécier la valeur de cette excuse. L'assassin parla à son tour. Les phrases incohérentes qu'il prononça servirent à prouver sa haine contre ma maison, et à montrer combien un tel homme rendu à la liberté serait redoutable. Un arrêt de condamnation à la peine capitale intervint. Il reçut son exécution en place de Grève, le 7 juin à six heures du soir; une foule immense assistait à ce supplice; on craignait qu'excité par des meneurs, elle ne fît une tentative pour sauver le condamné; mais elle demeura immobile. Il n'en pouvait être autrement : le Français répugnera toujours à se proclamer le complice d'un meurtrier. La justice eut son cours.

Enfin, le 12 juin, les divers articles de la loi électorale ayant été approuvés, on alla au vote sur l'ensemble qui fut adopté à une majorité de cinquante-neuf voix, ayant eu pour, cent cinquante-quatre bulletins, et contre, quatre-vingt-quinze. Le triomphe de la bonne cause fut complet, et dès lors le gouvernement rentra dans la pleine voie monarchique, la chambre des pairs ne refusa pas son suffrage à cet acte important, et il fut consommé.

J'avoue que dans le principe j'avais été contre ; mais d'une part la nomination de Grégoire qui me faisait présager celle de plusieurs autres régicides, et d'une autre, le crime commis sur la personne de mon neveu, me démontrèrent victorieusement la nécessité absolue d'arrêter dans son cours la marche de l'esprit révolutionnaire : je le voyais grandir en force et en audace. J'aime certainement tout ce qui a l'expression de la vraie liberté ; mais avant tout je place le repos du royaume et la conservation de ma famille.

La mort de M. le duc de Berri donna lieu à une fantaisie singulière. Il se forma dans le sein du royalisme une faction toute fanatique qui s'avisa de penser que la couronne serait plus solide sur la tête de madame la duchesse d'Angoulême que sur celle de mon frère et de mon neveu. En conséquence, et sans s'inquiéter si madame la duchesse de Berri était grosse ou non, une pétition, expression de ce nouveau parti, fut présentée à la chambre des députés, dans laquelle on demandait l'abolition de la loi salique, et que madame Royale, à ma mort, succédât de plein droit à son malheureux et auguste père. Ma nièce fut peu touchée de la bonne volonté que lui témoignaient les pétitionnaires, et s'affligea que des royalistes pussent songer à de pareilles absurdités.

Peut-être que ce parti connaissait le complot qui avait pour but de transmettre le sceptre à la branche d'Orléans, au mépris des droits sacrés, antérieurs et légitimes, de la maison d'Espagne. Ici se rattachèrent principalement MM. Big...., Laf...,Benjamin Constant,Casimir Perrier,Manuel, Tes...., Chauvelin, et un assez grand nombre de députés de l'extrême gauche, certains du centre gauche, plusieurs pairs (*le roi les nomme, l'éditeur les supprime*), et une quantité remarquable de militaires de hauts grades, mais anciens maréchaux de France. Cependant, on parla au duc de Raguse, qui répondit :

— Je ne veux point m'associer à un complot, mais je déclare que si je me trouvais major-général de la garde de service, au jour funeste de la mort du dernier roi de la branche aînée, je n'hésiterais pas à paraître sur le grand balcon de la salle des Tuileries, et à y proclamer roi de France le duc d'Orléans qui vivrait alors.

Je sus peu de gré au maréchal de ce propos, et lui en fis d'assez vifs reproches.

— Sire, répondit-il, c'est mon opinion politique.

— Monsieur, comme vous n'êtes qu'un individu, il me semble que vous devriez attendre ce que décideraient les chambres, convoquées pour cette fois en états-généraux du royaume.

— Le roi n'ignore pas qu'un peu d'aide ne nuit jamais.

— Ce serait aux d'Orléans à vous remercier de votre résolution ; en attendant, croyez-moi, monsieur le duc, ne cherchez point à résoudre une aussi haute question, laquelle, du reste, est toute décidée, dans mon opinion, en faveur de la branche d'Espagne.

La maison de Bourbon, qui règne dans la péninsule, quoique fort occupée par l'importance des événemens qui l'occupaient à cette époque, et que je raconterai plus tard, ne négligea pas pourtant de me demander une reconnaissance de son droit positif. Craignant tout ce qui peut amener de nouvelles secousses, je commençai par faire observer que la requête présentée était intempestive, tant surtout que madame la duchesse de Berri ne serait pas accouchée.

— Si elle donne un fils, dis-je, à mes vœux et à ceux de la France, la question se trouve décidée naturellement ; si le malheur veut que ce soit une fille, alors qu'on se fie à ma prudence pour parvenir au moyen de donner à chacun ce qui lui appartient.

CHAPITRE VII.

Explication avec le duc d'Orléans. — Ce prince a aussi de bons appuis. — Clôture de la session. — Aigreur des doctrinaires — Conspirations. — Discours du roi à diverses autorités. — Sociétés secrètes. — Desseins des partis. — Conjuration du 19 août. — Dépositions des témoins. — Les trois comités d'insurrection. — Suite des dépositions. — Conseil des ministres. — Le roi décide la marche à suivre. — On met la main sur les conjurés subalternes. — Pourquoi on n'arrête pas les véritables chefs. — Coup d'épée dans l'eau.

Je n'avais d'autre but que celui d'agir dans l'intérêt de la France ; or, cet avantage ne pouvait ressortir que de la loi bien entendue, et surtout bien exécutée. Il convient donc que la question de l'hérédité au trône soit clairement posée, franchement débattue et fixée à jamais. C'eût été à ceci que mes efforts auraient tendu, dans le cas où la Providence ne nous eût pas donné un enfant mâle. Dès lors, il fallait tout concilier, et les préjugés nationaux, et le droit réel. On y serait parvenu en employant le moyen dont j'ai déjà parlé, d'envoyer en France un jeune prince espagnol, que la loi aurait d'abord naturalisé, et qui, élevé et marié parmi nous, se serait trouvé apte à succéder au trône, lors de la mort de mon frère et de mon neveu.

Bien entendu que Ferdinand VII, et les autres princes, dont le rang primerait sur celui-là, feraient en sa faveur les renonciations nécessaires ; car je crois que, le cas échéant, l'obstacle le moins facile à vaincre que rencontrera le roi d'Espagne, sera la qualité d'étranger qu'on lui objectera. Il est certain qu'il y a matière à contestation, tandisqu'il n'en existerait aucune à l'égard d'un prince naturalisé français, et dont les fils seraient nés en France. J'ai eu, en 1814, le tort de ne pas prévoir ce cas ; il eût été aisé alors de le résoudre, en amenant avec moi l'infant don François de Paul, lequel, s'il n'avait pu profiter de ma bonne volonté, aurait du moins empêché nos autres cousins de lui disputer la préséance.

A cette même époque de l'assassinat de M. le duc de Berri, le duc d'Orléans, qui ne sommeille jamais à côté de ses intérêts, me fit prier et me pria lui-même de prendre soin de ce qu'il appelait son droit.

— Vos droits ! monsieur le duc, repartis-je ; et qui songe à vous les enlever ? nul n'ignore de qui vous descendez, d'un frère de Louis XIV, d'un second fils de Louis XIII. Vous voyez qu'on sait que votre rang passe avant celui de M. le duc de Bourbon.

— Mais, sire, la branche espagnole ?

— Descend du second des petits-fils de Louis XIV ; on ne peut le contester.

— Les renonciations qu'elle a pu faire....

— Jugez vous-même de leur valeur, puisque mes pères ont hérité de la couronne espagnole malgré de pareilles renonciations, et que le premier et le second chef de votre branche ont aussi protesté contre ces renonciations, pour qu'elle ne leur enlevassent pas l'espoir de régner un jour dans la péninsule ; maintenant, il me semble difficile d'appliquer, contre les Bourbons d'Espagne, les argumens contraires dont on s'est servi pour obtenir la reconnaissance du droit de leur succéder.

Mes paroles ne convenaient point au duc d'Orléans, et comme il ne manque ni d'esprit, ni de connaissance de la chicane, il me répondait par tous les sophismes qu'en 1700, les écrivains du parti de ses ancêtres avaient rétorqués et foudroyés avec tant de facilité, lorsqu'il s'agissait de défendre la thèse opposée..

— Mon cousin, dis-je, prions Dieu que la succession ne s'ouvre pas ; c'est le mieux pour vous et pour nous ; car, si vous vous présentiez devant les états-généraux avec de pareils argumens, vous pourriez bien ne pas troquer le Palais-Royal contre les Tuileries.

J'eus tort, peut-être, de montrer tant de franchise, car elle fit naître sans doute de nouvelles inquiétudes dans l'esprit des partisans de la famille d'Orléans, et fournit un véhicule aux trames qu'ils poursuivent avec autant de persévérance que de ténacité.

La session des chambres fut clôturée le 22 juillet,

et la France ne demeura pas plus tranquille. Cette année 1820 était toute de perturbation et de tentatives insensées. La révolte levait l'étendard en Espagne, en Portugal et à Naples. On voulait, dans ces trois états, une constitution nouvelle, calquée sur celle des Cortès, et par le fait on marchait vers une complète démocratie. Ces mouvemens dangereux, éveillant ma sollicitude, me faisaient nécessairement pencher du côté de la droite, où je devais trouver des appuis. Il en advint que moi et le ministère nous nous brouillâmes avec les doctrinaires, gens à science nébuleuse, qui ne demandent au pouvoir d'autres conditions de légitimité que d'être admis avec lui au partage des bénéfices. C'est là le résumé de toute la doctrine.

Or, ces messieurs, trouvant que le gouvernement ne leur faisait pas une part assez belle, le menacèrent de l'abandonner. On les prit au mot, et la rupture eut lieu avec éclat, par la radiation qui fut faite dans le conseil-d'état, pour la partie du service ordinaire, de MM. Royer-Collard, Camille-Jordan, Mirbel, Guizot et Barante. On évinça aussi quatre préfets de ce bord, on en changea d'autres de place, enfin la querelle s'envenima.

Je voyais la nécessité de prendre un parti ; la divulgation d'une conspiration plus étendue que celles qui avaient été découvertes jusqu'à ce moment, m'inspira des craintes sérieuses. Déjà, j'avais dit au conseil municipal de la ville de Paris, qui me fit une adresse pour m'exprimer ses sentimens, tant sur les émeutes de juin, que sur tous les autres malheurs dont j'avais été frappé :

« Je suis vivement touché des sentimens que vous m'exprimez au sujet de ma bonne ville de Paris, dans une occasion à la fois affligeante et heureuse. Des agitateurs, indignes d'être Français, ont osé, pour exciter des troubles, abuser du nom de cette charte qui m'est plus chère qu'à eux. Il en est résulté des malheurs dont je gémis profondément, mais ces efforts n'ont réussi qu'à faire éclater la bonne discipline de mes troupes et l'attachement de mon peuple. Assurez les habitans de ma capitale de mon amour pour eux, et des soins que je mettrai constamment à maintenir cette tranquillité heureusement rétablie, et qui, je l'espère, ne sera pas troublée à l'avenir. »

Je dis aussi au comte de France, commandant supérieur des troupes en garnison à Paris :

« Je suis très-content, général, du zèle et du dévouement que vous avez montrés, ainsi que les troupes de la garnison et de la division, dans les derniers troubles. Je vous charge de leur en témoigner ma satisfaction. »

J'ajoutai aux chefs des corps, venus pour me rendre leurs hommages :

« Je suis heureux de pouvoir vous manifester ma vive satisfaction sur la conduite qu'ont tenue mes troupes; témoignez mon contentement à ma garde, à mes légions, et à ma gendarmerie. Je n'ai jamais douté un instant de leur dévouement; mais dans cette circonstance, elles y ont joint une sagesse digne de tout éloge. Cette sagesse, cette discipline, sont dues au bon esprit des messieurs les généraux et chefs de corps ; je leur en fais particulièrement mon compliment, et, je le répète, témoignez-leur en toute ma satisfaction. »

Ces paroles bienveillantes et méritées étaient nécessaires pour contrebalancer le mauvais esprit que soufflait le comité dirigeant, aidé du carbonarisme, de la franc-maçonnerie et de tant d'asociations secrètes.

Chacune paraissait avoir un but divergent : l'une tendait à proclamer la république, l'autre Napoléon II, celle-ci aurait appelé au hasard un des membres de la famille de Buonaparte, celle-là voulait le prince Eugène, une cinquième, enfin, penchait pour le prince d'Orange, pauvre homme dont certes nul ne se soucierait s'il était mieux connu ; et au fond, de tant d'opinions opposées, la réelle n'était encore indiquée que vaguement. Il s'agissait du duc d'Orléans ; c'était lui que les chefs suprêmes de la conjuration permanente appelaient au trône ; lui qu'ils y feront monter si mes successeurs n'y prennent garde.

M. de Lafayette, quoiqu'il demeurât derrière la toile, ne niera pas sa coopération à ce dernier complot, connu sous le nom du 19 août 1820, jour où il devait éclater. Cette conjuration était toute militaire. Les officiers Nantil et Ladvocat en paraissaient ostensiblement la cheville ouvrière ; c'étaient eux qui, dans les régimens, désignaient, aux agens du comité, les hommes faciles à corrompre. Le nombre en fut grand dans les légions de la Seine, en garnison à Cambray, et dans celle de la Meurthe et du Nord, alors à Paris. Il y eut aussi des conjurés dans les 2e et 5e régimens de la garde, mais en moindre quantité; les ramifications s'étendirent jusqu'à Colmar, où l'on parvint à gagner une forte partie des troupes en demeure dans cette ville.

Le 19 août, à sept heures du soir, la conjuration éclaterait par l'arrestation des colonels de chaque corps, ils seraient remplacés par des officiers d'un grade supérieur et de la même arme, désignés à l'avance, lesquels se tiendraient prêts. La garnison de Vincennes arborerait en même temps l'étendart aux trois couleurs, et tirerait le canon, pour annoncer le changement qui s'effectuerait : on établissait, cette même nuit, un gouvernement provisoire chargé de traiter les intérêts de la nation avec le souverain à élire, et en attendant, on proclamerait la constitution des cortès espagnoles, qui devenait le type universel.

C'etait MM. de Lafayette, Laffite, Benjamin Constant, Manuel, Foy, et quelques autres de cette opinion, que les factieux plaçaient, *à l'insu de ces messieurs*, à la tête du gouvernement provisoire.

Mais, selon l'usage, ces personnages se tenaient en arrière, tandis que les conspirateurs subalternes agissaient ; on ne put donc arriver jusqu'à eux, et cette fois encore ils échappèrent à la juste vengance des lois, sans s'occuper d'y soustraire leurs complices. Voici quelques details sur cette affaire telle qu'on là présenta à la cour des pairs, à qui elle fut remise, par une ordonnance que je rendis de mon propre mouvement.

Il s'était formé à Paris, rue Cadet, un établissement appelé *Bazar français*. Cet établissement paraissait destiné à une exposition publique d'objets d'art et de commerce. Sauzet, colonel en non-activité, et Mallent, étaient au nombre des administrateurs de cette maison. Parmi les personnes qui fréquentaient le bazar, figurait le capitaine Nantil, de la légion de la Meurthe, fort embarrassé dans ses affaires, et fort mécontent de n'avoir pas encore reçu la croix de la Légion d'honneur; il y rencontra Bérard, chef de bataillon (légion des Côtes-du-Nord), l'entretint des injustices qu'il prétendait avoir éprouvées dans son régiment, et, pour l'irriter, lui annonça qu'une nouvelle organisation militaire était décidée par le gouvernement, laquelle avait pour but de renvoyer tous les anciens officiers. Bérard, père de famille, fut consterné; Nantil lui déclara que le seul moyen de se tirer d'affaire était de s'unir à *eux*; il lui apprit alors qu'il existait un complot, que l'on comptait sur les troupes, sur la garde et particulièrement sur la légion des Côtes-du-Nord, si Bérard voulait exercer l'influence que le commandement dont il était revêtu lui avait acquise.

Maziau, ancien chef d'escadron de l'ex-garde, fréquentait aussi le bazar; il manifesta le désir de connaître Bérard : en conséquence, ce dernier et Maziau furent invités à déjeûner par Mallent et Sauzet au bazar. Après le déjeûner, pendant lequel Nantil se montra, Maziau s'ouvrit à Bérard; il lui révéla, comme l'avait déjà fait Nantil, qu'il existait une conspiration contre le gouvernement, et qu'il s'agissait de ramener le roi de Rome. Maziau, en quittant Bérard, lui dit qu'il partait pour Cambray, où il disposerait les troupes, déjà habilement travaillées.

Tandis que ceci se passait au bazar, Nantil fomentait la révolte dans la légion; il initiait au complot les adjudans sous-officiers Robert et Gaillard, en leur recommandant de sonder l'esprit des soldats; il les entretenait des ressources pécuniaires, qu'il faisait monter à quatre millions; il se vantait d'obtenir, sur sa simple signature, tous les fonds dont il avait besoin, et il assurait qu'un seul particulier avait promis cinq cent mille francs. Robert ayant demandé à Nantil ce que deviendrait la famille royale, celui-ci lui répondit : *qu'elle resterait comme elle était, qu'on ne ferait point de mal au roi; mais que le roi serait obligé d'obéir à la volonté de ces messieurs.*

Des germes de corruption ne tardèrent pas à être jetés dans la légion du Nord, qui tenait également garnison à Paris. Dans cette legion, servaient le lieutenant Loritz, et le sous-lieutenant Bredard qui, entraînant leurs camarades dans plusieurs conciliabules tenus, à cet effet, assuraient entre autres choses, que toutes les légions, le 2ᵉ et le 5ᵉ régimens de la garde royale et l'artillerie de Vincennes étaient gagnés, mais que l'acquisition de cette forteresse avait coûté un million.

Nantil était lié avec Ladvocat, officier démissionnaire, qui de son côté était en relation avec Lacombe garde-du-corps du roi. Ladvocat et Lacombe firent confidence du complot à Gauthier de Laverderie officier au 2ᵉ régiment de la garde royale; ils cherchèrent à l'aigrir, en lui mettant sous les yeux le tableau de son père, destitué de la place de directeur de la poste aux lettres de Marseille.

Cependant, Laverderie ne voulut prendre un parti qu'après avoir consulté un personnage que plus tard il refusa de nommer. Ce personnage l'ayant engagé à écouter Ladvocat, il fut mis en communication avec Nantil, qui lui renouvela des promesses d'avancement, et lui offrit cent mille francs. Il accepta d'abord un billet de cinq cents francs.

Dans ses divers entretiens avec Nantil et Ladvocat, Laverderie apprit le plan de la conspiration. Suivant ces officiers, il existait trois comités: le premier était connu sous le nom de *comité impérial*; il voulait porter au trône le fils de Buonaparte, et confier, pendant la minorité de l'enfant, la régence à Eugène de Beauharnais.

Le second comité était *le républicain*; le troisième s'appelait *comité de Grenoble*, et recevait son inspiration du deuxième comité. Au nombre des directeurs de celui-ci, figurait un nommé Rey, avocat d'abord à Grenoble, ensuite à Paris, et dont les écrits avaient déjà provoqué sa radiation du tableau de son ordre. C'était un homme à tête ardente, et disposé à employer toutes les voies pour renverser ma dynastie.

Ces trois comités, après de nombreuses difficultés s'étaient affiliés les uns aux autres; une fusion apparente avait eu lieu : mais on était encore à se demander quel cri on pousserait au moment de l'exécution: serait-ce *vive Napoléon* II ou *vive la constitution?* Car tout était là. Le premier cri convenait moins au comité dirigeant et suprême, qui s'élevait en arrière des trois autres, et les dominait despotiquement; celui-là voulait que l'on se rattachât au duc d'Orléans, et par suite préférait le cri de *vive la constitution*, parce qu'il ne signifiait rien.

Des propositions directes avaient été faites à M. de Beauharnais, par ceux qui désiraient franchement la restauration de l'empire. Le sieur Dumoulin, ex-officier d'ordonnance de Buonaparte, fut chargé de cette mission. Un refus le paya de ses peines. Pendant ce temps, on intriguait pour enlever le fils de Marie-Louise, d'autres émissaires agissaient en Angleterre; Maziau se montrait tour à tour à Hesdin et à Cambray. En Franche-Comté, le capitaine Delamotte, officier au régiment de la Seine, et un autre individu, devaient se mettre à la tête de ce régiment; le colonel Sauzet et une seconde personne dirigeraient, à Vitry, où était une compagnie de vétérans, un mouvement séditieux.

De nombreux moyens de correspondance et de séduction étaient à la disposition des auteurs du complot; des émissaires parcouraient la France, et leurs tentatives obtenaient quelques succès; ils écrivaient que la récolte était abondante, et l'on comprenait le sens de ces expressions. Des banquiers de Paris et de plusieurs autres villes, procuraient des fonds; Nantil recevait à la fois quinze et vingt mille francs; il faisait en outre à Laverderie une multitude d'autres confidences sur des personnages plus ou moins connus, qui devaient, dans l'intérêt de la conspiration, agir soit à Paris, soit dans les départemens.

Dans les entrevues avec Laverderie et Trogoff, capitaine à la légion du Nord, Nantil leur apprit la manière dont le mouvement allait s'opérer ; retardé, leur dit-il, par les hésitations des personnages les plus importans, on l'avait fixé à la nuit du 19 août. Le dimanche 20, ajouta-t-il, des généraux, des colonels en demi-solde, prendront le commandement des légions et des régimens en garnison à Paris ; je commanderai en personne la légion de la Meurthe, un ancien colonel celle du bas-Rhin, Bérard celle des Côtes-du-nord, etc

Les généraux, appelés à diriger la conjuration, devaient être prévenus au moment de son exécution. Les divers chefs désignés se réuniraient dans les cafés voisins des différentes légions pour pénétrer dans les casernes au signal donné, s'y faire reconnaître, haranguer les soldats, et leur distribuer des cocardes tricolores. Des conjurés se rassembleraient aussi à l'extérieur du faubourg Saint-Antoine, où l'on travaillait les ouvriers qui, se rassemblant à la voix d'un chef, entraîneraient avec eux tout le faubourg.

Chaque bataillon de conjurés se dirigerait vers le Carrousel, où ils se rangeraient en bataille; des troupes de ligne pénétreraient dans les Tuileries par la galerie du Louvre, tandis que le gouvernement provisoire s'établirait à Vincennes, où des hommes de lettres seraient appelés pour rédiger des proclamations.

Les choses en étaient à ce point, lorsque plusieurs conjurés, réfléchissant à l'énormité du crime qu'ils allaient commettre, se déterminèrent à faire des révélations. Les sieurs Petit et Vidal, sergens-magor au 2e régiment de la garde royale, Henri, caporal au 5e de la même garde, les sieurs Amelloo, Drapier et Questroy officiers dans la légion du Nord, avouèrent ce qu'ils savaient du complot. Le colonel Drouault et le général Coëtlosquet furent les premiers avertis : l'autorité civile tarda peu à l'être, et M. Mounier, directeur général de la police, obtint des renseignemens qui firent complètement connaître la conjuration.

La nouvelle en fut portée au président du ministère, lequel se hâta de me la communiquer; j'ordonnai qu'on prît des mesures promptes et sévères. Le conseil s'assembla extraordinairement le 16 août. M. de Richelieu, qui s'indignait de tant de perversité, voulait qu'on arrêtât immédiatement les coupables : ce n'était pas l'avis du garde-des-sceaux, du ministre de l'intérieur et surtout de M. Mounier. Ce dernier prétendait qu'il fallait attendre un commencement d'exécution, afin de pouvoir dominer l'opinion publique. On la trompera, dit-il; si les preuves ne sont pas des plus évidentes, on accusera encore la police d'avoir fait cette conspiration.

Les débats, sur ce point, furent longs et orageux : on ajourna la discussion au lendemain 17. Ce jour-là on appela au conseil M. de Villars. colonel de la légion de la Meurthe; le désespoir de cet excellent royaliste me toucha. Il voulait, dans son indignation, faire arrêter sur l'heure ceux qu'on lui désignerait : le ministre de la guerre eut beaucoup de peine à le calmer, et à lui faire comprendre l'importance du secret.

La discussion recommença, M. Mounier insistait toujours pour qu'on attendît un commencement de tentative. Ce n'était pas mon avis ; je dis :

— N'excitons pas la soif du sang, par la vue du sang versé les armes à la main; il vaut mieux moins de preuve et plus de certitude de succès. On fera saisir, le 19 au matin, les conjurés dans leurs casernes, de manière à les prendre à l'improviste, et à ce qu'ils ne puissent pas échapper au châtiment.

Les choses eurent lieu ainsi; les mesures convenables étant prises, les barrières fermées, les troupes fidèles sur pied; le ministre de la guerre alla de sa personne aux casernes, et fit arrêter les coupables. Ce fut un coup de foudre, les conjurés attérés n'opposèrent aucune résistance; la légion de la Meurthe eut ordre de quitter Paris, et elle obéit en tremblant.

Mais, à côté de ses criminels subalternes, se trouvaient les membres du comité dirigeant; ceux qui devaient occuper des fonctions dans le gouvernement provisoire. La justice aurait voulu qu'ils ne fussent pas plus épargnés que les autres, c'était aussi mon opinion, cependant on ne la suivit pas.

C'est ici le moment de faire un aveu. Je n'ai pas ménagé le pavillon Marsan, en le montrant avide de pouvoir, et ennemi juré des révolutionnaires. Eh bien! avec la même franchise, j'ajouterai que dans cette circonstance, et quand en attaquant en face les chefs de l'opposition rebelle, il était nécessaire de déployer de l'énergie, on s'arrêta court de ce côté; on eut peur d'une résistance imprévue, et ce fut de ce bord qu'on vint me conseiller de ne pas exaspérer des hommes qui ne demandaient pas mieux sans doute de vivre désormais tranquilles. Si on les pousse à bout, me dit-on, ils se défendront en désespérés; ils mettront le feu aux quatre coins du royaume. On s'appuya de l'exemple du procès de Moreau, où Buonaparte faillit perdre sa brillante position; on ne se dissimulait pas que le nom de plusieurs conspirateurs produirait un effet magique. Bref, les plus braves tremblèrent, et les chefs du complot ne se doutèrent pas de la protection qu'à cette époque ils ont trouvée dans les sommités des ultras.

Le duc de Richelieu ne tarda point à se ranger à cette nouvelle opinion, ainsi que les ministres de l'intérieur, de la marine, des finances, et le directeur général de la police. MM. Pasquier, de Serre et La Tour-Maubourg, auraient voulu, au contraire, qu'on laissât un libre cours à la justice. Le cas fut vivement débattu dans deux conseils consécutifs sans qu'on soit parvenu à s'entendre. Enfin une lettre que reçut le garde-des-sceaux, et qu'il communiqua à ses collègues, violenta en quelque sorte son suffrage. Il passa du côté de ceux qui voulaient le silence, et je me laissai entraîner par le même ascendant.

Il en résulta que la conspiration, renvoyée pour le jugement à la chambre des pairs, fut pour ainsi dire étouffée. L'arrêt, rendu le 16 juillet, condamna à la peine de mort trois contumaces, Nantil, Ladvocat et Rey. Des peines bien moins graves furent infligées aux autres complices. Mais le temps en s'écoulant ayant refroidi l'indignation contre le crime, la force manqua pour le punir.

CHAPITRE VIII.

Combien de membres de la famille royale ont été atteints par le couteau révolutionnaire. — Citation de Voltaire. — Députation des Bordelaises. — Détails de l'audience que le roi leur accorde. — Conflit sentimental entre MM. de Châteaubriand et de Sèze. — Madame Aniche et madame Rivaille. — Causerie du bon vieux temps. — Comme on aime les Bourbons à Bordeaux. — Récit de ce qui se passa à la naissance de S. A. R. monseigneur le duc de Bordeaux. — Déposition des témoins. — Colloque sur une question d'état entre Madame royale et le roi. — Il recommence les cérémonies de la naissance de Henri IV.

La maison royale de France, soit dans la ligne directe ou les lignes collatérales, a perdu huit de ses membres, depuis la révolution, par l'assasinat, et je n'hésite pas à mettre de ce nombre, mon seigneur et roi S. M. Louis XVII. Le duc de Berri venait de tomber sous le fer d'un fanatique; il semblait, en descendant au tombeau, emporter avec lui tout l'espoir, tout l'avenir de ma race auguste. Néanmoins un rayon luisait au fond de mon cœur ; je ne pouvais me faire à la pensée que la tempête jacobine nous avait brisés sans retour, et combien de fois je repétai ces vers admirables de Voltaire, dans *Adélaïde Duguesclin*, ces vers qui faisaient ma consolation dans l'exil, et qui après le meurtre de mon neveu, diminuaient l'amertume de mes regrets.

> Je prévois que bientôt cette guerre fatale,
> Ces troubles intestins de la maison royale,
> Ces tristes factions céderont au danger
> D'abandonner la France au fils de l'étranger.
> Je vois que de l'Anglais la race est peu chérie,
> Que leur joug est pesant, qu'on aime la patrie;
> Que le sang des Capets est toujours adoré.
> Tôt ou tard il faudra que de ce tronc sacré,
> Les rameaux divisés et courbés par l'orage,
> Plus unis et plus beaux soient notre unique ombrage.

Ces vers me revenaient plus naturellement à la mémoire, lorsque je regardais madame la duchesse de Berri ; j'aurais juré qu'elle donnerait un fils à la France, et Dieu ne me trompa pas dans mes prévisions.

Le terme de la grossesse de cette princesse avançait, lorsque le 19 septembre, je reçus une députation des dames de Bordeaux. Bordeaux est la ville fidèle; c'est là où j'ai été salué d'abord en ma qualité de roi de France; aussi avais-je annoncé publiquement que *s'il nous naissait un fils*, il serait titré *duc de Bordeaux*. Les dames de cette belle cité sont jolies, vives, sémillantes, et celles qui composaient la députation méritaient une gracieuse réception.

Le marquis de Brézé prit une peine incroyable pour régler tout le cérémonial de cette réception. Je riais sous cape, et lui dis :

— Mon cher Brézé, vous prenez des soins inutiles ; des femmes qui viennent des bords de la Garonne sauteront à pieds-joints sur votre cérémonial, et encore sera-ce beaucoup si de prime-abord elles ne me sautent pas au col pour m'embrasser.

—Au col de Votre Majesté! y pensez-vous, Sire! s'écria M. de Brézé.

— Je le crois du moins probable.

— Et le roi que fera-t-il dans ce cas étrange?

— Le roi laissera faire. D'ailleurs si les audacieuses sont jeunes et jolies, ce sera un méfait facile à pardonner.

Brézé soupira. Il ne trouva pas sur son registre qu'on eût embrassé le roi, à moins d'être roi soi-même. Le moment de l'audience arriva; on y mit le plus de solennité possible. Les choses se passèrent à merveille pendant la marche à travers les salles des Tuileries; mais dès l'ouverture des portes, et du plus loin que mes Gasconnes m'aperçurent, elles s'élancèrent vers moi en désordre, et se disputèrent le prix de la course, pour qui serait la première à mes pieds. J'avais compté sur des baisers sans façon, et je n'eus que des manifestations d'un amour respectueux. L'une d'elles, madame Aniche Duranton, saisit ma main, que je lui présentai.... Ah! sire! c'est tout ce qu'elle put dire d'abord, cependant elle était chargée de porter la parole, en sa qualité de chef de la députation. Enfin, maîtrisant son trouble,

— Sire, me dit-elle, n'étant pas en état d'exprimer ce que nous sentons, nous avons choisi M. de Châteaubriand pour faire notre discours, et nous présenter à Votre Majesté ; c'est ensuite M. de Sèze qui en a été chargé. Excusez notre liberté.

Ces paroles, qui m'annonçaient ce que je savais déjà, c'est-à-dire combien les dames de la députation bordelaise étaient en dehors de toute diplomatie, ont besoin d'explication ; la voici. Lors de leur voyage à Paris, un de leurs compatriotes, M. Edmond Géraud, poète royaliste, qui se mêle encore plus de politique que de versification, ne trouva rien de mieux à faire que de donner la direction de ce troupeau au vicomte de Châteaubriand. En conséquence, il lui écrivit au nom des dames de la halle bordelaise, pour lui faire part de leur désir d'avoir de lui un discours qui accompagnerait un berceau dont elles voulaient faire hommage à S. A. R. madame la duchesse de Berri. M. de Châteaubriand aime tout ce qui est populaire ; il accepta, et composa deux ou trois phrases telles qu'il sait les faire ; mais, en même temps, des gens qui s'imaginèrent que je le boudais, crurent me rendre un service signalé en faisant écrire à M. de Sèze que les dames de la halle l'avaient choisi pour leur servir de guide.

M. de Sèze aurait dû refuser, il le voulait ; mais, cédant aux prières de sa famille, il alla chez M. de Châteaubriand lui faire part de ce qui se passait, et lui proposa de se joindre à lui. M. de Châteaubriand, piqué dans sa triple vanité d'homme du monde, de littérateur et de royaliste, répondit avec une humilité superbe, et l'alliance n'eut pas lieu.

C'était donc à ceci que faisait allusion madame Aniche, qui n'y entendait pas malice ; car elle savait par cœur le compliment qu'elle débita. Je lui répondis que M. de Châteaubriand n'aurait pas mieux parlé ; et je présume qu'il me pardonnera une phrase consacrée par l'usage en pareil cas; car elle n'enlève rien à sa supériorité incontestable sur le vieil et digne de Sèze.

Ce point achevé, comme j'étais en gaîté, je me mis à commérer et à tenir tête à ces dames : ce n'était pas chose facile; mais, avec l'aide de Dieu, j'en vins à mon honneur. Je savais que parmi les membres de l'ambassade, il y avait une dame Rivaille, qui se rappelait de m'avoir vu à mon passage à Bordeaux, lors de mon voyage dans le Midi en 1779. Je me hasardai, pour entrer en matière, à lui demander son âge. Madame Rivaille, après m'avoir *satisfait* sur ma question, sans me faire grâce d'une semaine ou d'un jour, me raconta tout ce que j'avais dit et fait lorsqu'elle m'avait vu ; rien ne lui était échappé de mon costume et de mes gestes : elle me rappela la forme de mon chapeau, celle de mes boucles *à la Chartre*, et termina en disant :

— Ah ! sire, que vous étiez alors un beau cavalier !... Aujourd'hui, vous êtes bien encore : et pourtant, que d'eau a coulé depuis dans la Gironde !

— Et ailleurs, répondis-je en riant.

Cette brave femme, craignant de me fatiguer dit dans son patois à la présidente :

— *Ben nous-en, Aniche.*

Mais la scène ne me paraissait pas complète :

— Non, dis-je; restez, mesdames.

Alors l'interlocutrice repartit :

—Nous vous gênons; mais *aiment tant lou réi...* Elle s'arrêta; puis reprenant en français :

— Sire, entendez-vous le gascon?

— Oui, répondis-je ; *l'entendi et lou parli.*

Ces mots excitèrent un véritable délire parmi la députation. Les protestations recommencèrent avec toute la chaleur méridionale ; et madame Rivaille, tenant par excellence le dé de la conversation, me pria, dans son jargon, d'être convaincu de la sincérité des sentimens que les Bordelais me portaient ; elle manifesta des craintes pour ma sûreté personnelle, n'épargna pas les libéraux, puis termina ainsi:

— Tenez, sire, nous sommes toujours sur le qui vive. Si vous voulez que les Bordelais soient tranquilles, entourez-vous de braves gens; vous n'en manquerez pas, et ils vous serviront bien.

—Oui, sire, ajouta madame Aniche, qui avait encore sur le cœur les calomnies de M. de Jouy envers elle, et le procès qui s'ensuivit; oui, sire, faites justice des traîtres et de tous ceux qui conspirent.

Je prie M. de Jouy de croire que je ne partage pas à son égard l'opinion malveillante que ses révélations intempestives inspiraient à madame Aniche, et que je ne le mets pas au rang des conspirateurs.

Madame Rivaille, en me saisissant la main, me dit de venir à Bordeaux avec les princes et les princesses et que nous y serions bien gardés.

— Je le voudrais, répliquai-je; mais je ne le puis.

— Eh bien! envoyez-nous notre princesse (madame la duchesse de Berri), et notre petit prince, quand il sera un peu fort.

Je le leur promis; puis l'audience prit fin. Ces dames partirent enchantées de la réception que je leur avais faite, et me laissèrent très-content d'elles. C'était bien là du royalisme de cœur! Oh! que tous les Français ne sont-ils ainsi!

Tout cela me préparait au bonheur que me causerait la naissance d'un héritier de la couronne. Déjà un songe prophétique de ma royale nièce nous avait montré un jeune prince venu au monde et entouré de la protection du ciel. Le 28 septembre dans la soirée, madame la duchesse de Berri ressentit quelques douleurs; mais elle a tant de courage, qu'elle se coucha à son heure habituelle, et ne voulut pas qu'on prît la peine de la veiller. Ce fut une faute qu'heureusement elle répara bien; car les douleurs augmentèrent et se précipitèrent à tel point que le noble enfant vint au monde presque incognito. Il naquit à deux heures trente-cinq minutes du matin, le 20 septembre 1820, jour de la fête de saint Michel archange, l'un des protecteurs du royaume, et dont la fonction principale dans le ciel a été d'en chasser les traîtres et les rebelles. C'est un bon augure pour le rôle que le duc de Bordeaux doit remplir.

Madame la duchesse de Berri s'éleva de nouveau dans cette circonstance au-dessus de son sexe : elle comprit, malgré ses souffrances, la nécessité de constater la naissance de son fils, de manière à imposer silence à la méchanceté; en conséquence, elle ordonna qu'on appelât les premiers venus pour servir de témoins. Outre le maréchal duc d'Albuféra et le maréchal duc de Coigny, nommés par moi commissaires à cet effet, ceux qui déposèrent et signèrent au procès-verbal furent MM. Victor Laîné, âgé de vingt-quatre ans, marchand épicier, demeurant rue de la Tixeranderie, n° 50, grenadier au quatrième bataillon de la neuvième légion de la garde nationale, de service cette nuit aux Tuileries ; Augustin-Pierre Preigné, pharmacien, âgé de trente-quatre ans, demeurant place Baudoyer, n° 1, premier sous-lieutenant de grenadiers du quatrième bataillon de la neuvième légion de la garde nationale ; Hippolyte-Joseph Duphinot, employé, demeurant rue de Jouy, n° 8, sergent dans le même bataillon et la même légion; Pierre-Antoine Trioson-Sodory, âgé de quarante-neuf ans, négociant, logé place Royale, capitaine de grenadiers du même bataillon et de la même légion ; Louis Franque, garde-du-corps de Monsieur ; Augustin-Charles-Henri d'Hardivilliers, âgé de trente-trois ans, capitaine au 3e régiment de la garde royale, demeurant à Paris, rue du Bac, n° 120 ; madame Rose-Joséphine Gauné de Gazeau, première femme de chambre de madame la duchesse de Berri.

A ces témoins, que je me plais à citer, je joindrai madame Bourgeois, autre femme de chambre de la princesse, madame la duchesse de Reggio, madame la vicomtesse de Gontaut, madame Ursule Lemoine; enfin M. Deneux, chirurgien accoucheur, dont la déposition au procès-verbal est conçue en ces termes :

« A deux heures et demie, je fus prévenu que S. A. R. ressentait les douleurs de l'enfantenant. Je courus sur-le-champ à l'appartement de la princesse. Elle n'avait pas eu le temps de changer de lit. Au moment où j'arrivai près d'elle, j'entendis l'enfant crier; je reconnus qu'il était du sexe masculin, et qu'il n'était pas encore détaché de sa mère. Il a été vu dans cet état par plusieurs gardes nationaux et gardes-du-corps de Monsieur, par le duc d'Albuféra et autres. D'après le désir de S. A. R., l'enfant jouissant d'une parfaite santé, la section du cordon n'a eu lieu qu'en présence de ces différentes personnes. »

La déclaration de M. le duc d'Albuféra est également trop remarquable pour être passée sous silence.

Voici comment elle s'exprime :

« J'étais logé par ordre du roi au pavillon de Flore. Au premier avertissement qui me fut donné des douleurs que ressentait S. A. R. madame la duchesse de Berri, je m'empressai de me rendre dans son appartement; j'y arrivai à deux heures quarante-cinq minutes. A mon entrée dans la chambre de S. A. R., la princesse était déjà accouchée; elle me dit : « Monsieur le maréchal, vous voyez « que l'enfant me tient encore; je n'ai point voulu « que l'on coupât le cordon avant votre arrivée. » Je reconnus en effet à l'instant que l'enfant n'était point détaché de sa mère, et qu'il était du sexe masculin. La section du cordon ombilical n'eut lieu que quelques minutes après. Elle fut faite par M. Deneux, accoucheur de la princesse, en ma présence et en celle de plusieurs gardes nationaux qui avaient été appelés comme témoins, et dont trois étaient arrivés avant moi auprès du lit de la princesse. MM. Bougon et Baron, et madame de Gontaut, étaient aussi présens à cette opération. Lorsqu'elle fut terminée, S. A. R. donna ordre de faire entrer dans sa chambre tous les militaires qui se trouvaient au château. Cet ordre fut exécuté. »

Certes voilà, je le présume, une naissance légalement constatée. L'impatience de la nature ne permit pas que la princesse se conformât aux exigences du cérémonial. Le venue des princes, de la famille et de la maison fut devancée par celle de l'enfant, qui n'attendit pas même le chancelier. Quoi qu'il en soit, Henri Dieudonné naquit légitimement et d'une manière éclatante. J'ai tenu à relater dans mes mémoires ces premières et diverses circonstances, qui répondent d'une manière victorieuse à des calomnies sur lesquelles je reviendrai un peu plus tard.

Cette fois, on le croira sans peine, l'interruption de mon repos me fut douce. Cet heureux réveil m'était dû, en retour de celui du 13 février dernier, nuit de deuil et de larmes! Je me levai pour me rendre au pied du lit de ma nièce, où déjà Monsieur, Madame royale, M. le duc d'Angoulême, m'avaient devancé. Madame royale, dès qu'elle m'aperçut, me dit :

— Sire, nous avons un dauphin!

— Pas encore, ma nièce ; car je suis là entre lui et ce titre ; mais il sera roi un jour.

J'embrassai le duc de Bordeaux et sa courageuse mère. Elle me rappelait Jeanne d'Albret; et moi, entraîné par mon enthousiasme, je voulus renouveler la scène qui s'était passée à la naissance de Henri IV : je pris l'enfant sur mes genoux, et lui frottait les lèvres avec une gousse d'ail; puis je lui fis boire quelques gouttes d'un vieux Jurançon de première qualité. Le compère ne dit fi!

— Allons, m'écriai-je, il est bien de ma race. Il saura se battre et aimer les dames. Le Béarnais nous sera rendu!

La joie que je ressentais, si bien partagée par ma famille, passa dans tout le château, et se répandit dans Paris. La naissance du duc de Bordeaux était un grand événement qui complétait le bénéfice de la restauration : il n'y avait plus rien à craindre pour l'avenir. Le peuple le sentit : l'allégresse et les félicitations ne manquèrent pas. Les plus expansives furent celles de M. le duc d'Orléans. Je le remerciai comme je devais le faire.

CHAPITRE IX.

Le duc d'Orléans s'enquiert d'un fait auprès du maréchal Suchet. —Protestation insolente. — Comment le roi se plaint à qui de droit.—Ondoiement du nouveau-né.—Discours du roi au peuple.—Il veut créer des chevaliers du Saint-Esprit.— Causerie féodale.—Noms des élus.—Émoi aux Tuileries.— Le cordon ombilical.—Proclamation au sujet des prochaines élections.—Espèce de révolte répandue en Europe.—Congrès de Troppau.—Matière qu'on y traite.—Fragmens d'une lettre du czar.—Le roi s'explique sur M. de Châteaubriand. —Respect du duc de Richelieu pour la diplomatie.

Je ne voyais autour de moi que des visages rayonnans: la joie semblait universelle. Les libéraux eux-mêmes, réprimant leur malveillance, ne la manifestaient que par des demi-mots, des malices détournées, dont le public fit justice. Le duc d'Albuféra ne me laissa pas ignorer que M. le duc d'Orléans lui avait dit: « Monsieur le maréchal, votre loyauté m'est connue; vous avez presque été témoin de l'accouchement de madame la duchesse de Berri. Est-ce véritablement un enfant mâle qu'elle a mis au monde?

Le duc d'Albuféra l'affirma sur son honneur.

—Cela me suffit, répondit S. A. S. Il ne me reste plus aucun doute à ce sujet.

J'en fus persuadé, et cependant une protestation prétendue faite par le duc d'Orléans, parut dans les journaux anglais. Cette œuvre contenait de telles indignités qu'elle ne pouvait attirer l'attention de l'homme de bien. On m'en donna connaissance, et bientôt on vint du Palais-Royal désavouer cette œuvre des ténèbres.

— Mais de qui est-elle !
— Je l'ignore.
— On a dû déposer une somme considérable en cas de poursuites judiciares.
— Je l'ignore également.
— Cependant vous soupçonnez quelqu'un !
— Personne.
—Eh! bien moi, monsieur, je soupçonne vos amis; car le coup est parti de Paris. On cherche à vous créer des droits illégaux; n'en avez-vous pas assez de réels? mais on n'y parviendra pas. La naissance de M. le duc de Bordeaux est inattaquable, et la honte de ces infamies retombera sur les calomniateurs.

J'étais en colère, et ne ménageais pas les termes. On me répondit qu'on était désespéré de mon mécontentement non mérité et de mes soupçons qu'on osait croire injustes; que cette protestation ne venait pas de Paris, mais des réfugiés de Bruxelles, exaspérés par la rigueur du gouvernement, et qui tentaient de se venger à tout prix.

—Peu importe aux régicides, répliquai-je, que la naissance du duc de Bordeaux soit légitime ou non. Ils savent comment on se défait des membres de la famille royale, et ils ne reculeront pas devant un crime de plus. Mais ceux qui rêvent la royauté pour la maison d'Orléans, comprennent le tort que leur fait la naissance de mon petit neveu, et ils ont agi en conséquence.

On conçoit que de pareils coups de boutoir ne pouvaient plaire, on persista à tout nier et à porter l'accusation du méfait sur les bannis. Je savais à quoi m'en tenir, et je rompis la conversation.

Cependant les députations se succédaient: on venait me féliciter de tous les côtés. Le baptême, que je voulais entourer d'une pompe inusitée, fut renvoyé à une époque plus éloignée. Il fallut en attendant ondoyer le nouveau-né. La cérémonie eut lieu dans la chapelle du château. J'y assistai, mes forces revenant avec le bonheur; au retour, une multitude immense se pressait dans le jardin et faisait retentir l'air d'acclamations; je ne pus résister au desir de lui parler, et m'avançant sur le balcon, je dis de manière à être entendu de loin:

«Mes enfans, votre joie égale la mienne, il nous est né un fils à tous. Un jour, il vous aimera comme je vous aime, comme tous les miens vous chérissent.»

Mon émotion m'empêcha de continuer, mais en revanche, les acclamations, les vivats me répondirent avec un enthousiasme qui me charma.

Le corps diplomatique vint à mon audience, et le nonce de S. S., interprète ordinaire des ambassadeurs, me dit au nom de ses collègues:

« Voici le plus grand bienfait que la Providence

ait daigné accorder à la tendresse paternelle de Votre Majesté. *Cet enfant de douleurs, de souvenir et de regrets, est aussi l'enfant de l'Europe. Il est le présage et le garant de la paix qui doit suivre tant d'agitations.* »

Cette phrase me donna la preuve que les puissances concevaient bien que la tranquillité commune reposait sur celle dont la France jouirait.

Je crus ne pouvoir mieux témoigner ma satisfaction qu'en faisant une nomination de chevaliers de l'ordre du Saint-Esprit; jusques là je n'avais encore donné cette décoration qu'à des princes, des souverains et au duc de Wellington en 1815, puis au duc de Richelieu en 1818. J'étais arrêté par un obstacle; les statuts de l'ordre voulaient que tout chevalier fournît des preuves de noblesse; les exiger maintenant eût été exclure des hommes que je tenais à honorer de cette faveur. Je décidai donc que puisque tous les privilèges avaient disparu, et que tous les réglemens possibles avaient reçu des modifications, ceux de l'ordre du Saint-Esprit devaient être soumis aux mêmes changemens.

Monsieur vint me voir lorsque je prenais cette détermination.

— Je vais, lui dis-je, faire des chevaliers de l'ordre.

— Et les preuves, sire?

— J'en dispense les nouveaux chevaliers.

— Et les statuts?

— Je les réforme.

— Il ne restera donc rien à la pauvre noblesse.

—C'est à elle à obtenir par droit acquis ce qu'elle n'avait que par privilége.

Monsieur me dit qu'au fond j'avais raison, et que puisqu'il y avait des roturiers parmi les pairs, on pouvait bien en admettre dans les chevaliers de l'ordre. Mais alors une autre fantaisie lui advint, celle de connaître les nouveaux élus. Ce fut une nouvelle satisfaction que je ne lui refusai pas. La liste portait : le cardinal duc de la Luzerne, le cardinal duc de Bausset, le comte d'Aviau-Dubois de Sanzay, archevêque de Bordeaux, l'abbé comte et depuis duc de Montesquiou-Fézenzac, le prince de Talleyrand, le duc de Luxembourg, les ducs de Grammont, d'Aumont, de Laval-Montmorenci, de Duras, de Mouchi, de Lewis, de Serrent, d'Alberg, de Conégliano, de Bellune, de Tarente, de Reggio, de Raguse, d'Albuféra, de la Châtre, d'Avaray, Decazes, les maréchaux Viomesnil, de Beurnonville, les marquis de La Tour-Maubourg, de Vaubecourt, Dessolles, de Rivière, de Caraman, le duc de Blacas., M. Laîné, le comte de Serre, le baron de Pasquier et le comte François d'Escars.

Cette première promotion mit le désordre au Tuileries; je devais m'y attendre, aucun des *amis intimes* n'en faisait partie. Tous donc jetèrent les hauts cris, et cette fois la France était perdue sans retour. Cependant elle ne s'en aperçut guère, et parmi les noms nouveaux ainsi honorés, nul ne lui sembla indigne d'une telle récompense. Cela n'empêcha pas la consternation de la cour : elle s'en vengea par des plaisanteries. Le cordon du maréchal Suchet fut appelé le *cordon ombilical*, par allusion au témoignage rendu lors de la naissance du duc de Bordeaux. Il y eut même une chanson de faite, plus méchante que spirituelle, et qui tomba à plat. On me bouda quelque temps, mais j'y fis peu d'attention ; d'autres soins plus importans m'occupaient alors. Les élections allaient avoir lieu ; il importait qu'elles fussent pleinement royalistes ; pour les déterminer en ce sens il parut nécessaire au conseil que je m'adressasse directement aux électeurs. C'était aussi mon avis.

Je fis cette démarche à l'aide d'une proclamation. Voici en quels termes je la rédigeai :

..... « Français, au moment où la loi qui garantit à vos suffrages une certaine indépendance, qui assure à vos intérêts une plus juste représentation, va recevoir son exécution pour la première fois je veux que vous entendiez ma voix.

« Les circonstances sont graves.

« Regardez chez vous, autour de vous, tout vous dira vos dangers, vos besoins et vos devoirs.

« Une liberté forte et légitime vous est acquise; elle est fondée sur des lois émanées de mon amour pour mes peuples et de mon expérience des temps où nous vivons. Avec ces lois, il dépend de vous d'assurer le repos, la gloire et le bonheur de notre commune patrie. Vous en avez la volonté ; sachez la manifester par vos choix. La liberté ne se conserve que par la sagesse et la loyauté. Écartez des nobles fonctions de député les fauteurs de troubles, les artisans de discorde, les propagateurs d'injustes défiances contre mon gouvernement, ma famille et moi. Et s'ils vous demandaient pourquoi vous les repoussez, montrez-leur cette France si accablée il y a cinq ans, si miraculeusement restaurée depuis, et touchant enfin au moment de recevoir le prix de tant de sacrifices, de voir les impôts diminués, toutes les charges publiques allégées. Dites-leur que ce n'est pas quand tout fleurit, tout prospère, tout grandit dans votre patrie, que vous entendez mettre au hasard de leurs rêves insensés ou livrer à leurs desseins pervers vos arts, votre industrie, les moissons de vos champs, la vie de vos enfans, la paix de vos familles, une félicité enfin que tous les peuples de la terre envient.

« De toutes parts s'offrent à vos suffrages une foule de citoyens, amis sincères et zélés de la charte, également dévoués au trône et à la patrie, également ennemis du despotisme et de l'anarchie. Choisis parmi eux, vos députés affermiront avec moi l'ordre, sans lequel aucune société ne peut exister. J'affermirai avec eux ces libertés qui ont toujours eu pour asile le trône de mes aïeux, et que deux fois je vous ai rendues.

« Le monde attend de vous de hautes leçons et vous les lui devez, d'autant plus que vous lui en avez fait un besoin. En offrant aux peuples le spectacle de cette liberté qui remue si puissamment les ames, vous leur avez donné droit de vous demander compte des écarts dans lesquels elle pourrait les entraîner; enseignez-leur donc à éviter les écueils dont votre route a été semée, et montrez-leur que ce n'est pas sur des ruines et des débris, mais sur la justice et le respect des droits, que les institutions libres se fondent et s'affermissent.

« C'est ainsi que, marchant à la tête de la civilisation, la France, au milieu des agitations qui l'environnent, doit rester calme et confiante. Unie avec son roi, ses prospérités sont au-dessus de toute atteinte, l'esprit de faction pourrait seul les compromettre. S'il ose se montrer, il sera réprimé dans l'enceinte des chambres par le concours des pairs et des députés; hors des chambres, par la vigilance des magistrats, par la fermeté de tout ce qui est armé pour protéger, maintenir la paix publique, et surtout par mon inébranlable volonté.

« Francais ! vous m'avez donné de récens témoignages de vos nobles et généreux sentimens : vous avez partagé les consolations que la providence vient d'envoyer à moi et à ma famille. Que ce gage de prospérité, que le ciel donne à la France, soit aussi l'heureux gage de la réunion de tous les hommes qui veulent sincèrement les institutions que je vous ai octroyée, et avec elles l'ordre, la paix et le bonheur de la patrie !

« Donné au château des Tuileries, le 29 octobre

de l'an de grâce 1820, et de notre règne le vingt-sixiéme.

« *Signé* Louis ».

C'était par de telles paroles que je me plaisais à communiquer avec mes sujets. Les circonstances, augmentant de gravité à l'extérieur, par le soulèvement successif de diverses parties de l'Europe, faisaient prévoir des périls prochains, ou tout au moins des embarras qu'il était prudent d'atténuer à l'avance. Le feu de la révolte incendiait la Péninsule et l'Italie : il semblait prêt à s'étendre ailleurs. l'Angleterre était tourmentée par le procès impolitique fait à la reine Caroline pour cause d'adultère. Le roi fut complètement vaincu par la minimité de la majorité qu'il obtint dans la chambre des pairs à la seconde lecture du bill du jugement (neuf voix). En conséquence, on ne poursuivit pas ce malencontreux procès, et la reine, attaquée avec tant d'éclat, demeura dans son innocence prétendue.

Le résultat de cet acte déconsidera la royauté, non seulement en Angleterre, mais encore en Europe. Un souverain ne peut commettre une faute sans que les éclaboussures en rejaillissent sur ses frères. Nous sommes tous solidaires les uns des autres.

L'Europe ainsi agitée prenait une physionomie menaçante. Les grandes puissances comprirent qu'il était urgent de se réunir, et un congrès fut indiqué dans la ville de Troppau, située sur les confins des deux Silésies et de la Pologne. L'empereur d'Autriche s'y rendit le 18 octobre, plus impatient que les autres monarques, attendu que ses frontières étaient plus rapprochées du foyer de l'insurrection; l'empereur Alexandre fit son entrée à Troppau le surlendemain. Le roi de Prusse était malade à cette époque, aussi ne put-il paraître au congrès que le 9 novembre suivant ; son fils, le prince héréditaire, le précéda, et y tint sa place en son absence.

L'étiquette fut bannie de ce congrès, comme déjà elle l'avait été de celui d'Aix-la-Chapelle. Les ministres plénipotentiaires se plaçaient au hasard autour d'une grande table ronde. Là, outre le comte de Caraman, mon ambassadeur à Vienne, le comte de La Féronnaye, qui remplissait en mon nom les mêmes fonctions à Saint-Pétersbourg, on y vit, pour l'Autriche, le prince de Metternich, accompagné de MM. de Gentz, de Watten, le comte Mony ; pour la Russie, les comtes de Nesselrode, de Capo-d'Istria et M. de Matchussewitz; pour la Prusse, le prince de Hardenberg, le comte de Bernstoff, MM. de Schwell et Schuman ; et pour l'Angleterre, lord Stewart, qui était plutôt au congrès comme assistant que comme acteur.

Un voile mystérieux couvrit les discussions sur les matières soumises au congrès. On y arrêta d'abord des mesures européennes contre le carbonarisme, les francs-maçons et tout esprit d'association qui se manifesterait ; on y déclara que la révolution serait étouffée d'abord à Naples, ensuite en Espagne et en Portugal. On commença dès ce moment à m'inviter à tourner mon attention vers les frontières de la Péninsule. J'eus à ce sujet une correspondance particulière avec l'empereur Alexandre, dans laquelle je pus reconnaître qu'il avait perdu ses illusions libérales. Je signalai dans une de ses lettres la phrase suivante :

« Si les rois deviennent jacobins, ils perdront la monarchie; on est jacobin lorsqu'on souffre que les constitutions antiques soient renversées pour en mettre à leur place de nouvelles, qui portent avec elles le germe de la démagogie. Peut-être que Votre Majesté eût tout aussi bien fait en 1814 de se replacer sur le trône de Louis XVI, en confirmant, pour gage de paix publique, la déclaration de ce prince en date du 20 juin 1789. C'est l'exemple de la France actuelle qui tourne la tête à tous les autres peuples. Quant à moi, je suis fermement résolu à ne plus souffrir que les nations sortent de leur ancienne route ; il faut y faire rentrer celles qui en dévient. La haute sagesse de Votre Majesté comprendra ceci mieux encore que je ne pourrais l'exprimer... »

Il fut décidé au congrès que pour sauver les jours du roi de Naples, on l'inviterait à y venir de sa personne, afin de persister librement sur l'acceptation de la charte qu'il avait jurée, ou de protester contre la violence qu'on lui avait faite pour qu'il l'acceptât. Un autre congrès fut indiqué à Laybach, et c'est là où on donna rendez-vous au roi Ferdinand.

Les autres résolutions prises à Troppau ne sont pas de nature à être connues ; ainsi je les tairai.

Les élections furent en général dans le sens royaliste, surtout dans les colléges de départemens. J'y vis arriver des hommes ardens pour la gloire de ma maison, et qui, croyant le ministère tiède, apportaient en outre contre lui des rancunes particulières. Je citerai dans le nombre le vicomte Donadieu, ennemi direct du duc de Richelieu, à cause de la disgrâce dont il avait été frappé par suite de sa conduite dans la conspiration de Grenoble. Le général Donadieu discute avec la même chaleur qu'il combat sur le champ de bataille, et le ministère ne fut pas long-temps en repos vis-à-vis de lui.

Plus nous allions et plus la chambre tournait vers la droite ; je n'en étais pas fâché, mais je l'aurais été moins encore si les *zelanti*, se voyant en nombre, n'avaient voulu faire un essai de leur force; pour cela ils mirent en première ligne M. de Châteaubriand. C'est ici le moment de m'expliquer avec franchise sur cet homme célèbre: avant même de le connaître, j'aimais sa personne par ses écrits, j'admirais son imagination si brillante, la fierté de son caractère, son royalisme sincère et la noblesse de sa conduite pendant ce qu'on est convenu d'appeler le règne de Buonaparte. On doit croire que je ne changeai pas en 1814, lorsque sa brochure de *Buonaparte et les Bourbons* nous servit plus que ne l'auraient fait cent mille soldats ajoutés à l'armée alliée.

Je reçus donc M. de Châteaubriand avec plaisir, affection et reconnaissance. Il ne se trouva pas satisfait de cet accueil. Il voulut entrer dans mon intimité, présider à mes conseils, agir, parler, écrire pour moi; accéder à de pareilles fantaisies me fut impossible. Il y avait tant d'années que je me dirigeais seul, que je me sentais encore très-capable de conduire ma barque sans l'aide de personne. Je fis donc le sourd et l'aveugle : on accusa Blacas de me rendre invisible; je me montrai, mais ne cédai pas. On me bouda. Cependant, les cent jours arrivant, le dévouement l'emporta sur la mauvaise humeur; M. de Châteaubriand m'offrit ses services de si bonne grâce, que je les acceptai. Le voilà à l'œuvre; il pouvait faire, il fit de beaux rapports, rédigés avec éloquence, et pourtant, loin de rappeler à moi les esprits, ils les exaspérèrent. Je trouvai que le travail de mon ministre ne valait pas mieux que celui de Blacas. Nous rentrâmes, je dus alors subir la loi de la nécessité. Il ne convint pas à M. de Châteaubriand d'en faire autant, il se fâcha. Il joignit à des mots dont je me souviens encore, des pages que je n'aurais pas écrites. Cette fois je me fâchai à mon tour, et la brouillerie fut complète.

Je crois en tout ceci n'avoir eu aucun tort; je ne suis pas obligé de mettre à la tête de mon cabinet tous les hommes supérieurs et en droit d'y prétendre. L'exiger serait injuste. Voilà la cause cependant du dépit de M. de Châteaubriand. Il n'a pas mieux réussi auprès du reste de ma famille. Cependant on sait l'apprécier, et on n'hésite pas à l'employer quand il lui plaît de l'être.

On me demanda pour M. de Châteaubriand, à la fin de 1820, l'ambassade de Prusse; mais on y mit tant de détours et de circonlocutions que je ne pus m'empêcher de dire :

— Eh, mon Dieu ! se serait-on imaginé que je hais M. de Châteaubriand? Je ne le crois pas homme d'état ; voilà tout; car, à part cela, je le reconnais pour le premier poète de l'époque.

— Mais on fera observer au roi qu'il s'agit de l'envoyer à Berlin représenter S. M.

— Certainement il n'irait pas à son poste, dit M. de Richelieu.

— Je connais mieux que vous M. de Châteaubriand; le repos lui est insupportable, et il le trouverait à Berlin, or donc on peut en toute sûreté lui confier cette ambassade, il la prendra comme une bague au doigt.

Le bon duc de Richelieu eut quelque peine à s'accoutumer à cette idée. La diplomatie ne lui paraissait pas chose à traiter à la légère. Il la voyait avec une sorte de respect de position très à sa place, mais pouvait-il espérer que M. de Châteaubriand vît de la même manière ?

CRAPITRE X.

Le ministère veut traiter avec la droite de la chambre des députés. — Souvenirs de l'abbé de Bernis à propos de M. de Villèle. — Trois ministres sans portefeuille. — Explication. — Ouverture de la session de 1821. — Discours du trône. — Pourquoi le roi convoque les chambres au Louvre. — Intrigues. — Force des royalistes. — Fragment de l'adresse des députés. — Réponse du roi. — Les cent mille francs offerts par M. Paul de Chateaudouble. — Malice du général Donadieu. — Le roi cause avec M. de Villèle. — Le pétard dans les Tuileries. — Détails.

M. de Châteaubriand satisfait, il fallut songer aux autres. Les chefs de l'opposition royaliste, si l'on pouvait qualifier ainsi une partie de la chambre qui votait avec le gouvernement, étaient à cette époque : MM. de Villèle, Laîné et Corbière. Certes il y avait là talens, pureté d'intentions et prudence consommée. Le breton était peut-être le plus impétueux des trois. M. de Richelieu proposa de ma part à mon frère pour MM. de Corbière et Villèle, la création de deux ministères : l'un des affaires ecclésiastiques et de l'instruction publique avec réunion des beaux-arts ; l'autre de l'administration des contributions directes, des manufactures et du commerce. Le premier eût été donné à M. de Corbière, le second à M. de Villèle.

Le député de Toulouse consulté, répondit franchement qu'il n'était pas nécessaire de démembrer des ministères existans, pour lui en accommoder un; qu'il se contenterait de l'entrée au conseil sans portefeuille. C'était, en d'autres termes, se servir de la réponse du cardinal, alors abbé de Bernis, à l'évêque de Mirepoix, ministre de la feuille. On sait que ce prélat (le théatin Boyer) ennemi de tous les abbés de cour et de qualité, voyant l'assiduité de M. de Bernis à rôder autour de sa personne, lui dit avec rudesse qu'il prenait une peine inutile; car, tant qu'il serait aux affaires, il ne lui donnerait jamais ni bénéfice, ni évêché. «Monseigneur, j'attendrai, lui fut-il reparti.» Et en effet, l'abbé de Bernis se trouva bien de sa patience, d'autant mieux que son mot, qui amusa le roi, fut l'un des fondemens de sa fortune.

M. de Villèle, dans le même cas à peu près, et qui voulait les finances, avait pris le parti d'attendre, certain qu'elles ne lui échapperaient pas. M. de Corbière, plus pressé, se détermina à prendre ce qu'on lui proposait, non tout-à-fait sous forme de ministère; mais, comme, d'une autre part, il entra au conseil, il se trouva installé parmi les excellences. M. Lainé, avec une abnégation parfaite, et dont l'instruction publique était le lot naturel, la céda de la meilleure grâce du monde. C'est un homme plein de mérite, de vertu et de désintéressement. M. Benoît obtint la direction des contributions indirectes, que l'on retira à M. de Barante.

M. Benoît a une réputation que je lui conteste. Il est du nombre de ceux pour qui la fortune fait tout sans qu'ils la secondent ; administrateur très-ordinaire, il plaît aux royalistes, qui sont toujours portés à le mettre en avant. Sa femme a été le premier instrument de sa richesse. Elle était peintre ; elle peignit, ou fit peindre, par entreprise, une multitude de Buonapartes que son mari, alors chef de division au ministère de l'intérieur, imposa aux communes, qui les payèrent fort cher. Alors M. Benoît adorait *S. M. I. et R.* ; depuis il s'est mis à m'adorer à mon tour ; mais avec beaucoup d'adresse il a transporté vers le pavillon Marsan la meilleure part de ce culte, et il s'en trouve bien.

On convint donc que MM. Laîné, Corbière et de Villèle entreraient au conseil avec le titre de ministres sans portefeuille ; que les places secondaires de l'administration seraient accordées successivement à des gens de leur bord, et que, dans la série des lois à proposer aux chambres, on choisirait d'abord celles que fournirait la prépondérance royaliste.

Je vis le duc de Richelieu charmé de cet arrangement, et assuré que désormais il marcherait sans obstacle. Quant à moi, plus initié aux secrets de la cour, j'apercevais un orage qui se formait contre le cabinet : je savais que les avides du pavillon Marsan ne se contenteraient pas d'une part si minime dans la direction des affaires, et que par conséquent ils ne se tiendraient pas tranquilles.

La chose commençait à me devenir indifférente : je voyais mes forces s'épuiser, la mort s'avancer à pas rapides, et je craignais dès lors, ce que je crains encore aujourd'hui, c'est que ce passage de mon système de gouvernement à celui qui le suivra ne s'effectuât d'une manière si brusque qu'il nuirait à la royauté. Je préférai donc accorder à Monsieur une part considérable dans l'administration, et lui en laisser en quelque sorte le maniement sous ma direction suprême, afin que la France s'accoutumât à ce prince, et que lui, conduit quelque peu par mon expérience, s'attachât à ma façon de gouverner, et par suite modifiât la sienne.

Le meurtre de mon neveu, le soulèvement de divers royaumes, la situation critique des autres, la supériorité que les jacobins semblaient prendre, la nécessité d'employer à les combattre les royalistes qui font acte de dévouement; tout cela, en outre, m'amenait davantage encore vers une opinion qui, au fond, n'est pas la mienne, mais dont je m'accommodais par nécessité. Ceci est l'explication de ma conduite, désormais si différente de celle que j'avais tenue antérieurement. C'est le motif de condescendance à des actes qu'en d'autres temps je n'aurais pas permis. Je ne me regarde que comme tuteur du roi futur, et attendu que mon pupille est d'âge à se conduire, je le laisse agir, tant qu'il ne s'écarte pas trop de la bonne voie.

L'alliance que mon ministère venait de conclure avec toutes les fractions de la droite, lui promettait, en apparence, de la stabilité. Il était content, et je ne voulus pas, ai-je dit, le désabuser. La session devait s'ouvrir le 20 décembre; il s'agissait de rédiger le discours de la couronne; j'en parlai à M. de Serre, et le priai de s'entendre avec MM. de Villèle, Corbière et Laîne, pour en établir les bases. Les bases, entendez-vous, dis-je, car je me réserve le texte.

Le garde-des-sceaux, habitué à mes erremens, aurait parfaitement exécuté mes ordres; mais ces messieurs, qu'il s'adjoignit pour le travail préparatoire, s'avisèrent de vouloir m'épargner de la peine, et l'on m'apporta le discours tout fait.

— Je vous avais dit que je ne voulais qu'une charpente, m'écriai-je.

— Aussi l'ai-je fait observer à ces messieurs; mais ils n'ont écouté que leur zèle.

— Dans ce cas, il faut mettre un frein à cette impétuosité, et je m'en charge.

En effet, je fis un extrait de l'œuvre de ces messieurs, et là dessus je rédigeai le discours suivant, que je prononçai le 20 octobre :

« Messieurs,

« Parvenus au terme d'une année, marquée d'abord par les plus douloureux événemens, mais si féconde depuis en consolations et en espérance, nous devons avant tout rendre grâce à la divine providence de ses nouveaux bienfaits.

« Le deuil était dans ma maison; or, un fils a été accordé à mes ardentes prières. La France, après avoir mêlé ses larmes aux miennes, a partagé ma joie et ma reconnaissance, avec des transports que j'ai vivement sentis.

« Le Tout-Puissnt n'a pas borné là sa protection; nous lui devons la continuation de la paix, cette source de toutes les prospérités; le temps n'a fait que resserrer l'alliance dont la France fait partie. Cette alliance, qui écarte les causes de la guerre, doit rassurer contre les dangers auxquels l'ordre social ou l'équilibre politique pourraient être encore exposés.

« Ces dangers s'éloignent chaque jour de nous. Toutefois, je ne tairai pas, dans cette communication solennelle avec mon peuple, les faits graves qui durant le cours de l'année ont affligé mon cœur. Heureux cependant de pouvoir dire que si l'état et ma famille ont été menacés par un complot trop voisin des désordres qui l'avaient précédé, il a été manifeste que la nation française, fidèle à son roi, s'indigne à la seule pensée de se voir arracher à son sceptre paternel, et de devenir le jouet d'un reste d'esprit perturbateur qu'elle a hautement détesté.

« Aussi cet esprit n'a-t-il point arrêté la France au mouvement qui la reporte aux jours de sa prospérité! A l'intérieur, des succès toujours croissans ont couronné les efforts de cette activité laborieuse qui s'applique également à l'agriculture, aux arts et à l'industrie.

« L'amélioration des revenus de l'état, les économies que j'ai prescrites et la solidité procurée au crédit, permettent de vous proposer dans cette session même, une nouvelle diminution des impôts que supportent directement les contribuables. Cet allégement sera d'autant plus efficace, qu'il produira une répartition plus égale dans les charges publiques.

« De tels succès me rendent plus chers les devoirs que la royauté m'impose.

« Perfectionner le mouvement des grands corps politiques créés par la charte ; mettre les différentes parties de l'administration en harmonie avec cette loi fondamentale ; inspirer une confiance générale dans la stabilité du trône et dans l'inflexibilité des lois qui protégent les intérêts de tous ; tel est le but de mes efforts. Pour l'atteindre, deux conditions sont nécessaires, le temps et le repos. Nous ne devons pas demander à des institutions naissantes ce que nous devons attendre de leur entier développement et des mœurs qu'elles sont destinées à former. Jusque là, sachons reconnaître que dans les affaires publiques, la patience et la modération sont aussi des puissances. Ne perdons pas de vue qu'il serait impossible au gouvernement de maintenir l'ordre, cette première garantie de la liberté, s'il n'était armé d'une force proportionnée aux difficultés au milieu desquelles il se trouve placé.

« Tout annonce que les modifications apportées à notre système électoral produiront les avantages que je m'en étais proposés. La force et l'indépendance des chambres ajoutent à l'autorité et à la dignité de ma couronne. Cette session achèvera, j'espère, l'ouvrage heureusement commencé par la session dernière. En affermissant les rapports nécessaires entre le monarque et les chambres, nous parviendrons à fonder le système de gouvernement qu'exigerait dans tous les temps une aussi vaste monarchie, que commande plus impérieusement encore l'état actuel de la France et de l'Europe.

« C'est pour accomplir ces desseins, que je désire voir se prolonger les jours qui peuvent m'être encore réservés ; c'est aussi pour les accomplir que nous devons compter, vous, messieurs, sur ma ferme et invariable volonté, et moi sur votre loyal et constant appui. »

Dans ce discours, reçu avec les applaudissement accoutumés, je parlais aussi de ma santé, qui dans cet instant s'affaiblissait considérablement. Les cruels événemens de 1820, la violence que j'avais dû me faire pour conserver un calme apparent, tandis que mon ame était brisée, avaient épuisé mes forces. La faculté prétendit que je ne pouvais supporter la fatigue d'une course en cérémonie au palais du corps législatif. Cela me contraria ; c'était mon seul acte royal, la seule communication directe et officielle que j'avais avec mes peuples. Il m'était pénible d'y renoncer. La chose d'ailleurs contrastait trop avec mon dernier discours dans lequel j'avais annoncé un peu légèrement, j'en conviens, la cérémonie prochaine du sacre. Je craignis d'exciter des inquiétudes, d'inspirer des espérances coupables, et me décidai dès lors à mettre à exécution un projet que je méditais depuis long-temps.

À mon arrivée en France, je n'avais pas tardé à trouver inconvenant que le roi allât ouvrir les sessions législatives dans la salle des députés. Je me demandai d'abord pourquoi cette faveur constante envers la première chambre au détriment de celle des pairs, et ensuite si par cet acte je ne rabaissais pas un peu la grandeur de la couronne ; si je ne donnais pas enfin trop d'importance aux députés des départemens ? La réponse que je me fis fut affirmative. Je me demandai encore si je ne ferai pas bien d'alterner; puis, après avoir mûrement pesé toutes ces considérations, je me déterminai à réunir les deux chambres aux Tuileries, dans la galerie de Diane, ou mieux encore au Louvre, palais de tous les temps, plein de la majesté royale, et où l'on était accoutumé à la voir triompher.

Je me décidai pour le Louvre, et je donnai mes ordres en conséquence sans faire part de mon idée secrète. Ma maladie fut le motif que j'alléguai. On disposa la belle salle des gardes de Henri IV, de manière à ce que les pairs et les députés s'y trouvassent à l'aise; une galerie supérieure permit d'y introduire un grand nombre d'assistans. Je m'y rendis dans mon fauteuil qu'on roula le long de la grande galerie des tableaux. Je montai sur mon trône derrière des rideaux, puis je me laissai voir à l'assemblée avec mon cortége. Cela fut comme un coup de théâtre. On m'applaudit à outrance, et on eut même presque des larmes pour le vieux roi, lorsqu'il annonça qu'il approchait du terme fatal, et qu'il l'abdiquait en quelque sorte en faveur de son frère.

Ce n'était pas néanmoins mon intention. J'ai expliqué plus haut ce que j'entendais par là. On le comprit sans doute de même; mais j'avais produit l'effet que je désirais, et c'était tout ce qu'il me fallait.

Les intrigues commencèrent dès ce moment, ou plutôt redoublèrent de vivacité. Lors de l'ouverture de la session, il y eut presque une scission parmi les royalistes. Certains se maintinrent dans une véhémence qui dégénéra d'abord en opposition. Les autres, et ce fut la majorité, contens des concessions faites par le ministère, se rallièrent à lui, pour peu de temps il est vrai, mais enfin on s'entendit tant bien que mal jusqu'à la clôture des séances.

La majorité royaliste se montra dans toute sa force lors du scrutin pour la présidence. M. Ravez obtint deux cent trente-six suffrages. M. Camille Jordan, que la dotrine portait avec une partie du centre gauche, eut fort à faire pour réunir quatre-vingt-trois voix. Enfin, M. Dupont de l'Eure, expression vivante de la révolution, se montra soutenu par cinquante-quatre membres. Certes, victoire plus éclatante ne pouvait être remportée. Elle alla si loin que l'opposition, prise dans les deux opinions dominantes, ne put obtenir une place dans la vice-présidence et dans la composition du bureau.

L'adresse devint l'expression du vœu de la majorité; elle disait :

« Que la France reconnaissante n'oublierait pas que c'était à la sagesse du roi qu'elle devait la continuation de la paix, et de cette heureuse union avec les souverains qui ont relevé les bases antiques de l'ordre social. »

Puis venaient des phrases bien autrement significatives, et toutes empreintes de l'esprit dominant parmi les masses royalistes. Celles-là s'exprimaient ainsi :

« Fortifier l'autorité de la religion, épurer les mœurs par un système d'éducation chrétienne et monarchique, donner à la force publique cette organisation qui assure la tranquilité au dedans et la paix au dehors, perfectionner toutes les institutions qui dérivent de la charte, et qui doivent protéger nos libertés; telles sont les intentions bien connues de S. M., tels sont aussi nos devoirs. Les améliorations importantes, nous les poursuivrons avec la modération, compagne de la force; nous les attendrons avec la patience qui est l'art d'attendre le progrès du bien qu'on a fait. »

Je reconnus plus tard M. de Villèle dans cette dernière phrase toute empreinte de son esprit, et qui, mûrie dans sa tête, lui avait fait prendre pour devise le proverbe si connu : *Tout vient à point à qui peut attendre.*

L'adresse, selon l'usage, me fut apportée en grande cérémonie. Je l'écoutai afin de bien me pénétrer des sentimens qui l'avaient dictée ; puis, prenant à mon tour la parole :

— Messieurs, dis-je, je suis très-sensible aux sentimens de la chambre des députés. Vous venez, en les exprimant, de développer mes intentions; c'est me répondre que vous me seconderez; c'est me donner le gage de l'union qui doit exister entre moi et les chambres, et qui assurera le bonheur de mon peuple, le seul bien que je désire, le seul qui puisse vraiment toucher mon cœur. Je l'ai dit et je le répète, messieurs, si je souhaite que mes jours se prolongent, c'est pour affermir les institutions que j'ai données à mon peuple. Mais, quels que soient les décrets de la Providence, n'oublions pas cette maxime de notre droit public : Le roi ne meurt jamais en France! »

En parlant ainsi, je cédais à cette mélancolie invicible qui me dominait en raison de mes souffrances corporelles. Je voyais d'ailleurs la nécessité de m'effacer un peu pour faire place à mon successeur, et je supportais un fait que dans tout autre cas j'aurais repoussé avec énergie; car mon dessein n'a jamais été d'abdiquer de mon vivant à cause de la crainte que m'inspiraient pour l'état et ma famille, les amis de Monsieur, qui sont si avant dans sa confiance.

Ce ministère, ai-je dit, espérait que rien ne l'entraverait dans sa marche; il se trompait, car, dès le premier jour, le général Donadieu commença l'attaque. Il y avait à nommer un questeur, le ministère refusa d'élire M. Paul de Châteaudouble, député du Var, et, pour l'engager à se désister, une somme de cent mille francs lui avait, prétendait-on, été offerte. Je n'en parle que parce que je suis convaincu de la calomnie.

L'extrême droite fit grand bruit de cette affaire. Le général Donadieu, charmé de trouver matière à tourmenter le duc de Richelieu, s'en empare, et ne craint pas de dire à la suite d'un discours rempli de virulence :

« . . . . . S'il fallait passer des considérations générales aux considérations particulières, je vous dirais que vous pouvez modérer sans danger ce vif empressement à prodiguer l'argent aux ministres. Ils n'en ont pas besoin, puisqu'ils sont à même d'offrir cent mille francs à celui de vous qui serait disposé à trafiquer de son honneur et de son indépendance. »

Une clameur d'indignation s'éleva du banc des ministres et de ceux des députés votant avec eux. Elle coupa la parole au général Donadieu. Le garde-des-sceaux riposta par un démenti formel, défiant l'orateur de prouver ce qu'il avançait. Le scandale alla au point que, pour le faire cesser, M. Paul de Châteaudouble dut déclarer qu'il n'avait rien reçu. Il le fit de manière à ne contenter personne, et à laisser croire que du moins on avait pu lui proposer ce qu'il n'avait pas accepté. Ce fut dans cette séance que M. de Villèle parla pour la première fois en homme agrégé au ministère, et qu'il se sépara en même temps de l'extrême droite, impatiente d'attirer à elle le pouvoir que lui prétendait concentrer en sa personne.

Lorsque je le vis après cette levée de boucliers.

— Eh bien ; monsieur, lui dis-je, vos amis ne vous épargnent pas.

— Je ne suis pas l'ami de tout le monde, répondit M. de Villèle, et ma tendance ne va jamais aux exagérés.

— Il n'en manque pas dans la chambre.

— Aussi les laissera-t-on à l'écart. Je préfère qui ne dit mot à qui aboie. Avec les premiers on va où l'on veut sans éveiller la méfiance, tandis qu'avec les autres, amis et ennemis sont prévenus de vos moindres actes.

— Vous parlez, monsieur, en homme sage ;

mais le moyen d'obtenir ce mutisme de ceux qui, pour attirer l'attention, n'ont d'autre ressource que de faire du bruit? Qui manque de silence annonce qu'il manquera de prudence. Il prévient contre lui, en raison de ce précepte de Tacite:

Bonus animus in malis dimidium est mali.

(C'est s'épargner la moitié du mal que de savoir se modérer dans une affaire fâcheuse.)

Ces messieurs, au contraire, font tant de tapage qu'ils en ont le déboire complet.

M. de Villèle me certifia que les *aboyeurs* (ce terme lui échappait souvent) crieraient sans bons résultats pour eux. En effet, la loi accordant les six douzièmes provisoires, bien que vivement débattue, passa à une majorité de deux cent cinquante-huit-voix contre soixante-cinq.

Je viens au récit d'un événement bien étrange, bien coupable, que je ne puis caractériser assez fortement. Avant que de dire ce qu'il me conviendra d'en faire connaître, je vais le rapporter tel que me l'offre une révélation du temps.

« Le 27 janvier 1821, vers quatre heures trois quarts après midi, une forte explosion se fit entendre dans le château, du côté de l'apartement du roi et de Madame. Elle provenait d'un baril de poudre d'environ six livres, placé entre la muraille et un coffre en bois sur un palier de l'escalier dérobé destiné au service des appartements de Madame et des appartemens du roi; la détonation fut forte, plusieurs portes et des fenêtres de l'escalier furent arrachées de leurs ferremens, tous les carreaux de vitres en furent brisés avec fracas. Heureusement personne ne fut blessé. Quelques instans après, le préfet de police, le procureur général et le premier avocat-général se transportèrent sur les lieux : on fit des recherches dans l'intérieur, on interrogea tous les employés de service, sans découvrir d'abord d'autres indices de l'attentat, que les débris du baril restés sur la place. »

J'étais dans mon cabinet à travailler avec le duc de Richelieu, qui s'écria : « On attente aux jours de Votre Majesté ! On fait sauter les Tuileries ! »

— Rassurez-vous, lui dis-je, c'est le second tome du pétard que l'on a fait partir avant-hier sur la place du Palais-Royal. On ne veut pas me tuer, mais seulement me faire peur. L'un est cependant plus facile que l'autre.

Déjà ma chambre à coucher et mon cabinet étaient envahis par les officiers de service, et par tout les habitans du château qui purent y pénétrer. On se jeta à mes genoux en me conjurant de quitter les Tuileries, qui certainement allaient crouler.

— Ne le craignez pas, repondis-je; la sûreté de ceux qui ont fait le coup me répond de la mienne.

Je vis, à la mauvaise humeur qui se manifesta sur le visage de quelques-uns des asistans, que j'avais été compris. Madame la duchesse d'Angoulême fut si effrayée qu'elle manqua de force, dans le premier instant, pour arriver jusqu'à moi;

elle envoya un des ses officiers auquel je dis :

« J'engage Madame à se tranquilliser, il y a plus de bruit que de mal, c'est tout ce qu'on voulait : dans tous les cas je lui affirme que ce n'est pas moi qui ai mis le feu au pétard. »

Ces paroles dites de ma grosse voix que je ne cherchais pas à adoucir, furent encore un désapointement pour ceux qui étaient à l'affût de mes sentimens secrets. On put dès lors reconnaître que le coup avait manqué dans le but qu'on s'en proposait. Je m'informai ensuite si quelqu'un était blessé, et sur la réponse négative :

—Tant mieux, m'écriai-je, je ne l'aurais pas pardonné.

CHAPITRE XI.

Crainte de Monsieur. — Le roi le repousse. — Conversation rapportée qui déplaît à certaines personnes. — Ce que le roi dit à madame de ... — Adresse de la chambre des députés. — L'attentat *insolent*. — La réponse du roi achève de mécontenter ceux qu'elle désigne. — Son mot sur l'impuissance de la police et de la justice. — Le roi rappelle d'Angleterre M. Decazes. — Effort du pavillon Marsan. — Conversation avec M. Decazes. — Ce qu'il dit au duc de Richelieu. — Il repart pour Londres. — Le ministère demande la censure. — M. de Vaublanc se prononce contre. — La querelle s'engage entre les royalistes et le ministère. — Discours de M. de Castelbajac. — Le conseil s'inquiète. — M. de Villèle et ses collègues. — Réplique maladroite de M. Pasquier.— Suite de cette affaire et des séances de la chambre élective.

Monsieur vint me trouver à son tour avec le visage bouleversé et persuadé qu'on en voulait à sa vie.

— Ils me tueront comme ils ont tué mon malheureux fils ! me dit-il ; la police se fait très-mal, et je ne serai en sûreté que lorsqu'on l'aura confiée au baron de Vitrolles.

C'était sans doute une erreur; mais je crus trouver dans ces paroles tout le nœud de l'explosion. Je cherchai à rassurer Monsieur en lui disant que cette affaire n'avait pas au fond l'importance qu'on y attachait; qu'on voulait nous effrayer, rien de plus.

— Mais les libéraux, reprit mon frère, ne s'en tiennent guère à inspirer de l'effroi.

— C'est possible; quant aux auteurs de l'explosion, j'affirme qu'ils ne voudraient pas faire tomber un seul cheveu de notre tête.

— Monsieur, ne me comprenant pas, me pria de m'expliquer plus clairement; je lui dis que le moment n'était pas opportun, puis j'ajoutai :

— Voulez-vous faire le pari que tout ce parquet, toute cette justice, si âpre à instrumenter, ne parviendra à aucun résultat, et qu'on ne trouvera ni coupables, ni complices ?

— Cela est impossible ! s'écria Monsieur.

— L'avenir vous prouvera bientôt si je me trompe; sachez bien, mon frère, que tous nos ennemis ne sont pas des libéraux.... Quant à votre désir, relativement à M. de Vitrolles, je ne puis y accéder, car ce serait faire triompher des intrigues qui me déplaisent.

Monsieur me quitta très-chagrin. Il répéta notre conversation, qui contraria plus d'un individu certain d'avoir été deviné.

Le même soir, je vis madame de..., j'écoutai ses protestations, ses doléances, et comme je connais l'attachement qu'elle me porte, je n'hésitai pas à m'expliquer franchement avec elle et à rejeter l'affaire sur les véritables auteurs.

« Si les jacobins, lui dis-je, les républicains, les Buonapartistes ou tous ceux de ce bord sont par hasard coupables de cette espiéglerie, il y en aura au moins trente d'arrêtés ce soir ou demain ; une procédure active s'instruira contre eux. Si au contraire le coup est une gracieuseté des nôtres, une malice de lutin de vieux château, M. le procureur général et la police n'obtiendront à ce sujet aucune lumière. Voulez-vous que je me fâche, que j'ordonne des poursuites sérieuses, alors vous verrez bientôt venir à moi le garde-des-sceaux, le procureur général et le préfet de police, la tête basse, me conjurer de ne pas insister dans les poursuites parce qu'elles pourraient compromettre.... Bref on avouera que tout ce badinage ne vient que de mes amis.

Madame de..., qui possède un tact exquis, bien convaincue d'ailleurs que j'avais raison, n'osa plus rien dire. Les chambres n'imitèrent pas son exemple; chacune, dans un comité secret, vota une adresse. La gauche des députés ne balança pas à déclarer où l'on trouverait les coupables. On s'injuria réciproquement, mais la majorité n'en vota pas moins une adresse virulente dont M. Ravez me fit part; elle disait :

« Sire, une tentative exécrable vient de livrer la France à de trop justes alarmes. Le sanctuaire de la royauté a été violé, et ce premier forfait, qui révèle les progrès du crime, atteste une conspiration prématurée, occupée à se créer de nouveaux succès et à nous préparer de nouveaux dangers... Ces parricides attentats périodiquement renouvelés, il était impossible de les prévenir; la source en restera-t-elle toujours inconnue, et ne parviendrons-nous jamais à approfondir des complots qui se jouent avec audace de l'administration et de la justice?

« Sire, la justice n'appartient pas aux rois, elle vient de plus haut; ils ne la rendent à leurs sujets que comme un dépôt qui leur est confié. Votre vie est à vos peuples, et Votre Majesté ne peut l'abandonner à la rage des méchans. *Ils ont bravé votre clémence; qu'ils tremblent désormais sous l'inflexible sévérité des lois!* Prévenez, sire, les dangers dont ils oseraient encore menacer votre personne sacrée. Les Français vous conjurent, pour prix de leur amitié, de veiller à votre conservation et à celle de votre auguste famille.

« *L'esprit perturbateur sera vaincu;* Votre Majesté a daigné nous en faire donner l'assurance par la bouche de ses ministres; et nous, sire, vos fidèles et loyaux sujets, les députés des départemens, heureux de contribuer à une victoire qui peut seule assurer le bonheur et le repos de la France, nous venons promettre à Votre Majesté d'être infatigables dans cette lutte différée trop long-temps, mais qui sera la dernière. »

J'entendis cette adresse avec une secrète impatience, on l'avait dirigée contre les libéraux, et ce n'était pas dans leurs rangs qu'il fallait chercher les coupables. Mécontent d'une telle injustice, je dis.

« Je suis touché des prières que la chambre des députés me fait de veiller sur ma vie; j'en suis, je le sais, responsable à Dieu et à ce peuple généreux que la providence a confié à mes soins, et dont l'amour me donne la force de supporter mes peines.

« La plus grande de toutes est le pernicieux esprit qui heureusement atteint peu de cours, mais qui, depuis que je l'ai signalé à la nation, a fait à mon cœur une plaie toujours saignante, et vient de se manifester par un attentat plus insolent à la verité que dangereux. Mon devoir est de pénétrer au fond de l'abyme ; j'y parviendrai avec le concours de mes fidèles ministres, et avec celui des magistrats qui rendent en mon nom la justice à mes peuples ; mais, pour le fermer, cet abyme, la confiance entre les chambres et le gouvernement est indispensable. »

Cette réponse déconcerta les meneurs, ils furent particulièrement offensés de la phrase dans laquelle, me moquant de l'explosion, je la réduisais à sa juste valeur ; ils auraient voulu au contraire que j'en exagérasse l'importance. Comme dans les cas désespérés on n'hésite pas à se servir de Monsieur, dont la confiance naïve est sans bornes, on l'engagea à me parler afin d'obtenir que donnant un autre sens à mes paroles, je ne fisse pas peser mes soupçons sur mes zélés et fidèles serviteurs. Cette fois la patience m'échappa.

— Voulez-vous, dis-je à Monsieur, que, pour obliger les coupables, j'accuse les innocens ? On doit me savoir gré de ma modération. Quant à vous, mon frère, surveillez mieux vos amis, dont l'extravagance vous compromet.

Monsieur se fâcha ; me parla de l'incendiaire qu'on avait arrêtté... ici je l'interrompis.

—Passons ce fait sous silence, dis-je, il serait trop affreux s'il était vrai.

Un nommé Neveu avait été l'agent de cette mystérieuse affaire. On le savait accablé de dettes, et on lui promit une récompense ; il porta alors le baril dans la nuit, le cacha derrière le coffre au bois, et le lendemain vint mettre le feu à la mêche. Elle brûla assez lentement pour lui laisser le temps de quitter les Tuileries. L'explosion eut lieu lorsqu'il parvenait au quai ; il se tint tranquille, certain qu'on ne l'arrêterait pas. En effet, on ne s'occupait pas de lui lorsqu'un agent de police maladroit et en dehors du secret, s'avisa de le saisir. Neveu se coupa la gorge.

Dès lors tout fil révélateur fut rompu. Je ne prétends point être parfait, et il me prit fantaisie de rendre la pareille à ceux qui avait voulu me faire peur. En conséquence, j'ordonnai tout à coup au ministre des affaires étrangères d'accorder un congé au duc Decazes, l'air de l'Angleterre ne convenant point à sa femme. Ce plan réussit au mieux ; les meneurs furent aux abois, et les ministres ressentirent leur part de la frayeur commune. Dès lors on se disposa à la résistance, je n'avais nullement l'intention de rendre ma confiance à M. Decazes, il ne l'a jamais perdue ; le ramener à la direction du conseil, c'était impossible ; mais j'étais charmé que sa présence inquiétât ces messieurs.

Il arriva peut-être avec de beaux rêves. Je l'accueillis à merveille et lui accordai toutes les marques de distinction que je pus imaginer. Il causa souvent avec moi en tête-à-tête. Les choses allèrent ainsi tant qu'il me fut agréable de les prolonger, puis je conseillai à M. l'ambassadeur de retourner à son poste. Il m'en témoigna son chagrin.

— Patientez un peu, lui dis-je, ils ne vous y laisseront pas long-temps.

— Agirait-on contre la volonté du roi?

— Mon enfant, repartis-je en empruntant un vers de Voltaire:

Sémiramis n'est plus que l'ombre d'elle-même.

Le roi souscrit, ou plutôt il consent à laisser faire, afin que la transition ne soit pas trop brusque, lorsqu'il viendra à manquer entièrement. Il subit sa destinée.

Je sus que M. de Richelieu, prenant confiance en M. Decazes, lui avait porté ses plaintes contre les royalistes.

— Ils me trompent, ils me trahissent, ils se servent de moi pour arriver à leurs fins, et leur intention est de me congédier.

M. Decazes, fort de son expérience, laissa peu d'espoir au duc de Richelieu, en lui montrant les choses sous leur véritable aspect. La session cheminait avec embarras; les lois demandées étaient difficilement obtenues; le ministère reconnaissait enfin qu'on voulait sa perte. Vainement avait-il fait des concessions nombreuses, vainement, par des actes avantageux au clergé, essayait-il de se réconcilier avec les *zelanti* : ses efforts furent inutiles.

On en était à ce point lorsque le ministère demanda la propogation de la censure sur les journaux. Ce fut le comte Siméon qui porta la parole dans la séance du 9 juin 1821. Le côté droit, charmé de trouver cette occasion de manifester son opposition au ministère, ne la laissa pas échapper. Une commission tout hostile fut nommée : elle choisit M. de Vaublanc pour son rapporteur. M. de Vaublanc, malgré ses brillantes qualités, n'est pas exempt des défauts qui tiennent à la nature de l'homme. Il ne pouvait pardonner au duc de Richelieu sa destitution, et voyant jour à se venger, il le fit avec une chaleur que je dus déplorer. Ses conclusions furent contre la prorogation de la censure, en demandant toutefois que la presse, rendue entièrement libre, fût soumise à des lois sévères.

La discussion s'engagea sur le champ de bataille qui venait d'être ouvert; les têtes s'échauffèrent : M. de Castelbajac attaqua le ministère avec une aigreur et une véhémence peu commune, lui reprochant de ne s'être servi de la censure que dans son seul intérêt et contre les principes monarchiques, d'avoir toujours sacrifié le trône, la religion et la France.

— Vous haïssez les royalistes comme individus, dit-il au ministère, vous les repoussez comme principes. Placés vous-mêmes, par vos antécédens, dans une position fausse et difficile, vous ne pouvez avoir une doctrine, professer une opinion sans craindre un *Moniteur* ou un *Souvenir*. Vous n'avez ni marche, ni plan arrêtés. Vous êtes d'autant moins aptes à gouverner avec la charte, que chaque année, vous venez le déclarer vous-mêmes, en proclamant la charte en péril si l'on ne vous accorde des lois d'exception..... Pour ceux qui veulent la charte et qui sont convaincus qu'on ne peut marcher qu'en adoptant franchement ses conséquences, vous avez dû vous attendre qu'ils vous répondraient, au lieu de vous accorder la censure : — Tremblez de conserver un poste que, de votre aveu, vous ne pouvez remplir, dès que vous reconnaissez votre insuffisance ; craignez de diriger un gouvernement trop faible pour vos débiles mains.

La violence de ce discours annonçait clairement une scission ouverte avec le ministère, et pour qu'on ne pût en douter, le vicomte de Castelbajac eut soin de séparer la cause des ministres à portefeuille de celle du reste du conseil, en terminant ainsi :

— Il doit rester à nos amis qui siégent avec vous, la certitude que nous sentons l'étendue du sacrifice qu'ils se sont imposé : que, loin de les accuser, nous sommes convaincus que si le mal n'est pas plus grand, c'est à eux que nous le devons, et qu'ils trouveront toujours en nous confiance et union.

La guerre était donc déclarée; M. de Richelieu et le baron Pasquier vinrent le soir même m'en apporter la nouvelle. Ils étaient de mauvaise humeur, surtout le second, qui avait eu à ce sujet une explication avec M. de Villèle.

— Que vous a-t-il dit? damandai-je.

— Que ce sont de vaines paroles auxquelles on ne doit faire aucune attention. Je ne pense pas ainsi, et demain je me charge de répondre.

Je vis Monsieur, auquel je parlai de la sortie de M. de Castelbajac dont il devait savoir quelque chose à l'avance.

— Les royalistes, me répondit-il, sont mécontens; le duc de Richelieu ne leur semble pas assez monarchique; c'est la royauté qu'ils veulent avant tout. Le roi connaît le cri de guerre du *Drapeau-blanc*.

— Oui, *vive le roi quand même!* profession de foi passablement insolente; car elle a l'air de dire que le roi peut manquer à la royauté, mais eux jamais! Votre Martainville a de l'esprit, mais il en fait un usage pernicieux. Ainsi l'extrême droite se sépare décidément de moi? ajoutai-je.

— De vous, sire! oh! non, je vous le sacrifie. On vous aime, on vous respecte trop pour cela; mais on voudrait au conseil des hommes plus fermes et surtout plus francs.

Je ne répondis pas parce que j'avais trop à dire. Mon rôle, de jour en jour, devenait plus difficile: je voyais l'impossibilité de maintenir cet équilibre que je jugeais nécessaire au gouvernement, et il me paraissait dangereux de choisir un ministère parmi les *zelanti*.

Le lendemain, la discussion continua avec une chaleur égale. M. Pasquier, montant à la tribune, repoussa de la manière la plus formelle et la plus véhémente les assertions de M. de Castelbajac. Il tourna avec art contre lui les argumens dont il s'était servi. Jusqu'ici, il restait dans son droit, lorsque emporté au delà des bornes de la prudence, il se lassa du rôle de défenseur, et attaqua à son tour. Ce fut une faute énorme dont tout le conseil et le système administratif subit la conséquence.

« Oui, messieurs, dit M. Pasquier en terminant son discours, j'ai de l'éloignement pour ces hommes qui veulent troubler ou qui, sans le vouloir, troublent la tranquillité du pays, qui désunissent les esprits quand il faudrait les rallier. J'ai de l'éloignement pour ces hommes qui, exhumant trop souvent des tombeaux des maximes révolutionnaires, veulent encore s'en faire un moyen pour renverser le bonheur dont nous jouissons, pour pervertir la génération naissante et pour appeler sur sa tête les maux qui nous ont trop souvent désolés.

« J'ai de l'éloignement pour ces hommes qui, par des récriminations presque toujours injustes, toujours impolitiques, fournissent sans cesse des armes et des auxiliaires à ceux que je viens de désigner. Comme je redoute les usurpations, j'ai de l'éloignement pour ces hommes qui voudraient usurper à eux seuls le titre de royaliste, qui voudraient en quelque sorte accaparer à leur profit les sentimens qui appartiennent à la nation française, qui, pour s'en faire honneur exclusivement, arriveraient à rétrécir un cercle qu'il faut au contraire s'efforcer d'étendre.

« J'ai de l'éloignement pour ces mêmes hommes, lorsqu'ils manifestent la pensée de faire d'une chose aussi sacrée que la royauté et le pouvoir qui en émane, un instrument de leur ambition. Oui, messieurs, il peut bien être permis aux ministres, quand on leur dit sans cesse qu'ils ne travaillent que pour conserver leur place, de répondre qu'on veut les envahir. Eh bien ! messieurs, j'ai donc de l'éloignement pour ces hommes ; mais c'est principalement parce que, s'ils arrivaient au but de leur désir, j'ai la conviction qu'ils ne feraient du pouvoir qu'un moyen de satisfaire quelques intérêts privés ; et qu'on leur verrait ainsi reproduire par la succession des triomphes éphémères de leur petite ambition, cet état ministériel qui, dans les années qui ont précédé la révolution, ont fait tant de mal à la France. »

L'extrême droite, frappée ainsi à bout portant, se souleva tout entière de besoin de vengeance. Ce côté riposta avec une aigreur au moins égale, et annonça qu'il ne fallait plus espérer d'union.

On le sut mieux encore par la démarche que firent vis-à-vis de leurs collègues MM. de Villèle et de Corbière. Ils dirent que les choses en étaient venues au point qu'ils voyaient l'impossibilité de demeurer plus long-temps au conseil, et qu'ils allaient me prier d'accepter leur démission. Le duc de Richelieu, au désespoir, les conjura de revenir sur leur dessein; il leur dit qu'ils ne pouvaient du moins abandonner le gouvernement avant la session, et ces messieurs, après bien des instances, consentirent à ajourner leur retraite jusqu'à ce moment. Mais M. de Richelieu ne réussit pas aussi bien à raccommoder le ministère avec ceux qui se trouvaient si violemment offensés par le discours de M. Pasquier. Ils demeurèrent inflexibles, et moi-même je dis à celui qui provoqua cette haine :

—Monsieur, c'est désormais une guerre à mort de vous à eux ; car vous avez soulevé le masque, et c'est ce qu'on ne pardonne jamais.

—En vérité, sire, repartit M. Pasquier, ils ont poussé ma patience à bout, et las de tant d'hypocrisie et d'avidité, je n'ai pu comprimer plus longtemps ma pensée.

Au demeurant, la loi relative à la prolongation de la censure, passa à cent deux voix de majorité. C'était encore beaucoup de ne pouvoir deviner d'après cela la défection qui eut lieu au début de la session suivante. Celle-ci, dont je ne parle plus que par occasion, fut clôturée le 31 juillet; il me tardait de la voir finir ; car, outre sa longueur, elle avait montré des germes de division qui me sont toujours pénibles. Le budget fut emporté péniblement; les royalistes, forts de leur nombre et de leur position, montrèrent qu'ils seraient sans indulgence ; et moi, tourmenté par de nouvelles complications extérieures, se joignant à celles qui pesaient déjà sur nous (la révolte du Piémont), je me demandai par quelle marche il fallait éviter tant de maux, ce qui vaudrait mieux en dernier ressort de la guerre au dedans ou au dehors, car je la voyais inévitable ; le tout était de bien choisir.

CHAPITRE XII.

Baptême du duc de Bordeaux. — Maison civile du roi. — Quelques personnages. — Le confesseur du roi. — M. de Quélen. Docteur Portal. — M. Alibert. — Prince de Lambesc. — Marquis de Vernon. — Duc de Richelieu. — Marquis de Brézé. Cerémonies du baptême. — Fête à l'hôtel-de-ville. — Ce que Monsieur y dit. — Journée du 2 mai 1821. — Le duc de Bordeaux en visite au marché Saint-Martin. — Mort de Buonaparte. — Mort et éloge de S. A. S. madame la duchesse douairière d'Orléans. — Fragment d'une de ses lettres à la reine. — Le comte Rapp. — Deux démissions. — Explication avec Monsieur. — Embarras du duc de Richelieu et du conseil. — Congrès de Laybach. — Insurrection des Grecs.

J'ai conduit jusqu'à la clôture de la session de la chambre ; mais je vais revenir sur mes pas pour raconter des faits qui me sont personnels. Mon état malingre et languissant s'était maintenu jusqu'au mois d'avril de cette année 1821, et avec une ténacité qui pouvait m'inspirer des craintes sérieuses. Grâce à la providence la force de mon tempérament reprit le dessus, et je pus espérer la prolongation d'une vie que j'ai l'orgueil de croire utile à la France. Le retour à la santé fut rapide ; je sentis que je pourrais me montrer à mon peuple le jour anniversaire de mon entrée à Paris en 1814. Le dernier avril je passai une revue de la garde nationale; les acclamations ne me manquèrent pas. Le lendemain devait être le baptême du duc de Bordeaux.

En effet, le premier mai venu, je me rendis solennellement à Notre-Dame, accompagné de ma royale famille et environné d'une pompe que, jusqu'alors, je n'avais pas déployée. J'avais, l'année précédente, formé ma maison civile sur un pied qui rappelait la splendeur de celle de mes ancêtres. Elle était divisée en six services dictincts : le premier, celui de la grande-aumônerie, ayant pour chef le cardinal duc de Talleyrand Périgord, archevêque de Paris, chevalier commandeur de l'ordre du Saint-Esprit et grand-aumônier de france. Parmi les ecclésiastiques de son ordre, on distinguait M. de Bonald, ancien évêque d'Agen et premier aumônier; l'abbé de la Châtre, aumônier ordinaire; l'abbé Rocher, mon confesseur et le meilleur homme que j'aie jamais connu : on ne l'accusera pas d'avoir cherché près de moi la fortune et l'influence; certes, c'est bien à lui qu'on peut appliquer ces vers dans *Sémiramis* :

> Renfermé dans les soins de son saint ministère,
> Sans vaine ambition, sans crainte, sans détour,
> On le voit dans le temple et jamais à la cour.
> Il n'a pas affecté l'orgueil du rang suprême,
> Ni plcaé la tiare auprès du diadème,
> Moins il veut être grand, plus il est révéré.

M. de Quélen, archevêque de Trajanople, vicaire-général et coadjuteur de l'archevêque de Paris, et l'abbé Feutrier, beau et saint comme un ange.

La grande maîtrise de France forme le second service : il comprend tout ce qui touche à la bouche et au gouvernement des palais et châteaux royaux. M. le duc de Bourbon en est le grand-maître; *premier maître d'hôtel*, M. le duc d'Escars; *chambellans de l'hôtel*, les comtes de Cossé-Brissac, de Rothe, marquis de Mondragon, comte de Chousy.

Troisième service. *Grand chambellan*, le prince de Talleyrand; *premiers gentilshommes de la chambre*, les ducs d'Aumont, de Duras, de Blacas, de la Châtre; *premiers chambellans*, le duc d'Avaray, le marquis de Boisgelin, les comtes Rapp et de Pradel. J'avais joint à ce service des gentilshommes de la chambre dont le nombre pouvait s'élever à cent, et où je plaçai successivement toutes les notabilités de l'ancien et du nouveau régime. Là se rattachait le service extérieur, mes valets de chambre, les menus plaisirs, mes médecins; le premier est le docteur Portal, dont je crois avoir déjà fait l'éloge; mon premier médecin ordinaire est le docteur Alibert, homme de science et du monde, qui parle en Hippocrate et écrit en littérateur distingué. Il joue si bien la distraction, qu'on la croirait naturelle en lui : c'est sa marotte, et comme elle amuse les autres, on aurait tort de la lui reprocher.

Quatrième service. *Grand écuyer de France*; c'est le prince de Lambesc qui est revêtu de ce titre, quoique je ne l'aie pas fait figurer sur l'Almanach royal.

On a contre lui en France des préventions que je respecte. Je n'ai pas voulu le déposséder de sa charge, ni déplaire à la nation; il fallait donc prendre un parti mitoyen. Tout le service repose sur l'infatigable marquis de Vernon, vice-écuyer, commandant et chef suprême. Il m'offre l'image de l'ancien régime dont il fait observer les erremens avec une fidélité scrupuleuse. Dans la grande et petite écurie, les pages sont sous sa direction.

Cinquième service. *Grand veneur de France*, le duc de Richelieu; *premier veneur*, le comte Girardin, lieutenant-général. C'est le royaliste de la famille, et il y joint la qualité de second Nemrod, à tel point il est né pour la chasse. Il est dans les bonnes grâces de Monsieur, qui travaille souvent avec lui : c'est un département que je lui abandonne.

Sixième service. *Grand maître des cérémonies de France*, le marquis de Dreux de Brézé. C'est le meilleur des hommes : il hait la révolution, à cause de la rude atteinte qu'elle a portée au cérémonial, et il s'enorgueillit d'avoir tenu tête à Mirabeau le jour de la fameuse séance du 23 juin.

Ma maison militaire est également sur un pied respectable et très brillante d'aspect. Je me plais à la voir disputer à la garde royale de magnificence et de dévouement.

Je voulus, le 1er mai 1821, que mes deux maisons concourussent à la pompe de la journée. Je fus en outre bien secondé par l'amour des Parisiens, qui s'empressaient à l'envi d'orner les lieux de mon passage par des drapeaux élégans, des guirlandes de feuillages et de fleurs, des décorations enjolivées par le sentiment et le goût. Les acclamations du peuple, les vivats, les témoignages d'affection me furent prodigués depuis les Tuileries jusqu'à Notre-Dame et au retour.

L'église resplendissait : on l'avait parée avec un soin particulier. On chanta le *Te Deum* et *l'Exaudiat* à grand orchestre. Le vénérable archevêque me harangua.

Le plus important de la cérémonie était le baptême du duc de Bordeaux, retardé jusqu'à ce moment. Après le *Veni Creator*, chanté par la musique de la chapelle, mon neveu, l'enfant de l'espérance, ondoyé comme je l'ai dit le jour de sa naissance, fut baptisé. Le cardinal de Talleyrand officiait au moyen des cérémonies supplémentaires. Monsieur, chargé par procuration du roi de Naples, fut le parrain, et Madame, duchesse d'Angoulême, fut marraine à la place de la duchesse de Calabre, princesse héréditaire du royaume des Deux-Siciles.

Je répondis au cardinal par ces mots :

— Je demande au clergé français de prier pour cet enfant afin qu'il se rende digne du bienfait que le ciel nous accorde par sa naissance, et que sa vie soit consacrée au bonheur de la France et à la gloire de notre sainte religion.

Le reste du cérémonial eut lieu selon que l'avait réglé le marquis de Brézé. L'acte de naissance fut signé par moi et les princes et princesses de la maison royale, les présidens des deux chambres, le doyen des maréchaux de France (le duc de Conégliano), celui des ministres d'état (le prince de Talleyrand) et des conseilliers d'état, les premiers présidens des cours de cassation, des comptes, de l'instruction publique, de la cour royale de Paris, le préfet de la Seine, les maires ou présidens des bonnes villes, ou des députations envoyées par elles.

Pendant la cérémonie, j'examinai les visages, et je pus me convaincre de l'intérêt que les assistans portaient à moi, aux miens et à mon royal neveu. Je remerciai le ciel qui, par la venue de cet enfant du miracle, rajeunissait pour ainsi dire ma vieille dynastie, et la rendait apte à se confondre avec les nouvelles institutions.

Je ne dirai rien des fêtes qui signalèrent cette belle journée; je citerai seulement celle qui fut donnée à l'Hôtel-de-Ville aux augustes parens de M. le duc de Bordeaux, et à laquelle on invita plus de six mille personnes. J'aurais voulu y paraître, mais la faculté s'y opposa impitoyablement. MM. Portal et Alibert se montrèrent inflexibles, et je dus me soumettre à leur ordonnance. Monsieur, qui me remplaça, me conta le lendemain, que l'aspect de l'Hôtel-de-Ville, et principalement de la salle du bal, était féerique.

A six heures, les princes, accompagnés des officiers de leur maisons arrivèrent à l'Hôtel-de-Ville; ils furent reçus sur le perron, au bas du grand escalier, par le préfet du département, les membres du corps municipal, et par deux dames nommées pour accompagner les princesses. Monsieur répondit au discours du comte de Chabrol de la manière suivante :

« Monsieur, mon premier devoir sera de rapporter au roi les sentimens que vous venez de m'exprimer d'une manière si touchante; nés Français, et de famille française, nous ferons toujours consister notre bonheur dans celui de nos compatriotes et nous ne pouvons désirer que la prospérité de notre chère France. »

Ces paroles simples, prononcées avec chaleur, furent senties par ceux qui les entendirent. Les cris de *vive le roi! vive Monsieur! vivent les princes et la famille royale!* éclatèrent de toutes parts. Le préfet offrit une médaille frappée pour cette circonstance, puis il conduisit l'assemblée à la salle du banquet. On prit place dans l'ordre suivant : mon fauteuil vide au milieu. Monsieur, M. le duc d'Angoulême, M. le duc d'Orléans, M. le duc de Bourbon à la droite; Madame Royale, madame la duchesse de Berri, madame la duchesse et mademoiselle d'Orléans, les dames de leurs maisons et les douze dames nommées par moi pour faire les honneurs de la ville se placèrent à gauche.

Au moment de sortir de table, Monsieur se leva et dit :

« Mes amis, puisque nous sommes privés de la présence du meilleur des pères, nous allons nous en dédommager en buvant à la santé du roi. »

Ce toast fut porté avec enthousiasme et unanimité. Une pièce de notre inévitable ami, Alisan de Chazet, fut ensuite représentée : MM. Boieldieu et Berton en avaient fait la musique. A la fin de la pièce, une toile de fond se leva et laissa voir le vaisseau de l'écusson de Paris, voguant à pleines voiles. L'image de M. le duc de Bordeaux figurait sur la poupe, en forme de berceau. Les amours jouaient, suspendus aux cordages; et les beaux-arts étaient représentés par les matelots et les passagers. Ce fut une idée ingénieuse due au pinceau de M. Devouges.

Le lendemain, 2 mai, jour de l'anniversaire de mon entrée à Paris, je reçus à onze heures les hommages des membres de ma famille et de la maison de Bourbon; à midi ceux des députés, des pairs et de toutes les autorités supérieures. Je répondis à chaque harangue; je dis au comte de Chabrol, qui venait au nom de ses administrés.

« Je reçois avec un grand plaisir les témoignages d'amour de ma bonne ville de Paris. J'apprends avec une vive satisfaction que les travaux du canal de Saint-Denis touchent à leur fin. C'est une source de prospérité publique. J'espère aller aujourd'hui visiter mes enfans; si j'en étais empêché, dites leur bien que je les porte tous dans mon cœur. »

Je pus sortir, comme je le désirais, à deux heures et un quart; je montai dans une calèche découverte avec le maréchal duc de Raguse, major-général de service, les ducs d'Aumont et d'Havré. Je parcourus les rues, les boulevards, les quais principaux. Partout on m'accueillit avec transport; la rue Saint-Denis se distingua particulièrement. J'aurais été heureux de prolonger ma course, mais une maudite pluie survenant, me força à rentrer aux Tuileries.

Monsieur, menant avec lui M. le duc de Bordeaux et Mademoiselle, se rendit au marché Saint-Martin, où les charbonniers, les forts et les ouvriers du port s'étaient réunis au nombre de plus de trois mille.

Sa visite enchanta ces bonnes gens qui se sont toujours montrés royalistes.

Vers la fin de mai, mourut Camille Jordan, homme de bien, tête chaude et enthousiaste. Il était au fond monarchique, et se montrait libéral par boutades. Je le regrettai, parce que je le comptais au nombre de nos bons et habiles serviteurs.

Un autre décès eut lieu cette année le 5 mai; il ne fut connu en Europe qu'en juillet, où il eut un long retentissement : c'est celui de Buonaparte, qui expira à Sainte-Hélène d'un cancer à l'estomac. J'ai dit en plusieurs occasions que ma position, vis-à-vis cet homme extraordinaire, ne me permettait pas de parler de lui avec impartialité. Je le ferai bien moins aujourd'hui que la tombe s'est refermée sur ses dépouilles mortelles; c'est à la postérité à le juger.

La mort de Buonaparte délivra les souverains d'une grande inquiétude et consolida mon trône.

Je reçus par la poste une protestation signée Marie-Louise, pour la conservation des droits prétendus du duc de Reichstadt à la couronne de France. La manière inusitée avec laquelle cette pièce m'était parvenue, me dispensa d'y répondre. Je crois d'ailleurs pouvoir affirmer qu'elle était fausse et ne venait nullement de la chancellerie de la duchesse de Parme. Je dis en cette circonstance à une personne que j'affectionnais beaucoup :

« Le géant moderne n'est plus, et sa mort n'a pas ébranlé le monde ! Si la gloire reste à sa cendre, j'espère, Dieu aidant, qu'elle ne rejaillira sur aucun des siens d'une manière dangereuse pour nous : l'Autriche y a mis bon ordre : les maximes anti-libérales dont on nourrit le fils de Buonaparte ne sont pas de nature à plaire à un peuple qui a déjà gouté de la liberté. Nous aurons maintenant le culte des images, mais celui-là passera comme tous ceux qui ne sont fondés que sur des souvenirs.... Au reste, les morts ne reviennent pas, car si les apothéoses divinisent les héros, on n'a point encore vu qu'elles les ressuscitassent. Notre royaume pèsera désormais son poids dans la balance de l'Europe, et le nom de Napoléon n'ajoutera plus rien à celui de l'Angleterrre. »

Madame la duchesse douairière d'Orléans termina aussi sa carrière cette année. Elle expira à Ivry-sur-Seine, le 23 juin. Cette princesse, née en 1753, avait pour père le duc de Penthièvre, et pour mère une princesse de la maison d'Est. Ce fut en

1769 qu'elle épousa le duc d'Orléans, alors duc de Chartres.

Madame la duchesse d'Orléans, digne en tout de son vertueux père, ne partagea jamais les infâmes opinions de son mari. Elle eut surtout une juste horreur du régicide dont il se souilla ; elle avait écrit à la reine cette phrase remarquable :

«Tant que la famille royale existera dans sa branche aînée, tout avénement au trône d'un prince du sang serait une usurpation coupable. Quant à moi je ne me souillerai pas en y prenant ma part ; et si Dieu, dans sa colère, donnait le spectre à M. le duc d'Orléans, jamais je n'accepterais le titre de reine. Je connais mes devoirs et les respecterai tous.... »

J'ai toujours eu une profonde estime pour madame la duchesse d'Orléans, et lorsqu'elle se porta pour caution auprès de moi des sentimens de son fils ainé, je ne balançai pas à les croire sincères. J'espère qu'il se rappellera dans l'avenir les engagemens pris en son nom par sa sainte mère, et ratifiés par lui-même à Mittau. Je donnai des larmes vraies à ce trépas. Les pauvres pleurèrent aussi cette princesse dont ils avaient reçu tant de bienfaits.

Lorsque la nouvelle de la mort de Buonaparte arriva, j'étais à Saint-Cloud ; le comte Rapp, de service près de moi, éprouva une douleur si vive qu'il fut forcé de se retirer à l'écart pour s'y livrer sans contrainte. Je sus qu'il versait des larmes sur la fin de son ancien géneral, et l'ayant fait appeler après la messe :

— Comte Rapp, dis-je, votre affliction fait honneur à votre cœur ; je vous en estime et vous en aime davantage.

Lui, avec cette franchise allemande qui a tant de prix à mes yeux, me répondit :

—Sire, je dois tout à Napoléon, surtout l'estime et les bontés du roi et de son auguste famille.

Il y eut des gens qui s'étonnèrent de ce que Rapp se montrait reconnaissant envers celui qui pendant quinze ans l'avait comblé. Ces messieurs tiennent pour nuls des bienfaits qui ont atteint leur termes.

M. le duc d'Orléans était présent; je me mis à parler de Buonaparte en homme qui savait l'apprécier : — « Il est, dis-je, parvenu au faite de toutes les gloires possibles.

— Ah! sire, répondit M. le duc d'Orléans, une lui a manqué pourtant, et la plus belle de toutes selon moi

— Laquelle, monsieur?

—Celle qu'il aurait acquise en rendant la couronne à son maître légitime.

Le mot me charma dans la bouche de mon cousin : c'était un engagement que j'aimais à lui voir prendre.

Au moment où la session prit fin, la question ministérielle se compliqua. MM. de Villèle et de Corbière ne voulaient pas marcher d'accord avec leurs collègues. Déjà ils avaient parlé de se retirer; et au dernier instant ils demandèrent des concessions. On leur offrit un ministère à chacun: cela ne les satisfit pas. Monsieur dans cette circonstance me dit:

— Il est impossible que les royalistes demeurent dans la fausse position où le conseil les place. Ils ont l'air d'être les ennemis du roi, quand ils ne travaillent que pour lui.

— Ne pourraient-ils du moins me servir avec moins d'acrimonie?

—Il est naturel qu'ils se plaignent, sire : on ne leur tient pas ce qu'on leur a promis; et ils m'ont prié de conjurer le roi de ne pas leur en vouloir si maintenant ils se séparent du ministère; d'ailleurs ce sera pour peu de temps.

— Oui, jusqu'à l'heure où ils l'auront envahi.

—A la place du roi, j'essaierais d'un ministère tout-à-fait royaliste. La révolution nous déborde de toutes parts. Est-ce avec des hommes qui louvoient devant elle qu'on peut espérer la comprimer?

Je répondis que le pas était difficile à franchir, que l'exaspération des libéraux me semblait dangereuse, et qu'on les pousserait aux dernières extrémités, si on mettait le pouvoir entre les mains des royalistes purs.

— Tant mieux ! dit Monsieur avec une tranquillité admirable.

Quant à moi, je craindrai toujours les discordes intérieures. Je m'en expliquai franchement avec mon frère, qui persista dans son *tant mieux*. Alors je me tus.

Le duc de Richelieu, en désespoir de cause, essaya de satisfaire en partie tant d'ambitions alarmées. Il offrit à M. de châteaubriand l'ambasade de Rome, celle de Berlin au baron de Vitrolles, le portefeuille de l'intérieur à M. de Villèle, celui de l'instruction publique à M. de Corbière, la marine à M. Laîné et une foule d'autres concessions. Aucune ne convint : on voulait tout ou rien. En conséquence M. de Châteaubriand donna brusquement sa démission ; il fut imité par MM. de Villèle et de Corbière, qui, pour éviter de nouvelles propositions, s'en allèrent, le premier à Toulouse, le second à Rennes, et le cabinet fut ainsi désorganisé.

Le congrès de Laybach s'était réuni au commencement de l'année. La santé du roi de Prusse ne lui avait pas permis d'y venir ; mais il n'accéda pas moins aux délibérations qui y furent arrêtées. Les empereurs d'Autriche et de Russie y parurent et se montrèrent d'accord sur tous les points qu'on traita. La matière était grave ; il s'agissait de mettre un frein aux débordemens révolutionnaires, et la première question porta sur le droit d'intervention dans les débats intérieurs des empires, jusqu'où il pourrait s'étendre, et sur quelles bases on l'établirait.

En d'autres termes, comment on s'y prendrait pour maintenir les monarchies contre les empiétemens du républicanisme qui, comprimé par Buonaparte, se relevait de toutes parts. C'était au fond la question vitale, toutes les autres ne devant en être que les conséquences. Puis venait les cas particuliers de Naples, du Piémont, et même de la Grèce, laquelle, cette année, leva aussi l'étendart de l'indépendance, et, par sa révolte si légitime, vint compliquer les autres embarras.

La Grèce, on doit le dire avec sincérité, n'a rien de commun dans son insurrection avec les révoltes coupables des autres états. Les Turcs sont encore ses vainqueurs et non ses compatriotes ; leur domination est celle du maître sur l'esclave, et aucun code n'oblige ce dernier à demeurer volontairement dans les fers. Néanmoins la Grèce aurait mieux fait d'attendre. MM. de Caraman, de la Ferronnays et de Blacas représentèrent la France, le dernier à double titre, car il avait de ma part la mission de me représenter auprès du roi de Naples.

Les autres ministres des souverains furent les mêmes qu'on voyait à tous les congrès : MM. de Metternich, de Vicence, Pozzo di Borgo, Capo-d'Istria, de Nesselrode, de Hardenberg, de Bernstoff dit Sanmarck, lord Clanwilliam. M. Gordon, lord Steward, MM. de Saint-Marsan et d'Aglié, le cardinal Spina, le prince Néricorsini le marquis de Moka et M. de Zenti.

CHAPITRE XIII.

Double jeu joué par l'Angleterre.— Lettre officielle de Louis XVIII au roi de Naples.— Ce que c'est que la souveraineté du peuple.— L'autriche ramène Naples à l'obéissance de son roi.— Insurrection piémontaise.— Effroi des royalistes.— Prétentions réciproques du pape et de l'empereur.— Question espagnole et portugaise. — Politique du cabinet français.— La fièvre jaune en Espagne.— Mort du docteur Mazet.— Mort de la reine d'Angleterre.— Manifeste du congrès de Laybach.— Conduite des amis de Monsieur.— Ce que le roi dit à ce sujet.— Causerie avec le vicomte Mathieu de Montmorenci.— Pressentimens.

La cour d'Angleterre joua double jeu au congrès de Laybach; elle protesta hautement contre le droit d'intervention, qu'elle approuva en secret. Georges IV est un véritable roi; il se soumet à la constitution de son pays, mais il ne veut pas que, sous prétexte de s'en rapprocher, on ébranle celle des autres : c'était la pensée de tous les souverains. Ils décidèrent que le roi de Naples serait invité à se rendre au congrès et que chaque monarque lui écrirait séparément dans ce but. Voici la lettre que je dictai, ne pouvant l'écrire moi-même, à cause des souffrances que j'éprouvais en ce moment.

« Monsieur mon frère,

« Pendant les circonstances dans lesquelles les événemens qui se sont passés ont mis les états confiés aux soins de Votre Majesté, elle n'a pu douter un seul instant de mon intérêt constant à son égard, et de mes vœux pour sa félicité et celle de son peuple. Votre Majesté n'ignore pas les motifs puissans qui m'ont empêché de pouvoir lui expliquer plus tôt les sentimens qui m'ont aimné et de lui faire parvenir, dans l'effusion de la plus sincère amitié, les conseils que je suis peut-être autorisé à plus d'un titre à lui offrir. Mais aujourd'hui, il ne m'est plus permis d'hésiter.

« Informé par mes alliés réunis à Troppeau de l'invitation qu'ils ont fait parvenir à Votre Majesté je dois m'unir à eux comme membre d'une ligue, dont le seul bien est d'assurer l'indépendance et la tranquillité de tous les états; et comme souverain d'un peuple ami de celui que Votre Majesté gouverne, j'ajouterai aussi comme un parent sincère ge affectionné, je ne saurais trop insister auprès de Votre Majesté, puisqu'elle doit prendre une part personnelle au nouveau congrès qui va se tenir avec mes alliés. Sire, je vous dirai que mes intentions dans cette réunion sont de concilier l'intérêt et la prospérité dont la sollicitude paternelle de Votre Majesté doit désirer de faire jouir ses peuples avec les devoirs qu'eux-mêmes ont à remplir envers l'état et envers le monde. Une gloire la plus pure attend Votre Majesté; elle concourra à raffermir en Europe les bases de l'ordre social, préservera ses peuples des malheurs qui les menacent, assurera, avec l'accord si nécessaire du pouvoir avec la liberté, leur félicité et leur prospérité pendant une longue suite de générations. Si mes infirmités me l'eussent permis, j'aurais voulu accompagner Votre Majesté à cet auguste congrès, mais lorsqu'elle verra que, pour lui écrire dans une telle occasion, je suis obligé de me servir d'une main étrangère, elle jugera facilement de l'impossibilité où je suis de suivre à cet égard les impulsions de mon cœur.

« Toutefois, elle peut être sûre que les ministres qui me représentent à Laybach ne négligeront rien pour suppléer à tout ce qu'elle aurait pu attendre de moi. Votre Majesté en prenant une détermination conforme aux désirs manifestés par moi et mes alliés donnera à ses peuples un témoignage de son affection d'autant plus grande, que cette détermination, comme j'en suis intimement convaincu, sera pour Votre Majesté le moyen le plus sûr de leur garantir les bienfaits de la paix et d'une sage liberté.

» Je prie Votre Majesté d'agréer l'expression des sentimens d'estime, d'amitié et de haute considération avec lesquels je suis, de Votre Majesté, le bon frère.

« *Signé* Louis. »

Il fallait que cette lettre, qui serait présentée au

parlement napolitain, déguisât ma volonté sans cependant la taire en entier. Aussi fut-elle rédigée avec une certaine obscurité diplomatique que, dans tout autres cas, je ne balancerais pas à qualifier de galimatias. Le roi de Naples vint à Laybach; on lui fit entendre sans peine le danger qu'il y avait à changer de vieilles constitutions pour en établir de nouvelles; que le repos des états voisins exigeait qu'il maintînt dans le sien les règles antiques. On lui dit enfin que, comme il n'avait cédé qu'à la violence, son serment était nul. L'ambassadeur du pape, qu'il consulta dans son scrupule religieux lui tint le même langage et lui offrit en outre toutes les absolutions papales dont il aurait besoin, pour calmer sa concience.

il est certain qu'un noyau de factieux n'a pas le droit de se dire nation, et de forcer les princes à se soumettre à ses caprices. Où en serait-on si chaque année les peuples, ou pour mieux dire les intrigans qui les gouvernent, prétendaient établir une nouvelle charte? Le dogme d'ailleurs de la souveraineté du peuple offre plus de périls qu'on ne pense pour les nations elles-mêmes; c'est une arme fatale dont il est parfois trop facile d'abuser, et dont on ne se sert qu'au préjudice de la tranquillité générale. Il y aura toujours des ambitieux qui exploiteront à leur profit cette souveraineté; c'est du moins une cause permanente d'agitation, de trouble et d'ébranlement de la fortune territoriale et industrielle. On doit donc s'opposer à ce qu'elle s'établisse sur un sol où jamais elle n'a été connue.

Une fois que le roi de Naples eut été enlevé à son parlement rebelle, l'Autriche, du consentement de toutes les puissances de l'Europe, mit en marche cinquante mille hommes. Le duc de Toscane et le pape leur ouvrirent un passage à travers leurs états. Les Napolitains, qui n'ont jamais su se battre en ligne, abandonnèrent la constitution aussi vite qu'ils avaient lâché pied lorsque Murat les conduisait aux combats. Les carbonnari furent vaincus, le roi remonta sur son trône, et se conduisit selon sa volonté; les Autrichiens demeurèrent, et sont encore dans ce royaume, qu'ils s'apprêtent à quitter.

Ce fut pendant la tenue du congrès de Laybach que l'insurrection piémontaise eut lieu. Elle se méditait en silence, lorsque l'arrestation, par ordre de la cour de Turin, du marquis de Prié, du comte de Peron, du prince de La Cisterna, dans le portefeuille duquel on trouva des papiers qui compromettaient tous les chefs de la révolte, détermina ces derniers à éclater soudainement. La garnison de Fossano se déclara d'abord. Le 10 mars, l'insurrection commença à Alexandrie, et fut suivie de celle des régimens, presque tous dans le secret; le 12, la citadelle de Turin arbora le drapeau bleu, rouge et vert.

Le roi, auquel on proposa de jurer la constitution des cortès, donna un noble exemple; il ne voulut ni trahir un serment, ni se soumettre à une exigence qui lui était odieuse ; il abdiqua dans la nuit du 12 au 13 en faveur de son frère, le duc de Génevois, absent alors du Piémont. Cette abdication habile déconcerta les conspirateurs; leur roi légitime était en dehors de leur pouvoir et en liberté : il en profiterait sans doute pour repousser cette charte malencontreuse.

Le roi Victor-Emmanuel, qui descendait du trône partit immédiatement après pour Nice, où sa présence contint les séditieux ; il remit l'autorité, à titre de régence, au prince de Carignan, héritier présomptif de la couronne, et dont les plus dévoués serviteurs avaient trempé dans la conspiration. Cependant le prince ne servit qu'à contrecarrer le mouvement révolutionnaire; il hésita, pour ne céder qu'à la force, et bientôt même, déclara qu'il fallait avant tout obéir aux ordres du nouveau roi, Charles-Félix.

Les intentions de ce monarque furent connues sous peu de jours. Il repoussait la charte espagnole, et prétendait régner comme l'avaient fait ses prédécesseurs. Il demanda en conséquence des secours à l'Autriche, et un premier corps de vingt mille homme environ, aux ordres de cette puissance, se réunit, sous le commandement du comte de Bubna, sur le Tesin. En même temps, le comte de Latour formait une armée nationale de Piémontais à Novarre, avec laquelle il marcha droit aux rebelles le 4 avril.

Le bon droit l'emporta ; le comte de Latour

triompha dans une première rencontre; les conjurés furent mal soutenus, et le peuple, plus sage qu'eux, les abandonna successivement. Au 12 avril, tout était terminé : le duc de Génevois avait, jusqu'à cette époque, refusé de prendre le titre de roi, regardant son frère comme souverain légitime; mais celui-ci, avec une grandeur de caractère admirable, persista dans son abdication.

Des mesures furent prises pour faire rentrer Gênes dans le devoir; Gênes, qui avait manifesté de l'incertitude dans sa levée de boucliers, se soumit avec promptitude. Cette victoire remportée en Piémont sur l'esprit révolutionnaire, tandis qu'une semblable l'étouffait à Naples, fit suspendre, par l'empereur de Russie, la marche d'une armée qu'il faisait avancer vers l'Italie, de concert avec l'empereur d'Autriche. Ce dernier prit seul le soin, au moyen de ses troupes, de maintenir la paix dans la péninsule.

Ces mouvemens portèrent l'effroi au cœur des royalistes français; moi-même, je ne les vis pas avec indifférence; je reconnus vers quel abyme ils poussaient mes peuples, et combien il devenait indispensable de combattre ce funeste esprit de perturbation. Or, pour mieux y parvenir, je devais me rattacher, non aux libéraux, qui voudraient au contraire le faire dominer, mais aux royalistes, ses ennemis naturels. On cherche beaucoup en France une cause à ce changement de système politique, qui se dessina dès cette époque dans mon cabinet ; on l'attribue à des motifs ridicules ou inconvenans, tandis que le plus réel était de ne pas céder à l'impulsion révolutionnaire.

Le congrès de Laybach, ayant atteint une partie de son but, travailla à le compléter. Il s'agit d'abord de former une alliance fédérative entre tous les états italiques ; mais la difficulté de donner un chef à cette association arrêta le projet. L'empereur d'Autriche réclama ce titre, en sa qualité de roi de Lombardie ; le pape le demanda en son nom de père commun des fidèles. Ce fut une prétention dont il ne voulut jamais se départir, et dans laquelle j'avoue que mes insinuations le maintinrent ; sa persistance fit manquer ce plan ; si on l'eût exécuté, l'Autriche aurait recouvré de ce côté ce qu'elle avait perdu en 1806, quand elle renonça à l'empire d'Allemagne.

Une autre question, non moins importante, fut débattue à Laybach, celle relative à l'Espagne et au Portugal. C'est à moi que les souverains s'adressèrent ; ils réclamèrent l'intervention à laquelle j'avais souscrit comme eux, et m'engagèrent à faire, pour la péninsule ibérique, ce que l'Autriche avait fait pour Naples et le Piémont. On me dit que si je me refusais à exécuter une mesure aussi sage, les forces de toute l'Europe réunie marcheraient à mon défaut, et qu'il serait nécessaire que je leur livrasse passage à travers la France.

Certes, je n'aurais consenti que difficilement à un tel acte de condescendance ; je ne me souciais pas non plus de porter la guerre en Espagne : mon armée était formée depuis peu ; il n'était pas certain qu'elle fût dégagée de tout esprit révolutionnaire, et le contact des Espagnols constitutionnels présentait des dangers capables de faire réfléchir. Je savais que les libéraux cherchaient à inspirer la révolte à mes troupes ; il fallait en outre redouter des trames intérieures, et cette fantaisie de changer de position, dont alors chaque peuple paraissait saisi. En conséquence, je ne répondis pas d'abord selon le désir du congrès ; je lui fis part des obstacles qui s'y opposaient, et je demandai encore un peu de temps.

Certes, l'opinion du congrès était conforme à la mienne; j'espérais arriver au résultat exigé, par d'autres voies indirectes, sans doute, mais aussi sûres, c'est-à-dire principalement par le secours des insurrections en faveur de la cause royaliste. Des données certaines m'annonçaient le soulèvement prochain des autres portions du royaume; on prendrait également les armes pour la religion et le roi; dès lors il suffirait d'aider ces soldats d'une sainte cause par des secours d'hommes et d'argent.

La fièvre jaune d'ailleurs désolait l'Espagne sur plusieurs points; elle exerçait surtout ses ravages à Barcelonne, et dans le reste de la Catalogne. La prudence ne me permettait pas d'y envoyer des troupes françaises ; c'eût été les exposer volontairement à la contagion, je ne me le serais point pardonné ; il suffirait sans doute du dévouement de mes médecins de France, dont un y trouva la mort (le docteur Mazet) et de celui de nos sœurs de la congrégation de sainte Camille, qui y firent preuve d'un courage si héroïque.

Je ne savais pas en outre comment l'Angleterre prendrait cette mesure européenne ; l'Espagne, et mieux encore le Portugal, étaient en quelque sorte, depuis 1814, sous sa suprématie spéciale : il fallait donc savoir si, en portant la guerre dans ce royaume, elle, de son côté, ne la déclarerait pas à qui attaquerait ses alliés. On n'obtenait du cabinet de Londres que des réponses ambiguës, et il ne se déclara franchement que plus tard.

La reine d'Angleterre fut au nombre des têtes royales que la mort frappa dans cette année. Cette princesse termina le 8 août sa carrière; ses hautes qualités, ses vertus, les soins constans qu'elle prodigua à son époux lui assurent le respect de son peuple, la vénération de la postérité et l'éternel amour de sa famille.

Le congrès de Laybach se sépara le 12 mai. Son dernier acte fut un manifeste dans lequel il exposa ses principes, son but, la ferme détermination de tous les monarques, de comprimer les jacobins et l'anarchie; les phrases suivantes exprimèrent franchement ses intentions.

« Les souverains alliés n'ont pu méconnaître qu'il n'y avait qu'une barrière à opposer à ce torrent dévastateur. *Conserver ce qui est légalement établi*, telle a dû être la fin et le principe invariable de leur politique, le point de départ et l'objet final de toutes les résolutions. Ils n'ont pu être arrêtés par les vaines réclamations de l'ignorance et de la malice.... Jamais ces monarques n'ont manifesté les moindres dispositions de contrarier les améliorations réelles ou la réforme des abus qui se glissent dans les meilleurs gouvernemens....

« Les changemens utiles ou nécessaires, dans la législation ou l'administration des états *ne doivent émaner que de la volonté libre*, de l'impulsion réfléchie et éclairée *de ceux que Dieu a rendus responsables du pouvoir;* tout ce qui sort de cette ligne conduit nécessairement au désordre, aux bouleversemens, et à des maux bien plus funestes que ceux qu'on prétend guérir.

.... « C'est ainsi qu'en suivant sans dévier les principes établis...., les monarques alliés sont parvenus à pacifier l'Italie ... Ils y resteront fidèles, quelque nouvelle épreuve que la Providence puisse leur avoir réservée, plus que jamais appelés, ainsi que les autres souverains légitimes, à veiller sur la paix de l'Europe, à la protéger non seulement contre les erreurs et les passions qui pourraient la compromettre dans les rapports de puissance à puissance, mais surtout contre ces funestes tentatives, qui livreraient le monde civilisé aux horreurs d'une anarchie universelle..... Comme tout est simple, patent et franchement avoué dans ce système qu'ils ont embrassé, ils le soumettront avec confiance au jugement de tous les gouvernemens éclairés. »

Le manifeste annonçait encore un congrès prochain, dont le travail serait le complément des mesures antirévolutionnaires. Nous donnâmes tous une publicité éclatante à une pièce si opposée aux événemens, et si bien faite pour arrêter les complots séditieux. Tout me faisait espérer que la France rentrerait entièrement dans la voie monarchique, les élections augmentant de beaucoup la force du côté droit ; les acquisitions des deux gauches furent peu nombreuses. C'etait sans doute un bien ; néanmoins il en résulta une secousse ; je me flatte que ce sera la dernière. Je parle de la révolution qui eut lieu dans mon cabinet ; je vais en écrire l'histoire, telle qu'on n'a encore pu la connaître.

Dès que les élections eurent complété le cinquième sortant, les amis de Monsieur se crurent au moment de parvenir aux affaires. Qu'on remarque la distinction que je fais entre ceux que j'appelle *les amis de Monsieur*, et ceux que je désigne simplement sous la qualification de royalistes purs. Les premiers formaient un noyau à part, tout en dehors de l'opinion monarchique, et cela parce qu'ils exaltaient tant le pouvoir des souverains que, sans s'en apercevoir, ils en faisaient une oligarchie. Car qu'on ne s'y trompe, pas toute autorité royale, non tempérée par des lois sages n'est plus dans la main des souverains : elle passe dans celles de certaines familles privilégiées, véritables reines au nom d'un roi qui les cache sous sa pourpre, et qui, en définitive, n'est que leur premier sujet.

Les amis de Monsieur se flattaient que les royalistes se soumettraient à leur fantaisie. Ce fut pleins de cette idée qu'ils me firent parler. A les entendre ils disposeraient à la session prochaine de la majorité dans les deux chambres. Dès lors c'était à eux qu'il appartenait de composer mon cabinet. Je suis royaliste certainement, mais je ne suis pas plus oligarque que républicain. Le gouvernement despotique des grands ne me convient pas plus que celui de la plèbe, et jamais je ne me soumettrai ni à l'un ni à l'autre, je ne partageai pas non plus la confiance de ces messieurs dans leur influence politique, aussi ma réponse partit de ce point.

— Ils vous ont dit qu'ils auront la majorité chez les pairs et chez les députés; eh bien ! c'est un fait à justifier. Je suis trop soumis aux formes du gouvernement représentatif pour concevoir la pensée de lutter avec la minorité. Attendons l'ouverture des chambres, si la majorité veut *l'avénement des amis*, j'y accéderai ; mais si elle veut les royalistes sages, je me rangerai de ce côté, avec satisfaction, je l'avoue.

— Si vous attendez ce cas, vous aurez l'air de céder à la force.

— Non, mais au vœu de la majorité, puissance

entraînante, à laquelle nul ne résiste. C'est, je vous le répète, une des conséquences d'un gouvernement constitutionnel : il faut la subir sans honte, parce qu'elle est prévue.

Dans le nombre de ces amis, je ne placerai ni MM. de Corbière, de Villèle et Laîné, ni une foule d'autres royalistes purs et en dehors du pavillon Marsan. Je reçus néanmoins cette demande avec chagrin, je croyais mon cabinet bien composé et occupé sinon par des supériorités, du moins par des hommes en état de conduire le vaisseau de l'état dans des principes très-monarchiques. Je ne le cache pas, et je consigne dans mes Mémoires, que je regarde maintenant comme mon testament de mort mon éloignement pour *les amis;* je n'accuse pas leurs intentions, mais bien leur incapacité; aussi, ne puis-je me défendre de vives inquiétudes en pensant à l'influence qu'ils exerceront probablement après moi dans le gouvernement.

Sans faire part de cette circonstance à mes ministres, je m'informai de leurs rapports avec la double majorité. Ils me répondirent qu'elle leur était acquise. Leur confiance me rassura, tandis qu'elle aurait dû m'effrayer; la démission de MM. de Villèle et de Corbière qui d'abord les avait inquiétés, leur semblait maintenant favorable à la marche du cabinet.

Mathieu de Montmorenci vint me voir sur ces entrefaites. J'aime à causer avec lui, et je le compare à saint Pierre. Il a eu comme ce prince des apôtres son moment d'erreur; mais au chant du coq il s'est repenti avec tant d'amertume, que le pardon ne lui a pas manqué. Il me parla avec franchise : j'en profitai pour lui demander s'il était constitutionnel.

— Autant que le roi, répondit-il sans hésiter.

— Cependant, vous voyez des gens qui ne le sont guère.

— Sire, il y en a qui n'aiment pas la charte, et cela parce que l'affection ne se commande pas; néanmoins ils la soutiendront au péril de leur vie, attendu qu'ils la regardent comme la planche de salut de la France, et je suis du nombre de ces hommes.

Cet aveu me toucha : il est certain que je compterais davantage sur cette opinion réfléchie, que sur un enthousiasme qui ne l'est jamais. Mathieu de Montmorenci partit de là pour me citer plusieurs personnes de la cour qui pensaient comme lui. J'en fus charmé; je tiens à mon œuvre, car je suis convaincu que, sans elle, la France retomberait pour de longues années dans ce chaos effroyable, dont la légitimité appuyée sur une institution sage a pu seule la retirer.

CHAPITRE XIV.

La famille royale craint le retour de la révolution.—Conversation du roi avec le duc de Richelieu et M. de Villèle.— Éloge de celui-ci. — Faute des libéraux. — Condition du traité qu'ils offrent au ministère. — Session de 1821. — Discours d'ouverture. — Les royalistes hostiles au conseil. — Leçon que le roi donne à ces messieurs.—MM. de Kergorlaye; — De Bonald; — De Castelbajac. — Anecdote sur l'adresse de la chambre des députés.— Débats de la chambre.— Texte de l'adresse. — Conversation avec le duc de Richelieu. — Révélations.— Le roi se décide à recevoir le président et deux secrétaires de la chambre.— Il refuse d'entendre la lecture de l'adresse.— Sa réponse à ce qu'il n'a pas entendu.

Ce que me conta Mathieu de Montmorenci me donna fort à penser sur les dispositions de la droite. Madame Royal vint ensuite, ainsi que Monsieur, madame la duchesse de Berri et mon neveu. Ils me parlèrent tous dans le même sens, et se montrèrent effrayés des progrès de la révolution, et des mesures que les libéraux prenaient à l'écart. Ils me supplièrent de les déjouer en imprimant au pouvoir une volonté plus énergique.

—Pour cela, me disait-on, il convient d'écarter les hommes de l'empire qui ne peuvent être franchement ceux de la restauration.

On repoussait par là d'abord MM. Siméon et Pasquier; puis M. Portal, attendu qu'il était calviniste, M. de Latour-Maubourg, parce qu'il avait pris sa part de la gloire des armées françaises, et M. Roy, parce qu'il était homme de peu. On avait l'air de séparer le duc de Richelieu de ses collègues, lorque par le fait c'était à lui que les amis déclaraient la guerre avec le plus d'acharnement ! On se figurait dans le château que j'en ferais mon favori, comme si ma conduite précédente avait pu laisser croire que je commettrais cette faute.

Dès que j'appris l'arivée de M. de Villèle, j'engageai le président du conseil à le voir et à tâcher de s'accommoder avec lui. Le duc de Richelieu vint me rendre compte de cette entrevue. Le député toulousin persistait à ne pas vouloir entrer dans un cabinet dont la majorité ne serait pas prise dans son opinion.

— Dans ce cas, lui dit le duc, vous y entrerez avec MM. de Polignac, de Fitz-James et de Vitrolles.

— Pas davantage. Si je consens à faire partie d'un ministère, ce sera avec des hommes qui ne prétendront pas le diriger. Je ne veux être le soutien ni d'un favori, ni d'une maîtresse, s'il y en avait, ni d'un confesseur. Je crois le système actuel mauvais ; voilà pourquoi je m'en écarte. Mais Dieu me préserve de tomber dans un excès opposé.

— Serez-vous contre nous ?

— Je garderai une neutralité complète tant que

vous ne vous rapprocherez pas des libéraux, assez d'autres vous combattront; mais si vous allez à la révolution, en désespoir de cause, je lutterai alors contre vous de tout mon pouvoir.

J'entendis ce récit avec satisfaction : il me plaisait de trouver dans M. de Villèle, auquel je reconnais une haute capacité, ces principes de royalisme sage et propres à remplacer un vif amour de la charte. Je crus devoir dire à M. de Richelieu que, si par cas la majorité se déclarait contre le ministère, je ferais avant de lui céder, une nouvelle épreuve en cassant la chambre élective. Il me répondit, sans s'attacher à traiter le fond de la question, qu'il ne croyait pas la mesure nécessaire, et que l'on pourrait cheminer au moyen des deux chambres, qui ne se sépareraient pas.

Il faut avouer qu'on ne s'attendait pas au volte-face et à la folie que feraient les ultras libéraux en se réunissant aux ultras royalistes. Une telle manière de punir le ministère n'était guère présumable, et aucun de nous ne s'y arrêta. D'ailleurs à cette époque les libéraux sages ou impatiens d'obtenir une part du gâteau royal, faisaient faire des propositions par M. Savoie-Rollin et par deux ou trois autres de ce bord. Ils ne demandaient que des places secondaires; la plus éminente était l'ambassade de Constantinople pour le général Foy : M. de Constant aurait été délivré de ses créanciers ; MM. Laffitte et Périer seraient entrés au conseil d'état; M. Dupont de l'Eure aurait eu une première présidence dans une cour royale. Enfin on pouvait dire des libéraux ce que Tartuffe dit du ciel :

Qu'il é ait avec eux des accommodemens.

Malgré le mystère mis à cette négociation, on apprit quelque chose ; les royalistes s'en irritèrent, et c'est à cela que M. de Villèle faisait allusion dans sa conversation avec le duc de Richelieu.

Néanmoins on espérait satisfaire aussi les royalistes prudens au moyen de certaines lois qu'on leur accorderait. Tout malade sur son lit de mort se flatte de se rattacher à la vie ; tout ministère près de sa chute détourne ses regards du péril qui le menace. Le mien fit comme le reste de l'humanité : il crut à ce qu'il souhaitait, et il se trompa. Nous arrivâmes ainsi jusqu'au jour de l'ouverture de la session, le 5 novembre 1821. Elle eut lieu au Louvre, comme à la session dernière, et du haut de mon trône, je prononçai le discours suivant :

« Messieurs,

« C'est toujours avec confiance, et cette fois sous de favorables auspices, que je viens ouvrir votre sesion.

Les années précédentes, j'ai dû vous associer à mes peines.

« Plus heureux aujourd'hui, je n'ai qu'à rendre grâce au Tout-Puissant de la protection constante qu'il accorde à la France. Le fils par qui le ciel a soulagé mes douleurs croît avec la prospérité publique, et continue d'être pour moi une source de consolation et d'espérances. Cet enfant, mon cœur m'en répond, sera digne de nos vœux. Il méritera l'amour dont mes peuples entourent son berceau. Mes relations avec les puissances étrangères n'ont pas cessé d'être amicales, et j'ai la ferme confiance qu'elles continueront de l'être.

« De grandes calamités affligent l'Orient; espérons qu'elles approchent de leur terme, et que la prudence et le bon accord de toutes les puissances trouveront le moyen de satisfaire à ce que la religion, la politique et l'humanité peuvent justement demander...

« Un fléau destructeur désole une partie de l'Espagne. J'ai prescrit et je maintiendrai les précautions sévères qui défendent de la contagion nos frontières de terre et de mer : le cordon sanitaire établi dans un double but d'intérêt national et de prudence diplomatique.

« Les lois sont respectées ; les dépositaires de mon pouvoir, se pénétrant chaque jour davantage de leur esprit, l'ordre et la discipline règnent dans mon armée.

« Partout les passions se calment, les défiances se dissipent, et j'aime à reconnaître, messieurs, que par votre loyale assistance, vous avez puissamment contribué à tous ces biens.

« Persévérons dans les sages mesures auxquelles

il faut attribuer de si heureux résultats ; persévérons dans cette union de vues qui a si efficacement réprimé la malveillance et désarmé les derniers efforts de l'esprit de trouble et de désordre : le repos de l'Europe n'y est pas moins intéressé que le vôtre. C'est ainsi que se développeront tous les sentimens généreux, et que vous appuierez sur la reconnaissance, l'amour et le respect de mes peuples, un trône protecteur de toutes leurs libertés. »

C'était par de telles paroles que j'espérais adoucir la violence des passions et réunir en un faisceau les hommes bien pensans des deux factions. Mon discours ne frappait ni d'un côté ni de l'autre : il tenait la balance égale, et je me flattais qu'il produirait de l'effet. La majorité royaliste prit soin de me détromper en portant en premier à la candidature de la présidence M. de Villèle; M. Ravez, en second; MM. de Corbière, de Bonald et de Vaublanc ; ils étaient tous les trois l'expression du même parti.

J'aurais souhaité moins d'exigence chez les royalistes, et plus de condescendance à ma volonté ; mais ces messieurs ont une impétuosité qui les porte à abuser de la victoire.

Je voulus à mon tour donner une leçon à ces impatiens, et au lieu de nommer à la présidence M. de Villèle, placé en tête de la liste, je nommai M. Ravez. Le conseil, et particulièrement M. de Richelieu, aurait désiré que je suivisse la marche

18.

ordinaire ; mais bien que je comprisse le mécontentement qu'en éprouverait l'extrême droite, j'en fis à ma fantaisie. D'ailleurs mon intention était de lui faire croire que je pourrais dissoudre la chambre si elle persistait dans son hostilité. Je m'en expliquai avec Monsieur, qui, cette fois, se contenta de me répondre que c'était là une grande mesure, et à laquelle je réfléchirais sans doute avant de m'y déterminer.

La majorité persista dans ses intentions, les vice-pésidens furent les quatre candidats à la présidence, la nomination des secrétaires se montra non moins significative. On désigna pour ces fonctions MM. de Bethisy, qui parle aussi bien qu'il se bat, a dit de lui M. le comte d'Artois; de Kergorlay, de Bonald et Castelbajac.

Le premier de ces messieurs me rappelle l'*impavidum ferient ruinæ* d'Horace. C'est une ame fortement trempée de vertus et de royalisme, un homme qui n'aura jamais peur de la révolution. Le second, publiciste à grande réputation, tourne sur une idée unique dont il trouve le moyen de faire des volumes. Je l'estime en sa qualité d'homme d'honneur et de bien ; mais je lui crois moins de profondeur qu'on ne lui en attribue généralement. M. de Castelbajac, ai-je dit ailleurs, est un Gascon étincelant d'esprit, de vivacité et de royalisme.

La commission de l'adresse présenta les mêmes élémens d'opposition. C'étaient MM. de Lalot, royaliste éprouvé, qui se battait pour moi dans les rues de Paris au 13 vendémiaire, que j'accueillis avec reconnaissance à ma rentrée, et que j'eus la douleur de ne pouvoir satisfaire; on trouvait en lui talent, courage et fidélité; M. de Castelbajac, M. de Cardonnel, jurisconsulte, magistrat estimé, qui de buonapartiste s'était fait franchement bourbonien; semi-ultra, semi-ministériel, et dans les cas désespérés, se jetant vers l'exagération plutôt que vers une opinion modérée; M. de La Bourdonnaye, le volcan de la monarchie, qui possède de vrais talens que je ne mettrai jamais en œuvre, parce que je craindrais sa violence; nous pouvons toutefois compter sur lui au jour du péril; mais jusque là il se maintiendra dans une opposition dangereuse; M. de Vaublanc que j'ai fait connaître ailleurs, M. Maynard, nullité respectable; M. Hocquart, nullité ridicule; c'est un petit-maître de l'ancien régime sous la simarre de premier président; M. Bonnet, avocat distingué, doux et facile; M. Chiflet, magistrat de mérite, partisan des prérogatives de la couronne, et déterminé à lutter contre la révolution.

Tous ces messieurs étaient gens de majorité; ils s'assemblèrent, pour la rédaction de l'adresse, en la compagnie du président de la chambre. M. de Lalot avait été nommé rapporteur; il lut son projet; et pendant trois séances, d'environ cinq et six heures chacune, la discussion se prolongea sur cette matière.

Cette pièce était écrite en termes inconvenans;

elle m'attaquait directement : on savait que son auteur avait appelé au travail primitif M. Royer-Collard, devenu l'un des adversaires les plus virulens du ministère, parce qu'il ne se dirigeait pas avec le concours du canapé doctrinaire.

Il y avait en outre, en dehors de ces messieurs, une main encore plus habile qui poussait à la perturbation dont elle espérait tirer avantage; celle du prince Talleyrand, laquelle avait passé du côté de la droite en haine du président du conseil. Certainement M. de Talleyrand a de la science politique, mais cela ne suffit plus pour diriger mon cabinet; il faut des précédens qu'il ne peut offrir. Il a été tellement l'homme de la révolution, de l'empire et de la restauration, qu'il est impossible de le sortir d'un tel chaos. Je suis persuadé que, quoi qu'il fasse, les royalistes ne l'appelleront jamais à les diriger; lui s'en flatte au contraire, et voyant MM. de Blacas et Decazes partis, il s'imagina que s'il faisait tomber M. de Richelieu, il faudrait venir nécessairement le trouver pour la présidence; en conséquence il attisa le feu, et ses inspirations furent écoutées et suivies.

Ce projet d'adresse, si offensant pour ma personne, et qu'on trouvera à sa place, passa, non sans difficulté, à la majorité de six voix contre quatre, qui furent celles de MM. Ravez, de Villèle, de Corbière et Maynard. Le 26 novembre la chambre des députés se forma en comité secret pour en entendre la lecture; dès qu'on l'eut terminée, le baron Pasquier demanda la suppression du paragraphe qui blâmait si directement les opérations du conseil; M. de Lalot, ayant à défendre son œuvre, prit la parole avec une aigreur à peine surpassée par le discours du comte de La Bourdonnaye. Ici on n'hésitait pas à désapprouver tout ce que j'avais revêtu de ma sanction; le traité du 20 novembre 1815, imposé par la force au malheur, y fut durement reproché au duc de Richelieu. On le rendit, lui et ses collègues, responsables de la révolution d'Espagne; en un mot mes ministres avaient fait tout le mal, et moi sans doute avec eux.

M. de Courvoisier défendit et le conseil et la prérogative royale avec autant d'éloquence que de force de raisonnement; mais l'attaque inconvenante, entamée par la droite, fut soutenue par l'extrême gauche avec non moins de chaleur : là, on vit se développer cette alliance folle et coupable dont mes ministres n'avaient pas voulu reconnaître l'existence. M. de Corcelles entra le premier en lice; ses divagations déplurent tellement, qu'une décision de la chambre l'arrêta dans le cours de ce déluge de paroles inutiles; le général Foy, qui lui succéda, fut plus incisif, et par suite fit plus de mal.

Cela devint un combat virulent et prolongé, qui blessa le roi, tandis qu'on n'avait l'air de n'attaquer que son cabinet. Enfin, la clôture ayant été demandée, les deux oppositions se réunirent par une volonté monstrueuse. On alla au voix; cent soixante-seize contre quatre-vingt-dix-huit adoptèrent le projet d'adresse, tel qu'il avait été présenté, sans le plus léger changement; c'était annoncer clairement à qui on en voulait.

M. de Villèle garda une neutralité complète pendant la discussion lors des votes à porter.

Cette adresse, que je dois rapporter ici, afin de la flétrir ainsi qu'elle le mérite, disait dans ses phrases principales :

« Sire,

« Vos fidèles sujets, les députés des départemens, viennent apporter au pied du trône l'expression profonde de leur dévouement et de leur respect, heureux de pouvoir y joindre celle de la vérité, qu'un roi légitime est seul digne d'entendre.

« Vos douleurs, sire, ont été les douleurs de toute la France; elle se console avec son roi sur le berceau sacré où repose l'héritier de notre amour et celui de vos exemples. Cet enfant accomplira les promesses de sa naissance et les vœux de votre tendresse; il croîtra sous vos yeux pour la félicité publique, et, plein de votre esprit, il réunira tous les cœurs.

« Nous nous félicitons, sire, de vos relations constamment amicales avec les puissances étrangères, dans la juste confiance qu'une paix si précieuse n'est point achetée par des sacrifices incompatibles avec l'honneur de la nation et la dignité de votre couronne......

Organes de la reconnaissance et de la piété filiale

de vos peuples, nous ne craindrons pas de diminuer une joie si pure en faisant parler au pied du trône les plaintes respectueuses de l'agriculture, cette nourrice féconde de la France; sa détresse toujours croissante dans les departemens de l'Est, de l'Ouest et du Midi; l'insuffisance des précautions tardives opposées à la funeste introduction des blés de l'étranger,

« Un intérêt non moins pressant touche aux premiers besoins de vos peuples; pleins de ces sentimens généreux que Votre Majesté a su lire dans les cœurs, ils réclament les complémens de vos bienfaits, ils attendent ces institutions nécessaires sans lesquelles la charte ne saurait vivre. Ils demandent à son immortel auteur que l'ensemble de nos lois soit mis en harmonie avec le pacte fondamental.

« Alors, sire, tous les vœux de Votre Majesté seront accomplis. Les passions se calmeront d'elles-mêmes, les défiances s'évanouiront.

« L'esprit monarchique et constitutionnel qui est l'esprit de la France, arrivera sans effort à cette unité de vue que votre haute sagesse nous recommande. Un gouvernement constant dans ses principes, ferme et franc dans sa marche, assurera la gloire et la stabilité de ce trône, appelé si noblement par Votre Majesté, le protecteur de toutes les libertés publiques. »

Il y avait du venin dans chacune de ces phrases; la passion emportait les royalistes au point de parler contre le roi. Ce fut une faute énorme qui plus tard leur sera imputée à crime par la postérité. Je peindrais difficilement ce que je ressentis de cette œuvre insolente ; elle me donnait une nouvelle preuve que les plus forts coups dont on me frappait, m'étaient portés par ceux qui se disaient mes fidèles et mes dévoués. J'aurais préféré que les libéraux eussent ainsi outragé la majesté royale.

Je m'expliquai dans ce sens au duc de Richelieu.

— Monsieur, lui dis-je, il faut casser la chambre. Il faut prouver à la nation combien son audace est pernicieuse au trône. J'espère qu'elle m'entendra et me donnera des députés plus respectueux et meilleurs citoyens.

— Le roi est sans doute le maître de dissoudre la chambre, répondit le duc de Richelieu ; mais il peut être certain qu'on lui renverra les mêmes hommes. Les royalistes, dans les provinces, ont encore des passions plus exaltées, et, loin de se rallier au trône, ils se réuniront à ceux qu'ils croient les vrais soutiens de la royauté. Je crois devoir dire à Votre Majesté, que nous savons positivement dans le conseil, qu'une dissolution sera inutile.

— En êtes-vous bien sûr, monsieur ?

— Comme de mon existence. L'impulsion exagérée est dans l'oscillation de droite : elle s'y maintiendra encore quelque temps.

Je pressai de questions le président du cabinet ;

il mit sous mes yeux les pièces des correspondances secrètes venues des départemens. Le plus grand nombre s'accordait à certifier que d'autres élections se rattacheraient aux membres déjà nommés, et leur en adjoindraient de plus impétueux encore.

Je pris connaissance de ces documens avec un morne désespoir, car je me vis contraint de supporter la loi impérieuse du gouvernement représentatif, et à subir le concours d'une chambre ennemie.

M. de Richelieu, dans cette circonstance, où lui-même était trahi indignement par ceux qui l'avaient prié de reprendre la présidence du conseil, se conduisit en homme vertueux et non en courtisan vulgaire. Tout autre à sa place aurait cherché à se venger en essayant de s'accommoder avec la gauche, et en tentant un appel aux élections; mais il me dit :

« Sire, il est sans doute pénible au noble cœur de Votre Majesté de supporter un tel affront; mais je me mépriserais moi-même, si je vous poussais à une mesure dont les libéraux pussent profiter. Ce sont eux qui aujourd'hui sont les plus coupables. Depuis la mort de Buonaparte ils ont entièrement tourné leurs vues du côté du Palais-Royal, et vous les verriez troubler la France au préjudice de la branche aînée, si on leur procurait la majorité. Les royalistes ont tort, je le confesse; mais ils ne veulent pas vous détrôner; ils pensent au contraire à consolider votre couronne. Pardonnez-leur, et allez à eux. »

— Je le ferai, puisqu'il le faut, mais de par Dieu je n'écouterai pas cette adresse insolente. Fiez-vous à moi du soin de leur répondre; c'est une charge que j'épargnerai au conseil.

Je pris en même temps la plume, et en peu d'instans j'eus tracé les quelques phrases que je réservais à l'expression de mon mécontentement. M. de Richelieu aurait souhaité que je fisse le sacrifice complet. Je ne voulus nullement y consentir.

Cependant, selon l'usage, le président de la chambre des députés me fit demander si je daignerais recevoir le bureau de la députation chargée de me présenter l'adresse. Je fus trois jours avant de faire connaître ma volonté officiellement. Enfin, on sut que je n'admettrais près de moi que le président, porteur de l'adresse, et deux secrétaires. Ce fut le 30 novembre, à huit heures du soir. Le président allait en commencer la lecture, lorsque je l'arrêtai d'un geste impérieux, et aussitôt prenant moi-même la parole :

« Je connais, dis-je, l'adresse que vous me présentez. Les améliorations dont la chambre retrace le tableau, déposent en faveur de mon gouvernement; elles ne peuvent se conserver et s'acroître que par le loyal concours et la sagesse des chambres.

« Dans l'exil et dans la persécution, j'ai soutenu mes droits, l'honneur de ma race et celui du peuple français. Sur le trône, et entouré de mon peuple, je m'indigne à la seule pensée que je puisse jamais sacrifier l'honneur de la nation et la dignité de ma couronne.

« J'aime à croire que la plupart de ceux qui ont voté cette adresse, n'en ont pas pesé toutes les expressions. S'ils avaient eu le temps de les apprécier, ils n'eussent pas souffert une supposition que comme roi je ne dois pas caractériser, que comme père je voudrais pouvoir oublier. »

CHAPITRE XV.

Le roi gronde Monsieur, qui se défend. — Loi de la censure et de répression de la presse. — Sortie de M. de Sallabéry contre le ministère. — Réponse de M. Pasquier. — Guerre ouverte. Monsieur engage le duc de Richelieu à rester au ministère. — Il ne peut l'y décider. — Le roi évoque le nom de M. de Talleyrand. — Effroi qu'il cause. — M. Pasquier désigne un nouveau ministère. — Noms des élus. — Le duc de Blacas jeté en instrument de vengeance. — Répétition de Figaro. — Le roi veut sa part de la malice. — Il s'entend avec Monsieur. — Le vicomte de Montmorenci ministre des affaires étrangères. — Détails curieux. — Vicomte de Clermont-Tonnerre. — Duc de Bellune. — M. de Peyronnet. — Récompenses aux ministres partans. — Causerie du roi avec MM. de Villèle et de Corbière. — Autre causerie avec M. de Montmorenci. — L'ancien évêque de Châlons. — Marquis de Lauriston.

Les expressions de mon mécontentement furent entendues avec un profond silence; dès que j'eus achevé, un autre geste congédia le président et les deux secrétaires de la chambre des députés. M. Ravez, qui n'était pas coupable du fait dont je le punissais, me parut sincèrement affecté. Ses deux collègues ayant pris part à l'insulte par leur vote n'étaient pas non plus à leur aise; ils furent donc charmés de recevoir l'ordre de se retirer. Il m'était pénible de ne pouvoir châtier cet outrage que par de vaines paroles; peut-être aurais-je même mieux fait de me les épargner. C'était dans cette circonstance qu'il eût fallu se conformer à cette sage maxime d'Horace :

> . . . . . . *qui non moderabitur iræ*
> *Infectum volet esse, dolor quod suaserit et mens.*

(Moderez votre emportement, une vengeance précipitée est ordinairement suivie du repentir.)

Mais l'homme est-il toujours en état d'écouter les avis de la prudence ?

Ma famille évita de traiter avec moi le point délicat de cette fatale adresse tant que la cérémonie de la présentation ne fut pas faite. De mon côté, je cherchai peu à épancher le chagrin et l'indignation qu'elle me causait, dans le sein de mes proches, parce que je sentais que je ne le ferais qu'avec aigreur. Mais le même soir, et ma replique parachevée, Monsieur étant venu me présenter ses devoirs, je ne pus me contenir davantage, et j'entamai cette matière avec lui.

Monsieur, tant qu'il est avec ses amis, ne doute ni de leurs intentions, ni de leurs talens ; et il les soutient avec une chaleur rarement calculée ; mais quand il se trouve en ma présence, il redevient ce qu'il est au fond du cœur, le meilleur des frères, le sujet le plus soumis ; il craint de me déplaire, et ma colère lui fait encore moins de mal que mon chagrin. Il m'écouta respectueusement en cette circonstance, et essaya faiblement d'excuser le côté droit de la chambre.

— Mon frère, dis-je alors, ces messieurs ne se seraient pas portés à cette extrémité, s'ils n'avaient eu votre attache. Vous avez cru faire merveille en soulevant la chambre contre le roi. C'est un précédent que vous venez d'établir et aux conséquences duquel vous ne pourrez vous soustraire. Vous flattez-vous, lorsque vous serez sur le trône, de contenter constamment les députés, et d'avoir la majorité de votre côté? Si telle est votre pensée, détrompez-vous : le royalisme du plus grand nombre n'est pas tellement pur qu'il ne s'y mêle parfois des calculs d'ambition humaine. On voudra obtenir de vous ce que vous ne pourrez accorder, et alors se renouvellera la scène que vous venez de provoquer.

Monsieur, atterré par la vivacité du reproche et la justesse de la prédiction, me conjura de ne pas lui en vouloir. Il me présenta la nécessité d'imprimer au gouvernement une marche plus monarchique, afin de le mettre en harmonie avec celle du reste de l'Europe, et surtout pour comprimer le jacobinisme, qui se relevait si menaçant. Les bonnes raisons ne lui manquèrent pas. Je conviens qu'il avait raison dans le fond; je ne me plaignais que de la forme. Néanmoins je le laissai dire, me contentant pour châtiment de lui cacher la résolution que j'avais prise de m'abandonner, s'il était nécessaire, aux exigences du gouvernement représentatif. J'aime Monsieur, parce que je connais ses sentimens et la bonté de son ame; je déplore seulement les moyens qu'il emploie pour arriver à ce but légitime. Plus j'avance dans la vie, et moins je me sens la force de le contrarier; car enfin, cette couronne, dont le poids m'accable en quelque sorte, c'est lui qui doit la porter après moi, et la transmettre à ses enfans; elle lui appartient, et il a bien le droit de chercher à la conserver par des mesures qu'il croit efficaces.

Ce soir-là, je vis que sa conviction était entière: il me parla de ses amis avec chaleur, me jura que je n'avais pas de sujets plus dévoués; et il fallut finir par le croire et le renvoyer satisfait. Cependant, avant de me déterminer à céder, je voulus tenter une dernière attaque; j'approuvai la présentation de deux projets de loi. L'un demandait la censure pour cinq ans; l'autre, relatif également à la liberté de la presse, augmentait la rigueur de la pénalité, et supprimait dans l'article répressif des outrages faits à la dignité de la couronne le mot *constitutionnel;* car à sa faveur le jury excusait toutes les attaques faites au droit royal par fausse interprétation de ce mot.

M. de Serre porta la parole avec un rare talent : c'était l'un de mes ministres le moins antipathique aux royalistes purs. Ils aimaient sa personne; ils le louaient de ses opinions; mais ce n'était pas le moment où on voudrait lui donner des preuves de cette estime. On s'éleva avec virulence contre ce double projet. M. de Lalot, qui parla le premier, n'hésita pas à attaquer le ministère. M. de Serre aurait dû se croire personnellement offensé; mais il n'eut pas l'air de s'en apercevoir, à tel point il mit de la nonchalance dans quelques paroles qu'il prononça. M. Pasquier ne montra pas autant de mansuétude; il monta à la tribune, et rétorqua les argumens du malveillant orateur.

Il fut remplacé par le général Donadieu, qui venait accuser formellement le ministère, et auquel le président n'accorda pas la parole, s'appuyant sur les articles du réglement qui traçaient la conduite de ceux dont l'intention était de provoquer une enquête contre une des mesures du conseil.

Ces debats se perpétuèrent dans les séances qui suivirent celle du 8 décembre. Et à l'occasion de je ne sais quelle mesure insignifiante, M. de Sallabéry se prit en quelque sorte corps à corps avec le baron Pasquier; il l'attaqua avec une violence telle, en l'accusant de s'entourer de sociétaires liés par un serment maçonnique, pour les faire servir au soutien de l'arbitraire, que le ministre des affaires étrangères lui dit à son tour :

« Je déclare hardiment, tant en mon nom qu'en celui de mes collègues que l'on voudrait écarter de ces attaques, qu'il nous est impossible d'accepter, pour aucun de nous, de telles distinctions ou de telles exceptions, par cela seul que des ministres, siégeant dans le même conseil, participant tous aux résolutions adoptées par ce conseil, y participent dans le cas même où leur avis particulier n'aurait pas prévalu dans la délibération. Je réclame donc la responsabilité commune à tous, comme l'est la responsabilité : c'est-à dire sur une accusation portant sur des faits clairement articulés, et non sur de vaines déclarations; alors je promets de répondre à tout, et j'espère tout réfuter. »

Cette réponse, loin de ramener la paix, aigrit la majorité qui, sur-le-champ, en fournit la preuve. Le ministère souhaitait qu'une commision unique fût nommée pour examiner les deux projets de loi; cela faisait gagner du temps, aussi le lui refusa-t-on. La chambre décida que deux commissions se chargeraient de ce double travail, et le choix des commissaires annonça mieux encore quel en serait le résultat.

Jusqu'à ce moment le conseil, soutenu par ma volonté, avait essayé la lutte; mais désormais elle devenait impossible. M. de Richelieu le voyait aussi bien que moi, et il était accablé sous le poids de tant de difficultés. Je ne sais pourquoi Monsieur, l'ayant fait appeler, lui dit :

« Le ministère ne peut rester dans sa composition actuelle; plusieurs de ses membres déplaisent trop aux royalistes, le baron Pasquier et M. Portal, par exemple. Quant à vous et M. de Serre, ils vous y voient avec plaisir. Ne le quittez donc pas; que votre collègue garde le portefeuille de la justice, vous reprendrez celui des affaires étrangères; donnez les finances à M. de Villèle, l'intérieur à M. de Corbière, la marine à M. de Labourdonnaye, la gurre au comte Jules de Polignac, la police au baron de Vitrolles, et tout ira bien. »

Le duc de Richelieu, qui connaissait ma répugnance positive à employer ces trois hommes, et qui néanmoins ne voulait pas prendre sur lui de la divulguer, se contenta de répondre par des généraliés. Cependant, pressé par Monsieur, il avoua qu'il ne consentirait jamais à faire partie d'un cabinet dont les opinions ne seraient pas homogènes.

— Vous êtes royaliste pourtant, dit Monsieur.

— Je crois avoir fait mes preuves à des époques où ceux qui aujourd'hui parlent bien haut se tenaient tranquilles ; mais je ne me sens pas assez de vertu chrétienne pour m'allier dorénavant à des hommes qui ont calomnié et outragé mon ministère, qui m'ont abreuvé de dégoût et d'humiliation.

—Mais votre retraite sera nuisible au triomphe des idées monarchiques, vous leur êtes le garant nécessaire du concours des puissances du nord; encore une fois demeurez au milieu de nous. Quant à ceux qui vous ont blessé, ce sont des enthousiastes, et ils vous feront des excuses, je vous le promets.

— Je suis au désespoir de refuser Votre Altesse Royale ; mais, je le répète, je ne puis entrer dans une combinaison ministérielle dont tous les membres ne seraient pas de mon choix.

Monsieur insista encore, puis voyant l'inutilité de ses efforts :

— M. de Richelieu, dit-il, vous serez responsable des suites de votre obstination.

— Je ne puis l'être que de mes œuvres, et comme je me retire.....

— Nous eussions été charmés de cheminer avec vous.

— Et pour commencer, monseigneur, on n'hésite pas à me jeter dans la première ornière qui se présente, sous prétexte de se débarrasser de mes collègues. Au reste, je crois que je n'aurai pas à gémir long-temps de ce qui se passe ; on m'a porté au cœur des coups trop violens pour qu'il n'y en ait pas un de mortel.

Sur cela, le duc de Richelieu tira sa révérence et partit.

J'étais de mon côté assailli par toutes les personnes de mon intérieur. Madame de... faisait comme les autres, et avec cette tyrannie de persistance que son sexe emploie si avantageusement. Il y avait en ce moment autour de moi quatre ou cinq cabales bien distinctes, chacune tendant à m'imposer ses chefs. J'étais très-désintéressé dans la question ; seulement je me promettais de ne jamais admettre au pouvoir certains hommes, et je les laissais agir ainsi que les autres. Je me rappelle que je répandis un jour la consternation dans e château par cette seule phrase :

— J'ai envie de consulter M. de Talleyrand.

On prenait bien les conseils du grand-chambellan ; mais on ne se souciait nullement d'en faire un directeur suprême : aussi chaque cabale fut attérée. On me dépeignit M. de Talleyrand sous les plus noires couleurs : c'était un jacobin, un orléaniste, que sais-je ? Monsieur et Madame, qu'on effraya sur les conséquences d'une entrevue qui aurait lieu entre l'ex-ministre et le roi, me conjurèrent de laisser M. de Talleyrand à l'écart. Je fis remarquer qu'on m'en avait dit du bien. J'eus l'air de céder aux prières de ma famille, et je ne m'occupai plus de celui que je n'avais nulle envie d'appeler aux affaires.

Cependant il fallait prendre un parti. Le 13 décembre je fis revenir le duc de Richelieu.

— Je vous charge, lui dis-je, de composer un ministère ; arrangez-le de manière à ce que je n'y voie aucune de mes répugnances. Surtout pas de Vitrolles ni de Polignac. S'il faut absolument de la pâture à ces messieurs, que ce soit en dehors ou au moyen de traitemens supplémentaires.

Je m'aperçus que M. de Richelieu était embarrassé : il ne me dit pas à l'avance comment il composerait le conseil, et moi, peu curieux d'en connaître les membres, je ne fis aucune question. Rentré chez lui, le duc envoya chercher le baron Pasquier.

— J'ai mission, lui dit-il, de pourvoir à notre remplacement mais, n'étant pas bien disposé à remplir cette tâche, veuillez vous en charger pour moi.

— Volontiers, répondit M. Pasquier ; la besogne

sera bientôt faite. Puis il s'approcha d'une table, et écrivit sur une feuille de papier les noms suivans : *Finances*, M. de Villèle; *intérieur*, M. de Corbière; *marine*, M. de Clermont-Tonnerre; *sceaux et justice*, M. de Pastoret; *guerre*, duc de Bellune; *affaires étrangères*, duc de Blacas.

— Le duc de Blacas ! s'écria M. de Richelieu, y pensez-vous ?

— Mais, sans doute, je le place là pour répondre à MM. Decazes, de Talleyrand, de Polignac et de Latil; nous serions tous vengés si le roi l'acceptait. Mais il ne le fera pas.

— Vous croyez ?

— J'en suis certain. Le roi a tant de perspicacité (je répète en auteur fidèle les propres expressions de M. Pasquier) qu'il n'écoutera jamais ses affections privées au détriment des affaires générales.

Le duc de Richelieu ne répliqua pas; il n'aurait pas voulu provoquer le retour de M. de Blacas, ayant la fausse idée de douter des talens administratifs de mon ami. Il était alors tellement souffrant qu'il ne put m'apporter la liste du nouveau ministère, et se vit forcé de donner encore ce soin à M. Pasquier.

— Voyons ce fruit nouveau qui ne me fera pas oublier l'ancien ! dis-je quand M. Pasquier entra dans mon cabinet, le papier à la main. Puis prenant la liste, je la parcourus.

Tous les choix me semblèrent très-convenables; mais je ne pus retenir un mouvement de surprise au nom de M. de Blacas. Cependant je devinai aussitôt la malice, et, me contentant de remercier le baron Pasquier, j'ajoutai que plus tard je ferais connaître mes intentions.

Après son départ, je fis dire à Monsieur de monter chez moi : il vint avec empressement.

— Tenez, dis-je en affectant de l'indifférence, voici la nouvelle composition du ministère. Que vous en semble ?

Monsieur lut rapidement la liste, et comme moi un seul nom le frappa.

— Le roi compte-t-il donner la présidence à M. de Blacas ? me dit-il d'une voix altérée.

— Mais on ne peut lui reprocher d'être jacobin ou buonapartiste !

— Le roi ne peut avoir oublié que c'est d'après un accord unanime qu'il l'a écarté du ministère.

— Je le sais : on a agi envers lui comme depuis envers M. Decazes, et comme aujourd'hui envers M. de Richelieu. Trouverez-vous qu'il y aurait trop d'exigence de ma part à me réserver une nomination parmi toutes celles du ministère ?

— Le roi est maître absolu, dit Monsieur très-embarrassé.

— Oui, fort absolu ; on m'en donne la preuve, maintenant surtout. Mais tranquillisez-vous, M. de Blacas ne rentrera pas aux affaires : la France est injuste à son égard ; je respecterai ses préventions, un roi doit savoir faire des sacrifices ; il n'est pas sur le trône pour agir à sa volonté, mais pour obéir à celle de tous.

Nous cherchâmes ensuite de bon accord avec

Monsieur qui remplacerait M. de Blacas, et nous nous décidâmes pour Mathieu de Montmorenci. Je ne fus pas fâché d'introduire un saint dans mon cabinet, afin de voir si ses communications avec le ciel le rendraient plus propre à gouverner les choses terrestres. Monsieur fut enchanté de ce choix, il en oublia ceux de la liste privée.

— Tenez-vous beaucoup à M. de Pastoret ? dis-je ensuite.

— Nullement, j'aurais tout autant aimé M. de Serre ; mais il veut suivre le sort de tout le conseil.

— Dans ce cas, j'aurai ma nomination. Je veux aux sceaux un homme que je crois habile, qui a les meilleurs sentimens, et a refusé de voter contre l'adresse ; M. de Peyronnet, enfin.

La mémoire de Monsieur lui rappela aussitôt les actes de royalisme de ce personnage. Il trouva le choix bon, et m'en remercia.

— Voilà, dis-je, un conseil formé sous vos auspices; maintenant vous n'aurez pas le droit de vous en plaindre ; je vous en laisse la responsabilité si entière, que je m'engage à ne suivre que l'avis de la majorité. Non que ma soumission aille jusqu'à compromettre le salut de la monarchie, car je vous préviens que si dans l'avenir elle est en danger par les vôtres, je reprendrai les rênes de l'état. Je souhaite que l'épreuve que je fais tourne à votre avantage et à votre gloire.

Monsieur me prit la main et la baisa à plusieurs reprises. Il était heureux au point de ne pas songer au mécontentement de ses amis intimes, des véritables chefs de parti, repoussés du ministère au moment où ils s'imaginaient y faire irruption. Quant à moi, j'étais également satisfait ; Mathieu de Montmorenci joignait à une belle ame des qualités précieuses et un dévouement sans bornes ; MM. de Villèle et de Corbière avaient fait leurs preuves de capacité; M. de Clermont-Tonnerre était la doublure parfaite de M. Portal, et ici la loyauté suppléait au mérite.

Le duc de Bellune, si honorable dans l'armée, s'était distingué en 1819, par une fidélité que j'appréciais à sa juste valeur. Il est un de ceux qu'on peut présenter avec avantage aux amis et aux ennemis. Les royalistes lui montraient de la reconnaissance, et les troupes de l'affection. C'était donc un bon choix.

Le comte de Peyronnet est aussi un véritable Gascon. Spirituel jusqu'au bout des ongles, intrépide dans les affaires comme il est brave l'épée à la main, il peut servir utilement de plusieurs manières. Il est en outre éloquent ; puis, il aime les arts et les dames : ce sont des qualités et non des défauts; ces principes sont tous monarchiques, et la constitution pour lui ne vient qu'après le roi. On peut sans doute lui reprocher d'avoir de la forfanterie, un peu de fatuité, de manifester trop de mépris pour ses adversaires, et de ne repousser qu'avec mollesse des mesures préjudiciables à l'état et reconnues telles par sa raison.

Au résultat, ce nouveau conseil valait l'ancien. J'appelai les ministres que je congédiais. Ils savaient que je ne les renvoyais que par force; aussi de part et d'autre nous nous vîmes sans embarras. J'avais déjà donné la pairie à M. Pasquier, j'accordai la même dignité à MM. Roy, Portal et Siméon. L'ambassade de Naples fut assurée à M. de Serre, que je créai ministre d'état. M. de Latour-Maubourg devint ministre d'état et gouverneur des Invalides. Le duc de Richelieu, toujours plein de désintéressement, ne voulut rien ; il se dit assez récompensé par tout ce que j'avais déjà fait pour lui. Je n'eus donc qu'à le remercier. Je le fis par une lettre que je tournai de mon mieux ; lui en eut une vive satisfaction : c'était ce qui pouvait m'être le plus agréable.

Monsieur voulut me présenter lui-même MM. de Corbière et de Villèle.

— Eh bien, messieurs, leur dis-je, vous me revenez ! autant eût valu ne pas me quitter.

Ils répondirent quelques paroles en balbutiant ; je les interrompis.

Messieurs, repris-je, vous êtes l'expression de la majorité ; je vous accepte, parce que, dans un gouvernement représentatif, c'est la majorité qui impose ses hommes au roi ; tâchez de vous assurer d'elle à l'avenir, parce que si elle venait à vous manquer, il ne m'appartiendrait pas de faire pour vous ce que je ne fais pas pour ceux qui partent aujourd'hui.

— Sire, répondit M. de Corbière, si nous déplaisions au roi ou aux chambres, nous n'attendrions pas si tard pour nous retirer.

Je leur dis ensuite que j'espérais que leur administration serait toute constitutionnelle, et, m'adressant particulièrement à M. de Villèle :

— Vous allez administrer au nom de cette charte que vous avez combattue dans une petite brochure.

— Sire, c'était avant son existence, et lorsque je n'avais pas encore juré son observation.

J'approuvai cette franchise. Mathieu de Montmorenci vint ensuite. Celui-ci, le moins ambitieux des hommes, se chargeait avec peine du fardeau que je lui imposais; mais il se résignait en pensant qu'il serait utile à la religion et à la royauté. Je lui dis en riant :

— Du moins, pas de note secrète.

Il se frappa la poitrine en disant ; *Meâ culpâ, meâ culpâ, meâ maximâ culpâ.*

— *Absolvo te*, répondis-je ; je me rappelle trop bien, pour vous refuser le pardon, ce vers de Voltaire :

Dieu fit du repentir la vertu des mortels.

M. de Peyronnet, le duc de Bellune et le vicomte de Clermont-Tonnerre furent introduits à leur tour; je leur parlai avec affection. L'oncle de ce dernier, ancien évêque, pair, comte de Châlons, et que je venais de nommer archevêque de Toulouse, est le plus superbe prélat que je connaisse.

Digne petit-neveu de M. de Clermont-Tonnerre, évêque de Noyon, il se croit plus noble que le roi; il se meurt d'envie de faire de l'effet, mais comme l'étoffe manque, il ne parvient qu'à faire du bruit.

Ce fut le marquis de Lauriston, ministre de ma maison, dont je ne sais pourquoi j'ai oublié de parler plus haut, qui contresigna les ordonnances constitutives du nouveau ministère ; il survécut à la chute de l'ancien, non sans laisser soupçonner qu'il y avait pris une part un peu active. C'est un courtisan parfait, d'un commerce très-agréable, et prêt à tout, si l'on veut l'employer.

CHAPITRE XVI.

Changement local de système politique.—Les libéraux.—Casimir Perrier.—Comte Sébastiani.—Comte Foy.— Mécompte des deux côtés. —Changement de fonctionnaires.—M. Franchet. —M. Delavau.—Duc de Doudeauville.—*En route.*—On est surpris en France et à l'étranger du triomphe complet des royalistes.—Manuel et *sa répugnance.*—Récit de cet épisode d'une session.—Plusieurs conspirateurs.—Révélation de M. Franchet.— Parole du général Foy.—Partisans du duc d'Orléans.—Imprudence de ceux du château. — Le roi en querelle le chef innocent.— Mort de S.A.S. madame la duchesse de Bourbon. — L'évêque d'Hermopolis grand-maître de l'université.—Session de 1822.—Discours du trône.

Par l'élection du nouveau ministère, disparaissait le système suivi depuis 1817, système tout de balance entre les partis, et non l'expression d'aucun en particulier J'avais pu le maintenir tant que la majorité m'avait secondé; ce n'était plus possible désormais : elle s'était prononcée dans le sens entièrement royaliste. Il fallait donc pencher de ce côté. Je l'aurais fait sans peine, si on s'y fût prit plus convenablement: mais la sorte de violence employée me déplaisait trop pour que je me prêtasse de bon gré à ce changement.

J'eus en dédommagement la mystification des libéraux, du centre et de la gauche. Ceux-ci s'étaient follement infatués de la pensée que, le duc de Richelieu renversé, je me tournerais vers eux; ils furent dupes de leur manége, conduits en première ligne par MM. Sébastiani, Foy et Casimir Perrier. Ce dernier est dévoré d'ambition; s'il parvenait au pouvoir, je suis certain que son despotisme ne tarderait pas à le rendre désagréable à son propre parti.

M. Sébastiani manque de talent; il a la faconde, voilà tout. Du reste, il fera tout ce que l'on voudra, pourvu que l'on consente à le faire quelque chose.

Le comte Foy est bien autrement habile; néanmoins, je ne sais s'il serait bon homme d'état. Les réputations de tribune pâlissent dans les ministères; il y a une certaine différence entre dire et exécuter. Les conseillers ne manquent jamais, ce sont les metteurs en œuvre qui sont rares.

Le désapointement de la gauche me réjouit. A ce mécontentement ne tarda pas à se joindre celui de ces messieurs de l'extrême droite, dont on s'était servi, et qu'on laissait à l'écart. Il y eut des scènes trés-vives au pavillon Marsan. Certains se plaignirent au nom de la religion, d'autres en vertu d'une vraie tendresse filiale. M. de Vitrolles montra du dépit, M. de Labourdonnaye ne dissimula pas sa colère. Ce portefeuille espéré, promis peut-être, lui échappait, et quand reviendrait-il? M. de Labourdonnaye bouda, et plus tard éclata.

M. de Châteaubriand attendait mieux qu'une ambassade: il s'étonnait qu'un ministère pût se former sans lui. Hélas! on s'en passait, et ceci lui était chose amère ! M. de Lalot demandait sa part, et maugréait de ce qu'elle ne venait point

La majorité donna un léger dédommagement à M. de Labourdonnaye, en le nommant à la vice-présidence, avec M. Chabrol de Crouzol, en remplacement de MM. de Villèle et Corbière.

Des changemens eurent lieu aussi dans le personnel de l'administration. M. Mounier, qui avait une si haute part dans les travaux de l'ancien ministère, quitta les fonctions de directeur-général de la police du royaume et de l'administration départementale, M. Franchet, homme nouveau et tout royaliste, le remplaça dans la première de ces attributions ; le comte Anglès, préfet de police, donna sa démission ; ce poste de confiance fut remis à M. Delavau, homme encore de la veille, mais sur lequel on pouvait plainement se reposer. M. de Portalis, sous-secrétaire-d'état au département de la justice, vit sa charge supprimée ; M. Gérard de Reyneval, sous-secrétaire-d'état aux affaires étrangères, fut envoyé ministre plénipotentiaire à Berlin, et M. Herman, ancien consul-général, lui succéda, avec le titre de directeur des affaires politiques. M. Dupleix de Mezy abandonna la direction générale des postes au duc de Doudeauville, autre vertueux modèle, homme de bien par excellence et qui n'a pas un ennemi, même parmi les envieux.

Il se fit encore des changemens moins importans, et lorsque tous furent opérés.

— Maintenant, messieurs, dis-je, allons-nous marcher?

— Oui, sire.

— Eh bien! en route, et fouette, cocher; la charge est lourde, conduisez-la à bon port.

Je ne vis autour de moi dans le premier instant que des visages joyeux. Madame Royale en eut presque de la gaîté. Monsieur était radieux, bien que dans le fond il eût de rudes querelles à soutenir.

Dans un changement politique, le nombre de ceux que l'on satisfait est toujours bien minime, en raison des hommes qu'on mécontente. C'était ici le cas; sur trente qui venaient de renverser le ministère, il n'y avait que six ou sept portefeuilles à recueillir. L'amour-propre aveugle, chacun se croit sûr de la préférence, et, quand le choix est fait, l'amour-propre blessé se tourne avec fureur contre ceux-là mêmes dont on a décidé l'avancement.

La nouvelle de ce changement de ministère surprit les cabinets étrangers. La Russie croyait perdre dans la retraite du duc de Richelieu, bien qu'en résultat il ne lui accordât aucune influence. M. de Montmorenci n'appartenait à aucune coterie politique, il était personnellement indifférent à tout le monde; mais on lui savait une haute piété, et l'on préjugeait vers quel parti il pencherait; sa réputation nulle rassura cependant; il y en eut qui se réjouirent de voir à la tête des affaires de France un homme peu capable de les conduire. l'Angleterre n'approuva pas ce choix.

Je traiterai légèrement ce qui se passa dans les chambres, où toutes les lois qu'on avait refusées à l'ancien ministère furent accordées au nouveau, et même avec des amendemens qui les rendaient plus monarchiques; mais je ne puis passer sous silence le fameux incident auquel donna lieu l'insolence du député Manuel.

Ce personnage, dont en 1819 je n'avais pas voulu, et qui depuis m'avait fait offrir sa voix, moyennant certaines conditions, s'était maintenu dans l'opposition la moins modérée. Sa colère contre ma famille était devenue de la haine. Le 30 janvier 1822, pendant la discussion de la loi de la presse, il commença par prétendre que je ne régnais qu'en vertu de la déclaration de Saint-Ouen. Cette assertion sacrilége avait excité les murmures des députés fidèles; mais lui, poursuivant, porta le désordre à son comble, en prononçant ces paroles criminelles.

« Quand j'ai parlé d'une déclaration, j'avais le droit de le faire; elle appartient à l'histoire et à tous ceux qui apparaissent à cette tribune. Qui m'empêcherait de citer des faits, et de dire qu'au moment où cette déclaration fut signée, il y avait deux cent mille étrangers en France, et que la France n'était pas accoutumée à ces humiliations ? Je n'ai pas à contester les droits de la famille royale : que ces droits existassent depuis plus ou moins long-temps, ce qu'il y a de certain, c'est qu'ils n'étaient plus reconnus en France, c'est que la France revoyait avec répugnance une famille en quelque sorte nouvelle. Une déclaration était donc nécessaire...... »

Les dernières paroles de l'orateur furent étouffées par des clameurs d'indignation justement méritées. On cria : *C'est faux, c'est faux !* à l'ordre, hors de la salle. L'orateur, malgré son audace, balbutia quelques paroles qu'on n'écouta point.

M. de Peyronnet releva le gant; il traita d'abord la question agitée en ce moment, puis il ajouta :

« L'orateur auquel je succède, et par une erreur qu'il regrette sans doute et que je déplore avec lui, a dit, en parlant de la famille royale, qu'elle avait été reçue en France avec répugnance. Ah ! messieurs, s'il était vrai que cette expression eût rendu fidèlement la pensée de l'orateur, quelle offense cruelle pour le peuple français, quel outrage d'ailleurs à la vérité? qui d'entre nous peut avoir oublié les acclamations unanimes qui saluèrent le fils de Louis XIV et de saint Louis ? Malheur à ceux qui n'auraient vu *qu'avec répugnance* le terme du despotisme insolent qui pesait sur nous ! malheur à ceux qui n'auraient vu *qu'avec répugnance* relever le trône restaurateur de nos libertés ! »

M. Manuel prétendit que ses expressions venaient d'être dénaturées par le garde-des-sceaux; il demanda à les rétablir dans leur intégrité ; on le lui accorda, espérant qu'il profiterait de cette indulgence pour réparer ses torts.

« La France, dit-il, était envahie par les étrangers, au moment où les Bourbons s'y sont présentés; quels que fussent alors leurs droits, la majorité de la France les avait oubliés. (Non, non, jamais, s'écrièrent une multitude de voix.) J'ai dit que la famille des Bourbons, se représentant en France après un long intervalle, au milieu des malheurs de la patrie, inconnue à une génération accoutumée à considérer ce qui existait en 1789 comme en opposition avec l'intérêt de la masse des citoyens; que, dans cet état, on avait vu *arriver cette famille avec répugnance*..... »

Ici M. Manuel est interrompu de nouveau avec plus de véhemence. Les royalistes combattent vivement un homme qui outrage publiquement le roi et les siens, et la séance s'achève au milieu d'une violente agitation.

M. de Labourdonnaye fut le premier à nous faire connaître, par un billet, le propos de Manuel; il souleva ma juste fierté, et je dis aux personnes qui m'entouraient :

« Certes, l'impudence de cet avocat est grande : si la nation avait de la répugnance, c'était contre le gouvernement despotique de Buonaparte; car elle le laissa se défendre seul avec son armée contre l'étranger. Mais moi, à peine avais-je mis le pied sur le sol français, que les acclamations de joie retentirent à mes oreilles; mon entrée à Paris fut un triomphe; traite-t-on ainsi les princes qui inspirent *de la répugnance?* Quelques grands coupables tremblaient : je leur promis le pardon et l'oubli de leurs crimes; les propriétaires des biens nationaux s'alarmaient : je les rassurai. On approuva ma modération, on fut touché de ma clémence, et tous les cœurs s'ouvrirent à l'espoir. Les libéraux trouvaient là une belle occasion de manifester l'amour qu'ils prétendaient avoir pour ma famille; que ne se sont-ils levés en masse, que n'ont-ils protesté contre les paroles insolentes de M. Manuel ? Mais je vois bien que, s'ils sont plus réservés dans leur langage, ils pensent comme lui au fond du cœur; décidément mes véritables amis sont à droite. »

Le château partagea les sentimens des députés royalistes; on s'échauffa, on se promit de tirer vengeance de cette insulte; en conséquence, le lendemain, à la lecture du procès-verbal, M. Humbert de Sesmaisons demanda que les sentimens de répulsion de la majorité de la chambre fussent consignés au procès-verbal, ou du moins qu'on rayât la phrase incriminée : ceci eut lieu.

Une pareille mesure devenait nécessaire : la conspiration libérale marchait à découvert; elle s'étendait dans tout le royaume, et je vais présenter rapidement les diverses tentatives séditieuses qui brisèrent mon cœur paternel; entrer dans les détails me serait impossible, on en comprendra facilement le motif. Le premier complot découvert fut celui de Béfort, que précéda une sorte de sédition à Saumur; au mois de décembre 1821, cette sédition fut comprimée avec bonheur; le colonel Pailhes en était le chef.

Le 8 février 1822, le comte d'Espinois, commandant la 12⁰ division militaire, découvrit des menées tendant à égarer la garnison de Nantes; le brave 13ᵉ de ligne résista aux séductions, et là encore, le crime fut vaincu.

Le 24 du même mois, le général Berton ayant comploté avec des malveillans des départemens de Maine-et-Loire et des Deux-Sèvres, leva le drapeau tricolore, s'empara de Thouars, et avec peu de monde marcha vers Saumur, où il croyait trouver des appuis. Là il commit la faute de parlementer avec le maire, ignorant que quiconque s'arrête dans de telles entreprises est perdu. Son hésitation effraya ceux qui, peut-être, auraient suivi son exemple; il battit en retraite, fut fait prisonnier, et, avec plusieurs de ses complices, porta sa tête sur un échafaud.

A Paris, dans le mois de mars, des émeutes commencèrent, dirigées en apparence contre les missionnaires, et en réalité contre le gouvernement. L'autorité arrêta ces menées dangereuses, qui étaient provoquées par des étudians à l'instigation du comité dirigeant. Lyon fut aussi troublé dans ce même mois de mars; on s'appuya sur le fait des élections, que l'on prétendit inconstitutionnelles; le désordre se prolongea quinze jours encore, mais sans conséquences décisives, au grand regret des jacobins. Marseille et La Rochelle eurent également leurs conspirations partielles. Ce fut partout le même esprit, les mêmes moyens, un but unique en apparence; celui de rétablir la république, et en réalité, la transmission de la couronne à la branche cadette de ma famille.

Je me rappelle que, vers la fin de cette année, M. Franchet, que je fis venir, mit sous mes yeux des pièces irrécusables, constatant que chaque sédition révélait les intrigues secrètes des amis du duc d'Orléans. On m'amena un jeune homme, M. B..., qui avait eu un entretien politique avec le général Foy, lequel lui avait dit :

« Les œuvres du gouvernement sont telles qu'on ne pourra les supporter long-temps. Il y a un parti pour le roi de Rome, un autre pour le duc d'Orléans; mais ce dernier parti ne prévoit pas que si d'abord le duc se montre libéral, il reviendra plus tard aux erremens de la vieille monarchie, et cela parce qu'il est Bourbon. Le mieux donc serait une république fédérative, avec deux chefs : l'un civil, l'autre militaire. »

C'était annoncer franchement l'envie de me succéder sous un autre nom. Je questionnai M. B.., il ne se coupa point dans ses réponses, et je dus en conclure que la paix avec les libéraux serait impossible. Je me déterminai à leur livrer bataille: mais, je le répète, on craignait, autour de moi, d'attaquer ouvertement les chefs, en raison des découvertes qui pourraient en survenir. Les plus intrépides parmi les hommes raisonnables qui m'environnaient, n'auraient osé prendre sur eux la responsabilité de ce combat.

Les *zelanti*, au contraire, me poussaient à des actes extrêmes. Il aurait fallu selon eux arrêter les membres du comité dirigeant, et par hautes mesures de sûreté, envoyer M. le duc d'Orléans en exil. Je n'écoutai aucun de ces conseils, et me contentai de faire prévenir un grand personnage de ce qu'on reprochait à ses amis.

Lui, m'ayant écouté avec un chagrin visible, s'écria ensuite qu'il était bien malheureux d'inspirer de pareils soupçons, et d'entendre accuser des hommes qu'il ne pouvait croire coupables ; car jamais ils ne lui avaient tenu aucun propos suspect.

— Cependant, repartis-je, leur attache se retrouve dans tous les complots qui éclatent chaque jour.

— Au reste, je ne puis répondre que de moi : mais si ces messieurs se conduisent mal, que la justice les frappe, je ne chercherai point à les soutenir.

— On pense que la meilleure preuve que vous puissiez donner de votre innocence est d'aller voyager pendant quelque temps.

— Le roi me permettra de ne pas suivre cet avis; ce serait me proclamer coupable ; d'ailleurs j'ai à veiller sur ma famille, et à rétablir ma fortune, si embarrassée par les malheurs de la révolution.

J'insistai : on refusa avec opiniâtreté en s'appuyant sur ma charte, qui ne reconnaissait pas au gouvernement le droit d'exiler à volonté.

— Prenez garde, dis-je, qu'on obtienne du concours de la justice ce que vous ne voulez pas faire de bonne grâce.

— Je n'ai rien à craindre de ce côté; fort de la pureté de ma conduite, j'attendrai sans trembler l'effet de la malice de mes ennemis.

Jugeant inutile de poursuivre la conversation, je la rompis brusquement. Le conseil que je consultai m'engagea à borner les mesures à une surveillance extrême. L'avenir dira si nous avons eu tort.

Madame la duchesse de Bourbon mourut subitement cette année. Cette princesse était sœur du duc d'Orléans, ou citoyen Égalité.

Depuis que l'université avait été retirée à M. de Fontanes, elle n'était plus gouvernée par un grand-maître, mais par forme de direction. Cette année, voulant inprimer à l'éducation publique une tendance religieuse plus déterminée qu'auparavant, je revins à la grande-maîtrise, que je confiai à M. l'abbé Frayssinous, évêque d'Hermopolis *in partibus infidelium*. Je ne pouvais faire un meilleur choix; je me suis déjà expliqué sur ce prélat recommandable par ses talens et ses vertus. Les libéraux ne l'aiment pas : son seul tort est de soutenir puissamment par son éloquence la monarchie qu'il croit seule propre à faire le bonheur public.

M. de Villèle, dès son entrée au ministère, me pria de l'aider à sortir les finances de ce provisoire incommode et inconstitutionnel même, dans lequel on les retenait depuis la restauration, en anticipant par des crédits sur le budget de chaque année. Il fallait pour cela doubler la session, on, pour mieux dire, en convoquer une seconde immédiatement après celle qui était dans ce moment en fonctions. J'approuvai cette proposition, et, lors de la clôture de la session de 1821, qui eut lieu le 1er mai 1822, j'annonçai l'ouverture de celle de 1822 pour le 4 juin suivant.

Les députés que ce projet retenait à Paris bien au delà du temps qu'ils pouvaient donner aux affaires publiques s'y prêtèrent avec un zèle dont la France doit leur savoir gré.

La séance d'ouverture eut lieu au Louvre comme les années précédentes. Voici le discours que je prononçai en cette occasion :

« MESSIEURS,

« La nécessité depuis long-temps reconnue d'affranchir l'administration des finances des mesures provisoires auxquelles il avait fallu recourir jusqu'ici, m'a déterminé à avancer cette année l'époque de votre convocation ; en exigeant de vous ce nouveau sacrifice, j'ai compté sur le zèle et le dévouement dont vous m'avez donné tant de preuves.

« La Providence nous conserve l'enfant qu'elle nous a accordé ; il m'est doux de penser qu'elle le destine à réparer les malheurs et les pertes qui ont frappé ma famille et mon peuple.

« J'ai la satisfaction de vous annoncer que mes

relations avec les puissances étrangères continuent d'être sur le pied le plus amical. Un parfait accord a dirigé les efforts concertés chaque jour entre mes alliés et moi, pour mettre un terme aux calamités qui pèsent sur l'Orient et affligent l'humanité. Je conserve l'espoir de voir renaître la tranquillité dans ces contrées sans qu'une nouvelle guerre vienne accroître leurs maux.

« Les forces navales que j'entretiens dans le Levant ont rempli leur destination en protégeant mes sujets, et en veillant au secours des infortunés dont la reconnaissance est le prix de notre sollicitude.

« J'ai maintenu les précautions qui ont éloigné de nos frontières la contagion qui ravage une partie de l'Espagne. La saison actuelle ne permet pas de les négliger, et je les maintiendrai aussi longtemps que la sûreté du pays l'exigera. La malveillance a pu seule trouver dans les mesures que j'ai prises un prétexte pour dénaturer mes intentions.

« Des tentatives insensées ont troublé sur quelques points la tranquillité du royaume; elles n'ont servi qu'à faire éclater le zèle des magistrats et la fidélité des troupes. Si un petit nombre d'hommes ennemis de l'ordre voient avec désespoir nos institutions s'affermir et prêter un appui à mon trône, mon peuple désavouera leurs projets coupables ; je ne souffrirai pas que la violence lui arrache les biens dont il jouit.

« Des malheurs trop réels, quoique exagérés par

la crainte, ont désolé des départemens voisins de la capitale. Les secours de la bienfaisance publique et particulière ont adouci les pertes; l'activité des habitans a préparé le terme de ces désastres, l'autorité a secondé leur zèle, la justice punira les coupables.

« L'état réel de la dette arriérée est enfin fixé, et sera mis sous vos yeux. Cette charge dont l'origine remonte à des temps qui heureusement sont loin de nous, et dont la liquidation a fait reconnaître toute l'étendue, retarde encore cette année à mon grand regret, une partie des améliorations dont les dernières branches de l'administration sont encore susceptibles.

« Les avantages que nous avons déjà obtenus doivent nous engager à réunir nos efforts pour les maintenir et les accroître. Je compte sur votre concours pour fixer dans notre beau pays la prospérité que la Providence lui réserve. C'est le vœu de mon cœur, c'est l'occupation de tous mes instans, c'est l'espoir consolant qui atténue le souvenir de mes peines, et qui embellit pour moi la pensée de l'avenir. »

CHAPITRE XVII.

Le roi raisonne sur le fait des incendies.—Le baron Louis fait l'écolier. — Le duc Deares prend l'ambassade d'Angleterre. — Le vicomte de Châteaubriand le remplace. — On propose au roi une charte nouvelle.—Sa réponse.—Contre-opposition. — Congrès de Vérone. — Mort de lord Londonderry. — Qui représente la France à Vérone. — Réputation de sainteté du vicomte de Montmorenci.—Note que le roi adresse au congrès sur la question de l'Espagne.—Position politique de Georges IV. — Retour du vicomte de Montmorenci. — Motif de la résistance que le conseil lui oppose. — Négocians diplomatiques. —Habileté d'un Gascon. — M. de Villèle président du conseil. — M. de Châteaubriand ministre des affaires étrangères. — Quel est son plus cruel ennemi? —Problème à résoudre.

Une phrase de mon cabinet faisait allusion à ces incendies qui désolaient la Normandie et les pays environnans. On en accusait les jésuites, la noblesse et le gouvernement. L'injustice était patente : il faudrait qu'un roi et ses ministres fussent tous des échappés de Charenton pour administrer par des moyens aussi infames, aussi dangereux. Quelles gens d'ailleurs employer à consommer ce crime? comment s'assurer le silence de personnes nécessaires à son exécution? Les niais seuls peuvent croire à de pareilles calomnies.

Quant aux jésuites et à la noblesse, quel aurait

été leur but, que pouvaient-ils attendre de ces actes coupables ! sinon d'augmenter la haine qu'on leur portait dans le cas qu'ils en auraient été capables! S'il fallait accuser un parti des incendies qui se multipliaient, ce serait celui des jacobins ; ceux-là savent comment on brûle les châteaux, les chaumières, comment on démolit les villes, comment on porte la flamme dans les faubourgs ! Les jacobins à cette époque redoublaient d'efforts pour susciter des ennemis et des embarras à la royauté. Ils craignaient une entrée en Espagne, foyer de sédition qu'ils espéraient propager en France. Il fallait donc troubler le royaume afin d'empêcher la sortie des troupes ; il fallait exciter les esprits, exaspérer la populace. Les jacobins enfin avaient seuls un intérêt direct à ces attentats : je ne doute point, pour ma part, qu'ils ne les aient commis ; mais les preuves ont manqué, par ce que là, comme dans l'assassinat de mon malheureux neveu, les séides ont su se taire et se laisser condamner sans accuser leurs complices.

Les ennemis de ma dynastie s'agitaient avec une activité prodigieuse, et certes tout moyen leur était bon pour parvenir à leur but. On put s'en apercevoir aux élections de cette année. Paris, entre autres, n'envoya à la chambre élective que deux députés royalistes, MM. de Lapanouze et Leroy. Dans les provinces les choix furent meilleurs ; cependant, les libéraux firent des progrès qui nous inquiétèrent pour l'avenir.

Je sus, à cette époque, sévir contre le baron Louis qui, ne pouvant plus faire du ministérialisme, fit du jacobinisme. Une ordonnance lui enleva son titre de ministre d'état.

Dès le commencemement de l'année j'eus la douleur de ne pouvoir maintenir le duc Decazes au poste que mon amitié lui avait confié. Un des premiers soins de mon conseil fut de me représenter que M. Decazes était complètement en dehors de son système, et que par conséquent il ne pouvait conserver l'ambassade d'Angleterre. J'avais déjà fait trop de sacrifices aux exigences du moment pour me refuser de consommer ce dernier. J'écrivis donc à M. Decazes en l'engageant de donner sa démission. Ma lettre se croisa avec celle dans laquelle il n'avait pas hésité à faire cette concession nécessaire avant qu'on la lui demandât. Cette conduite le maintint dans la ligne honorable dont il n'a jamais dévié, et lui valut les éloges de M. de Villèle, qui généralement en est avare. M. Decazes revint et je tâchai par les témoignages de mon affection, de le dédommager de tout ce que la marche des événemens lui faisait perdre.

L'appétit vient en mangeant, dit le proverbe; certains ultras fort en crédit crurent, puisque le vent tournait de leur côté, qu'il n'était rien qu'on ne pût imposer à la France. Ceci une fois admis, un mémoire fut dressé au château, et on n'hésita pas à le présenter à Monsieur.

Il s'agissait, dans cette belle œuvre, d'augmenter de cent membres la chambre des pairs, lesquels seraient choisis dans les sommités royalistes ; de renouveler intégralement, par un coup d'état, la chambre des députés, en prenant des précautions pour qu'il ne pût s'y glisser aucun libéral ; puis on arriverait aux chambres en leur proposant une loi portant le rétablissement des anciens états-généraux sur leurs bases primitives, avec quelques modifications cependant. Ceux-ci se réuniraient tous les cinq ans, et se diviseraient, pour délibérer, en deux chambres. La première, composée des députés du clergé et de la noblesse ; la seconde, des envoyés du commerce, de la bourgeoisie, des arts, des sciences, de la magistrature, des municipaux, etc. Les états-généraux consentiraient l'impôt pour cinq ans. Ils proposeraient au roi leurs *doléances;* le roi *aviserait.* Le conseil d'état discuterait les lois rendues par le roi seul ; les cours royales, réduites au nombre de quinze, enregistreraient les lois et ordonnances sans remontrances, ni protestations. La haute police leur serait accordée par forme de dédommagement, ainsi que l'abolition de la liberté de la presse ; et les citoyens pourraient subir, sans jugement, une détention d'un an sur la signature de trois ministres.

Monsieur m'apporta ce beau plan.

—Je n'y vois qu'un seul inconvénient, lui dis-je, c'est qu'il est impraticable.

—On pourrait l'essayer ; car enfin, on essaie tout aujourd'hui.

—On pourrait aussi essayer de sauter du haut

des tours de Notre-Dame en bas; mais on se repentirait, je crois, de la tentative.

Monsieur se mit à rire avec moi, et nous convînmes qu'il valait mieux s'en tenir à la charte.

Déjà une contre-opposition se formait dans la chambre des députés. Elle avait pour chefs MM. de Lalot et de Labourdonnaye, royalistes mécontens, parce qu'on les avait oubliés dans la distribution des places. Le second aurait voulu remplacer M. Decazes à l'ambassade de Londres ; et sa mauvaise humeur redoubla en voyant ce poste important accordé à M. de Châteaubriand. Ainsi, depuis ce moment la lutte s'engagea dans la seconde chambre, et elle s'y maintient encore.

Les deux oppositions n'entravèrent pas la marche du gouvernement. Une majorité compacte était là pour le soutenir. Elle approuvait ses mesures, et les secondait de toute son influence. Le clergé même se montrait satisfait. Il est vrai que le cabinet et moi cherchions à lui plaire. On passa sur des choses qui certainement n'auraient pas obtenu l'approbation de l'ancienne magistrature ni des ministres d'un roi gallican. Mais les temps avaient changé, le clergé alors était puissant et riche, on pouvait le craindre. Aujourd'hui il est pauvre et sans influence ; on peut donc faire beaucoup pour lui avant de parvenir à le replacer dans sa position primitive.

Je n'avais pas seulement à m'occuper de l'administration intérieure du royaume ; la politique étrangère réclamait aussi mon attention et mes soins. Les hautes puissances, en dissolvant, l'année précédente, le congrès de Laybach, décidèrent qu'un autre serait tenu à Vérone; ce lieu était plus convenable. Vérone, que j'ai habité pendant mon exil, est une belle et grande ville, ornée d'édifices et d'une multitude de palais, ouvrages de Palladio et de ses élèves. On peut y recevoir des souverains et leur cour d'une manière convenable et sans aucun embarras.

La réunion devait s'ouvrir dans les premiers jours de septembre. On en retarda l'époque à cause de la mort inopinée et tragique de lord Londonderry, ministre des affaires étrangères de la Grande-Bretagne, et qui devait représenter à Vérone le cabinet de Londres. Cet homme d'état, atteint d'une fièvre chaude, attenta lui-même à sa vie. Ce fut une grand perte pour son pays et pour la diplomatie européenne. Lord Castlereagh n'avait pas annoncé par sa conduite antérieure ce qu'il ferait plus tard. Cette mort me frappa; les libéraux, qui ne croient pas à la Providence, prétendirent voir là le doigt de Dieu : ce trépas fournit de beaux textes à leurs déclamations. Lord Wellington remplaça ce ministre plénipotentiaire, mais il n'arriva à Vérone qu'au commencement d'octobre.

L'empereur d'Autriche, en la compagnie des rois de Prusse et de Sardaigne, fit son entrée dans cette ville le 15 octobre, et l'empereur de Russie y parut le 17. Le roi de Naples s'y rendit aussi. On compta dans cette assemblée un grand nombre de princes souverains et princesses, parmi lesquelles on distingua l'impératrice d'Autriche, la grande-duchesse de Parme, la reine de Sardaigne et ses augustes filles, la grande-duchesse de Toscane, les duchesses de Modène et de Lucques, l'archiduchesse vice-reine de Lombardie, l'archiduchesse princesse de Salerne, et en arrière la comtesse de Floridia, seconde femme, occulte mais légitime, du roi de Naples.

On s'amusa beaucoup au congrès de Vérone, car la diplomatie moderne se présente sous un aspect moins grave que l'ancienne. Je ne décrirai pas les fêtes qui se donnèrent ; je dirai seulement que les conférences s'ouvrirent le 20 octobre.

La France était représentée par MM. de Montmorenci, Châteaubriand et de La Ferronnays ; le duc de Raguse, M. de Gabriac, le comte de Caraman et M. de Rayneval devaient venir aussi au congrès, mais sans avoir voix délibérative. Mathieu de Montmorenci représentait là autant les *zelanti* que mon cabinet. Il y parut avec une réputation de béatitude anticipée pour laquelle on montra une vénération maligne, qui le trompa complètement. M. de Châteaubriand espérait faire merveille.

Mes envoyés, ayant reçu les instructions du conseil, les transmirent au congrès dès son ouverture. Elles portaient d'abord la série des questions suivantes à proposer :

« 1° dans le cas où la France se trouverait forcée

de rappeler son ministre de Madrid, et d'interrompre toute relation diplomatique avec l'Espagne, les hautes puissances seraient-elles disposées à prendre les mêmes mesures et à rappeler leurs légations respectives ?

« 2° Si la guerre venait à éclater entre la France et l'Espagne, sous quelles formes et par quels actes les hautes puissances apporteraient-elles à la France un appui moral qui pût donner à ses mesures le poids et l'autorité de l'alliance, et inspirer un salutaire effroi aux révolutionnaires de tous les pays ?

« 3° Quelle serait, enfin, l'intention des hautes puissances quant à l'étendue et au mode des secours matériels qu'elles seraient disposées à donner à la France, dans le cas où une intervention active serait nécesssaire sur sa demande ? »

Ces questions, comme on le voit, étaient clairement posées. La réponse ne se fit pas attendre ; elle prouva la bonne foi des souverains. Ils s'engagèrent à prendre ma conduite pour exemple, à me fournir les secours dont j'aurais besoin et d'après le mode qui serait déterminé par un traité particulier. Le ministre plénipotentiaire du cabinet de Londres fut le seul qui, ostensiblement, n'accéda pas à ces conditions ; mais on sut à quoi s'en tenir en secret. Le roi Georges IV comprend la royauté comme venant du droit divin et non d'autre source. La manière dont l'Angleterre se conduisit pendant l'expédition française, prouva bien que son cabinet, tout en faisant les concessions apparentes qu'il devait aux idées du pays, n'est en aucune circonstance le soutien du jacobinisme.

Le 30 octobre, on délibéra sur la conduite qu'on tiendrait envers le gouvernement constitutionnel de Madrid, pour prévenir une rupture entre lui et la France. On arrêta que les ministres de Russie, d'Autriche et de Prusse remettraient au gouvernement espagnol une note séparée, mais basée sur la mienne, et entièrement semblable de principe et de volonté.

Dès que ce point eut été décidé, M. de Montmorenci revint précipitamment en France. Il avait pris nominativement au congrès de Vérone des engagemens qu'il tenait à faire ratifier. Dès débats s'élevèrent à ce sujet dans mon conseil. Avant qu'ils prissent de l'importance, je voulus récompenser le président de son zèle et le nommai duc.

M. de Villèle pensait que la question de l'Espagne étant remise à la décision de la France, il lui appartenait de la régler comme elle l'entendrait. Il tenait à éviter la guerre, et par conséquent ne jugeait pas nécessaire de rompre tout-à-coup avec l'Espagne, en rappelant mon ambasadeur, comme M. de Montmorenci l'avait promis, et comme devaient le faire les autres puissances. Cette dissemblance d'opinion amena des débats violens ; ils furent prolongés par l'arrivée de M. Pozzo di Porgo, venu pour solliciter la déclaration de guerre; et celle du duc de Wellington, qui avait ordre de m'offrir la médiation de sa cour pour aplanir les difficultés élevées entre mon cabinet et celui de Madrid.

M. de Villèle, que j'avais investi de la direction de cette affaire, répondit à l'envoyé russe que rien ne pressait; il appuya cette réponse de l'envoi à Vérone, d'un courrier extraordinaire, porteur d'une note par laquelle on demandait, en mon nom, d'arrêter la mesure relative au départ des ambasadeurs en mission en Espagne.

Le duc de Wellington, d'après la connaissance de cette dépêche qu'on lui communiqua officiellement, pensait que la réponse à sa proposition serait favorable; il se trompa. Un refus de la médiation anglaise lui fut adressé; refus enveloppé toutefois des formes les plus amicales. Je n'étais pas fâché de trouver l'occasion de prouver à la France que je ne cédais à aucune influence étrangère; cela faisait tomber les déclamations et les calomnies des libéraux.

La marche que je suivais était à la fois franche, énergique et digne. Lord Wellington quitta Paris le 20 décembre; le même jour arriva le vicomte de Châteaubriand; il apportait avec lui la déclaration individuelle que les souverains de Russie, d'Autriche et de Prusse venaient d'adresser à leurs légations près des autres cours, pour leur apprendre les résolutions du congrès de Vérone, et plus intimement, l'ordre donné à leurs ambassadeurs de sortir d'Espagne.

C'était trancher la question en augmentant les embarras du moment; je m'en expliquai avec mon conseil. M. de Villèle soutint que la France ne devait pas se prononcer encore, le duc de Montmorenci prétendait le contraire; sa parole d'honneur étant d'ailleurs engagée, il insistait avec une chaleur particulière.

M. de Villèle, connaissant sa supériorité sur Mathieu de Montmorenci, le voyait avec peine investi de la présidence du conseil : il prétendait *in petto* la mériter mieux que lui, et sans en avoir l'air, il poussait à la roue pour faire un coup de tête à son rival. Celui-ci, avec des intentions parfaites, manquait totalement d'énergie et surtout de profondeur; il n'était donc pas de force à lutter avec mon habile Gascon, appuyé d'ailleurs sur la majorité du conseil; mais tout ceci était enveloppé de mystère; il ne s'agissait en apparence que de l'intérêt de l'état. La pénurie des finances ne permettant pas de faire la guerre, il serait dangereux d'exposer l'armée au contact des révolutionnaires espagnols. Enfin les raisons ne manquèrent pas pour s'opposer à la volonté de Mathieu de Montmorenci.

Les débats s'ouvrirent plus particulièrement au conseil, le 25 décembre: j'appuyai l'avis de M. de Villèle. Le duc de Montmorenci me dit alors que, puisqu'on le plaçait dans l'alternative de manquer à ses engagemens ou de me déplaire, il me suppliait d'accepter sa démission : j'en manifestai ma répugnance; mais, la chose devant être ainsi, je permis à M. de Montmorenci de se retirer; je dis en même temps aux autres ministres que le chagrin d'une telle séparation serait quelque peu adouci, si j'obtenais la promesse de tous qu'ils ne m'abandonneraient pas. Il est rare que des ministres se refusent de céder à cette douce violence; les miens consentirent à ma demande; je n'eus à nommer qu'un ministre des affaires étrangères. Le portefeuille demeura d'abord dans les mains du comte de Villèle, en attendant qu'il passât en celles de M. de Châteaubriand. En même temps la présidence du conseil, exercée provisoirement par le ministre des finances dès le 4 septembre, lui fut accordée définitivement.

Je voulus que la France, que l'Europe pussent juger à l'avance mes intentions, et à cet effet, j'autorisai un acte extraordinaire, ce fut la publication, dans le *Moniteur*, d'une lettre écrite par M. de Villèle au comte de Lagarde, mon ambassadeur à Madrid: voici les principaux articles; j'ai travaillé à cette pièce importante, de sorte que je puis la présenter comme mon œuvre.

« M. le comte, votre situation pouvant se trouver changée, par suite des résolutions prises à Vérone, il est de la loyauté française de vous charger de donner connaissance des dispositions du gouvernement de S. M. T. C. au gouvernement de S. M. C.

« Depuis la révolution arrivée en Espagne, au mois d'avril 1820, la France, malgré les dangers qu'avait pour elle cette révolution, a mis tous ses soins à resserrer les liens qui unissaient les deux rois, et à maintenir les relations qui existaient entre les deux peuples......

Une constitution, que le roi Ferdinand n'avait ni reconnue ni acceptée en reprenant la couronne, fut depuis imposée par une insurrection militaire. La conséquence de ce fait a été que chaque Espagnol mécontent s'est cru autorisé, par le même moyen, à l'établissement d'un ordre de chose plus en harmonie avec ses opinions et ses principes. L'emploi de la force appelle le droit de la force.

«...... De cet état de trouble de la péninsule est résultée, pour la France, la nécessité de se mettre à l'abri.... Cependant le congrès indiqué dès l'année dernière pour statuer sur les affaires d'Italie, s'est réuni à Vérone.

« Partie intégrante de ce congrès, la France a dû s'expliquer sur les armemens auxquels elle avait été contrainte d'avoir recours, et sur l'usage éventuel qu'elle pourrait en faire. Les précautions de la France ont paru justes à ses alliés, et les puissances continentales ont pris la résolution de s'unir à elle, pour l'aider (s'il en était jamais besoin) à maintenir sa dignité et son repos.

« La France se serait contentée d'une résolution à la fois si bienveillante et si convenable; mais la Prusse, l'Autriche et la Russie ont cru nécessaire d'ajouter, à l'acte particulier de l'alliance, une manifestation de leur sentiment; des notes diplomatiques sont adressées, à cet effet, par ces trois puissances à leurs ministres respectifs, à Madrid.....

« Quant à vous, M. le comte, en donnant ces explications au cabinet de Madrid, vous lui direz que le gouvernement du roi est entièrement lié avec ses alliés, dans la ferme volonté de repousser par tous les moyens les principes et les mouvemens révolutionnaires....

« Vous aurez surtout à faire connaître que les peuples de la Péninsule, rendus à la tranquillité, trouveront dans leurs voisins des amis loyaux et sincères. En conséquence vous donnerez au cabinet de Madrid l'assurance que les secours de tous les genres, dont la France peut disposer en faveur de l'Espagne, lui seront offerts.

«...... Mais vous lui déclarerez en même temps que la France ne se relâchera en rien des mesures préservatrices qu'elle a prises, tant que l'Espagne continuera à être déchirée par les factions. Le gouvernement de S. M. ne balancera pas même à vous rappeler de Madrid, et à chercher ses garanties dans des dispositions plus efficaces, si ses intérêts essentiels continuaient à être compromis.

« Telles sont, monsieur le comte, les instructions que le roi m'a ordonné de vous transmettre, au moment où les notes des cabinets de Vienne et de Saint-Pétersbourg vont être remises à celui de Madrid. Ces instructions vous serviront à faire connaître les dispositions et la détermination du gouvernement français dans cette grave occurrence.... »

C'était une semi-déclaration de guerre, et néanmoins une ouverture à la paix, si elle était comprise par le parti dominant en Espagne. Mais le ciel n'a jamais accordé aux factieux, aux opinions exaltées qui triomphent, la sagesse et la réflexion ; chaleur, opiniâtreté, imprévoyance, tel est leur partage. Ils ne savent rien céder de bonne grâce, ni rien soutenir avec habileté. Emportés par les passions du moment ils se cabrent ou se jettent tête baissée dans le danger, compromettant ainsi leur position ou leurs intérêts.

La chose se passa de cette manière en Espagne, comme j'aurai bientôt occasion de le prouver.

Cependant il s'agissait de donner un successeur à Mathieu de Montmorenci. M. de Villèle me proposa M. de Châteaubriand. Je savais bien que ce dernier parviendrait à son tour au ministère. Je ne fis aucune objection, ni à Monsieur, ni au comte de Villèle. J'admirai seulement cette façon d'entrer au conseil par les mêmes voies qui en faisaient sortir celui dont on prenait la place. Je me contentai de dire à madame D..., fort enthousiaste du noble auteur :

— Je suis persuadé de la supériorité du vicomte de Châteaubriand sur Jules de Polignac, l'abbé de Latil, MM. de Montmorenci, de Vitrolles et de Labourdounaye ; mais sachez qu'une fois ministre il aura à combattre un ennemi bien difficile à vaincre.

— Et lequel, sire ?

— Un ennemi presque invincible.

—Mais qui donc, sire?

— Un ennemi très-éloquent, à l'imagination vagabonde, énergique.

— Son nom, sire, en grâce?

— Eh! par Dieu! M. de Châteaubriand lui-même... Oui, lui! qui fera de l'opposition contre le ministère; lui, qui certes n'a pas intrigué pour entrer au conseil, et qui cabalera pour en sortir.

CHAPITRE XVIII.

Précis de la révolution d'Espagne depuis 1820 jusqu'en 1822. — que les partis sont aveugles et sourds. — Les libéraux français égarent ceux d'Espagne. — Les orléanistes se montrent à la chambre des pairs. — Le prince de Talleyrand est avec eux. — Ce qu'ils font demander aux amis du duc d'Orléans. — Réponse de ceux-ci. — M^r. le duc d'Orléans veut faire par sentiment la guerre en Espagne. — Ce qu'il dit au roi. — Repartie de Sa Majesté.

Buonaparte, en pénétrant en Espagne, y porta le fléau de la révolution. On s'arma contre lui ; on le combattit sans relâche jusqu'au moment de sa chute ; mais en même temps on se laissa entraîner à faire comme la France en 1789. On s'imagina que la Péninsule manquait de constitution uniforme, et les cortès, réunies dans l'île de Léon, en rédigèrent une à leur fantaisie. Ici la démocratie découla à pleins bords, la royauté disparut devant la souveraineté du peuple, et surtout la création d'une chambre unique renouvela la faute énorme de notre assemblée constituante.

Cette œuvre mal dirigée fut mise à exécution. On enjoignit en 1814 au roi Ferdinand VII, lors de sa rentrée, d'accepter cette constitution. Il éluda d'abord, puis refusa, et punit ceux qui la lui avaient présentée. Rentré dans tous ses droits, il s'y maintint. C'était sans doute le moment de m'imiter, de calmer par une concession prudente les agitations intérieures. Il ne le fit pas, malgré mes conseils.

Des conspirations successives ne purent ouvrir les yeux au roi. Les séditieux furent punis sévèrement ; et autour de moi, on me donna Ferdinand VII pour exemple.

Les colonies espagnoles d'Amérique se maintenaient en rébellion ; une armée dut être envoyée pour les réduire : on la réunit à Cadix. Les soldats partaient à regret : les conjurés profitèrent de ces mauvaises dispositions. Le 1er janvier 1820, le commandant don Raphaël Riego, et le 2 suivant, don Antonio, qui se dirigea sur un autre point, proclamèrent à la tête de quelques troupes la constitution des cortès. Leur premier acte fut de s'emparer des officiers supérieurs et des caisses du gouvernement.

Le 5 janvier, une proclamation, signée par Quiroga, chef suprême, annonça le but de l'insurrection. Une junte provisoire d'administration fut créée; une adresse enfin au roi manifesta non moins clairement où l'on voulait en venir. On douta d'abord à Madrid de la gravité de l'événement ; on agit avec lenteur. Les insurgés ne mirent également aucune vivacité dans leur attaque ; ils demeurèrent comme stationnaires dans l'île de Léon. Le 12 cependant ils en sortirent, et s'emparèrent de l'arsenal.

Cadix se tenait encore dans le devoir. Une tentative eut lieu dans cette ville le 24; elle ne réussit pas. Bientôt le général Freyre, à la tête des troupes fidèles, accourut pour assurer le pouvoir royal. Riego à son tour, sortant de l'inaction, suivit la côte, et s'empara de Chiclana, de Conil, de Veger et d'Algesiras; il poussa jusqu'à Malaga, dont il se rendit maître, et là battit, le 19 janvier, le général Odonnel, envoyé contre lui. Il continua sa route, Cordoue ouvrit ses portes. Des renforts successifs aidèrent les conjurés; cependant ils s'éparpillaient, et le noyau de l'expédition finit par se trouver tellement faible qu'on décida de se former en guérillas.

Tandis que ceci avait lieu, Quiroga demeurait immobile devant Freyre qui ne se remuait pas non plus. L'insubordination gagnait les troupes, et chacun craignait le résultat d'une bataille.

En Galice la révolte triomphait; le 20 février la Corogne tomba au pouvoir des conjurés, et le 25, le Férol eut le même sort. Bientôt toute la province fut en feu.

Mina apparut tout à coup sur le sol espagnol; et dès lors, par une commotion électrique, la Biscaye, l'Aragon et la Catalogne semblèrent prêtes à échapper au sceptre paternel de Ferdinand VII.

Le contre-coup s'en ressentit à Madrid. Le conseil-d'état fut assemblé; les princes y prirent place. On délibéra sur ce qu'il y avait à faire. Il y eut des voix qui parlèrent de concessions; on leur imposa silence. La discussion dura plusieurs jours : on perdit un temps précieux ; on essaya de quelques mesures, mais vagues, mais inutiles.

Le temps s'écoulait. Les généraux, voyant les incertitudes de la cour, se tournèrent vers la révolte. Le comte de l'Abisbal, un des trois frères Odonnel, d'accord avec Alexandre, son aîné, partit de Madrid le 3 mars, et se déclara le 4 pour la constitution à Ocano ; en deux jours, il fut maître de la province. A Madrid la révolution faisait ainsi des progrès. Ils se montrèrent sous un aspect si redoutable, que le 9 on publia la convocation immédiate des cortès, et plus tard, sur le conseil du général Ballesteros, Ferdinand VII jura la constitution par une cédule royale.

C'était sanctionner la révolte. De nouvelles demandes obtinrent de nouveaux résultats. Tous les prisonniers politiques furent mis en liberté. Une amnistie générale promulgua une junte suprême, ayant pour président le cardinal de Bourbon, et devant recevoir le serment du roi. Un conseil municipal s'établit, et le 9 le roi s'engagea à la face de Dieu. Le 11, l'inquisition fut supprimée, la liberté de la presse établie ; et, à part le roi, chacun régna en Espagne.

L'exemple de Madrid entraîna toutes les villes du royaume : le sang coula dans quelques-unes, et à Cadix il y eut d'horribles massacres. Les royalistes, surpris à l'improviste, se réveillèrent bientôt ; et prirent les armes en Galice et dans l'Aragon. Il fallut marcher contre eux : on les dispersa, mais on ne put les écraser.

Le 9 juillet, la session des cortès fut ouverte. Le roi y prêta de nouveau le serment à la constitution. Alors commença la seconde représentation des œuvres de l'assemblée constituante. Toutes les institutions, tout ce qui existait en Espagne de lois, de coutumes, de priviléges, tombèrent à la fois : on ne respecta rien. La religion eut à souffrir comme la noblesse ; et le roi, comme le malheureux Louis XVI, assita à la destruction complète de la monarchie.... Des clubs s'établirent à l'instar de ceux de la France; chacun devint un foyer de perturbation. La session légale des cortès terminée, on en obtint une extraordinaire, à la faveur d'une sédition.

En 1821, la révolution continuant en Espagne, les 5 et 6 octobre, le roi, comme en France, dut renoncer à ses gardes-du-corps. On éleva des échauauds pour punir ses serviteurs fidèles. Le 1er mars, les cortès entrèrent en session ordinaire. Le roi, dans le discours d'ouverture, se plaignit des outrages qu'on lui prodiguait; il accusait son ministère composé de jacobins, et réclama pour lui la liberté qu'on exigeait pour les autres.

Ce discours produisit du scandale. Les ministres donnèrent leur démission, à l'exception de celui de la marine, don Jabat. Le roi invita les cortès à lui désigner un ministère. Ils ne voulurent pas le faire sous prétexte de l'inconstitutionnalité de la mesure. Sur cette réponse, M. Jabat se retira comme ses collègues, et l'Espagne demeura pendant deux jours dans un véritable état d'anarchie, puisque le roi ne pouvait constitutionnellement rien signer sans le contre-seing d'un agent responsable.

Le 5 du mois, Ferdinand VII se décida à nommer un autre conseil. Il le choisit parmi les diverses opinions qui divisaient la Péninsule. Il en arriva ce qui devait être : la guerre s'éleva bientôt entre la majorité des cortès et le ministère. Cette assemblée penchait de plus en plus vers la démocratie absolue.

Un prêtre, Vinuesa, dont les *liberales* voulaient la mort, ayant été mis en jugement à Madrid, ne fut condamné qu'aux galères. La populace força la prison, et l'assassina à coups de marteau. Ce crime fut suivi de nombre d'autres. Aucune humiliation ne manqua au roi; il devait entendre surtout une chanson infame sur la constitution, imposée par force à sa personne, et dont le refrain était : *Tragalla perro* (avale-la, chien).

Un autre prêtre, le curé Mérino, avait appelé à la défense de l'autel et du trône tous les fidèles Castillans ; il commandait lui-même des guérillas royalistes, et poursuivait les *liberales*, qu'il tuait sans leur faire aucun quartier. La discorde civile remplissait l'Espagne. Des troubles, des émeutes eurent lieu encore à Madrid. Plusieurs ministres donnèrent leur démission, et ce ne fut pas sans peine qu'on trouva des ambitieux ou des dévoués pour les remplacer. On ne tarda pas à apprendre que Riego, capitaine-général d'Aragon, tendait à l'établissement d'une république espagnole. Il intriguait pour cela avec ce misérable Cugnet de Montarlot, auteur de pamphlets périodiques, condamné par la justice de Paris, et réfugié en Espagne; demi-fou, demi-fripon, il était tellement dévoré d'ambition, qu'il prétendait succéder à Buonaparte.

Le gouvernement espagnol sévit contre Riego en lui ôtant le comandement et en l'exilant à Lérida, ce qui déplut aux *liberales*, et les irrita contre le roi. Celui-ci n'osait pas revenir à Madrid, que la multitude et la municipalité lui rendaient insurportable par les excès qu'elles autorisaient contre lui. Il y rentra cependant au mois de septembre, et ouvrit la sesion des cortès. La fièvre jaune désolait cette année la Péninsule. La Catalogne et Barcelone en furent particulièrement accablées.

Les Espagnols auraient dû comprendre qu'il ne fallait pas ajouter à de si grands malheurs les dissensions politiques; mais la révolte, loin de se calmer, faisait de nouvaux progrès. A Cadix, par exemple, on refusait de recevoir les autorités nommées par le roi, et on lui demandait impérieusement le renvoi de son ministère. A Séville la sédition n'eut pas de bornes.

Le royaume entrait dans l'anarchie; les ministres en firent part aux cortès, dont la réponse dilatoire ne procura aucune force à l'autorité. Les libéraux français poussaient à la roue, et les insurrections de

Portugal et de Naples achevèrent d'exalter les esprits et de leur faire admettre la possibilité d'une république.

Cette marche déplaisait au plus grand nombre des Espagnols. Les ecclésiastiques, les moines, qu'on attaquait dans leur existence, travaillaient à changer cet ordre de choses, pour revenir à un système meilleur. Ils y mettaient tout leur zèle, lorsque la session des cortès fut ouverte. Elle commença par des discussions affligeantes, où la royauté fut encore insultée sans ménagement. Ferdinand VII, en conformité parfaite avec Louis XVI, changea de ministres. Ces oscillations le conduisaient à sa perte.

Ce fut sur ces entrefaites que dans l'Aragon et la Catalogne les royalites se déterminèrent à courir aux armes pour rétablir l'ancienne constitution. Le général baron d'Eroles, avant de se mettre à leur tête dirigea en secret le premier mouvement insurrectionnel. Là se montrèrent dévoués à la cause sacrée Misas, Mosen-Atton, Coll, anciens chefs de guérillas pendant la guerre de l'indépendance, Mirallès, Boshoms, Romagosa, Romanillo, Bessières, qui depuis jeta tant d'éclat, et enfin le célèbre trapiste, ancien officier au régiment de Murcie. Il avait quitté le monde pour la vie contemplative, et il se souvint de sa profession de soldat quand il fallut défendre Dieu et le roi. Son nom était Antonio Maranon. Il inspirait à ses inférieurs un enthousiasme fanatique, marchant au combat le crucifix d'une main et un fouet de l'autre. Il était rare qu'il se servît d'une épée; il conservait au milieu des agitations le calme de l'existence monacale, vivant en religieux de la Trappe, et n'ordonnant le supplice d'aucun *communeros* ou *liberales* sans avoir préalablement imploré les lumières du ciel.

D'autres commandans, mieux connus, embrassèrent la même cause sur le même sol. Les généraux Eguia, Nunes Ubrea et Quesada acceptèrent la mission de relever l'étendard royale. En peu de jours, la Navarre et la Catalogne furent occupées par ce qu'on appela les soldats de la Foi. Ces mouvemens vers la frontière coïncidèrent avec la tentative que firent à Madrid, au mois de juillet, les gardes-du-corps dans le même sens ; elle ne réussit pas. La révolution était toute puissante dans cette ville, et ce coup manqué servit à rendre plus dur l'esclavage du roi. Celui-ci dut encore changer son ministère : il marchait à pas précipités vers la catastrophe qui lui enleverait le trône avec la vie.

Cependant l'insurrection de Catalogne et de Navarre gagnait l'Aragon. Jusque-là, les royalistes ayant combattu séparément, manquaient d'ensemble. Ce fut à la Seu d'Urgel qu'ils établirent un gouvernement ayant pour titre : *Régence suprême de l'Espagne, pendant la captivité de S. M. Ferdinand VII*. Cette régence fut composée du marquis de Mata-Florida, *titulador* de Castille (président), de l'archevêque de Tarragone (don Jaymes Crust), et du général baron d'Éroles. Son institution solennelle eut lieu le 14 septembre 1822, dans l'église d'Urgel, où chaque membre prêta le serment de défendre la religion et le trône.

Le premier soin de la régence fut de nommer un ministère. Don Antonio Gispert, secrétaire-d'état par intérim, reçut le portefeuille des affaires étrangères ; don Fernand Ortafa eut celui de la guerre, et tous les autres échurent à don Domingo Maria Barafon. Les deux premiers étaient nés Français ; mais, depuis long-temps en Espagne, ils étaient naturalisés.

Le lendemain, 15, on proclama Ferdinand VII, comme si son règne commençait de ce moment. La régence s'était accordée le titre d'altesse sérénissime, elle notifia son entrée en exercice aux Espagnes, aux Amériques et aux Indes ; elle frappa de nullité toutes les actes des cortés, et reçut en retour la soumission de tous les royalistes de la péninsule.

La guerre civile éclata aussitôt. Des succès variés la prolongèrent. Les constitutionnels, alarmés des triomphes de l'armée de la Foi, s'attachèrent à la détruire. La lutte fut longue et animée; mais à la fin de septembre, Ezpoz Mina, général en chef du parti constitutionnel, ayant défait partout les royalistes, chassa la régence d'Urgel, d'abord retirée à Puyer, sur les frontières de France, et puis en France, où elle trouva de la sympathie pour sa constance et ses malheurs.

Les choses étaient en cet état lorsque, par les lettres des souverains, on apprit que l'Europe entière, moins l'Angleterre, se prononcerait en faveur du roi Ferdinand. On sut aussi, par voie indirecte, que le cabinet de Londres, tout en étant en apparence pour la constitution, agissait sous main dans le sens des autres souverains. C'était là le cas sans doute de revenir vers le passé, et de chercher à désarmer les souverains en acceptant les conditions sages d'ailleurs qui conservaient au peuple toutes les conquêtes faites sur le roi, et qui, en le plaçant en une situation meilleure, assureraient d'autant plus la durée du régime constitutionnel.

Mais, je l'ait dit, une irréflexion, une opiniâtreté excessive égare toujours les factieux, et finit par les conduire à leur perte !

Les constitutionnels d'Espagne pouvaient-ils se flatter de résister à toute l'Europe, sans aucune assistance surtout? Ils voyaient avec quelle partialité les autorités françaises accueillaient les soldats de la Foi ; ils voyaient le cordon sanitaire prolongé sur toute l'étendue des frontières, se grossir insensiblement, et devenir une armée menaçante. Devaient-ils croire que je maintiendrais cette armée dans une inaction complète ? que, tourmenté chez moi par la révolution, je ne chercherais pas à la dompter d'abord sur le territoire espagnol, afin de m'en défaire ensuite avec plus de facilité dans mon propre royaume ?

Des esprits ordinaires, mais calmes, auraient vu tout cela. Les *communeros*, entraînés par une folle infatuation, se crurent invincibles. Les libéraux français les affermirent dans cette erreur, en leur annonçant que la France allait aussi proclamer la constitution des cortès, et qu'une nouvelle révolution était inévitable en deçà des Pyrénées. Ces mensonges, appuyés sur des preuves sans fondement, trompèrent les pédagogues de la péninsule. Ils se reposèrent surtout sur cette bande de Français rebelles qui, abandonnant la patrie, s'étaient ralliés en Espagne autour du drapeau tricolore. L'hallucination de ces derniers était telle qu'ils ne doutaient pas que l'armée française ne se réunît à eux à la première rencontre.

Ce fut sur cette frêle apparence que se fonda principalement l'opiniâtre arrogance des cortès. Ils voulurent courir à leur perte : on ne les en empêcha pas.

La retraite du duc de Montmorenci n'était pas un gage donné au maintien de la paix entre la France et l'Espagne : c'était une manière adroite de se débarrasser d'une suprématie pénible. La guerre au fond était résolue ; mais M. de Villèle avait envie, je ne sais pourquoi, d'avoir l'air de céder à cette grande mesure, plutôt que d'y être porté volontairement.

Le discours d'ouverture de la session avait annoncé clairement ce qui suivrait. Le seul Mathieu de Montmorenci put prendre le change à ce sujet. Les divers partis ne s'y trompèrent pas, aussi cherchèrent-ils avec une véhémence extrême à faire pencher la balance de leur côté. Celui des libéraux se renforça d'un certain nombre de Buonapartistes, qui jusque-là s'étaient tenus à l'écart. On n'alla pas vers la république, mais vers les amis du duc d'Orléans, MM. Daru, de Ségur, Pontécoulant, de Valence, Molé, etc.

Le prince de Talleyrand, désespéré de ma persistance à ne plus vouloir de sa direction, se tourna du même côté. Son hôtel devint le foyer d'une conspiration nouvelle, se tenant les mains pour ne pas faire de gestes, s'attachant les pieds dans la crainte de marcher trop précipitamment. Cependant, malgré cette prudence, on ne négocia pas moins avec les amis du duc d'Orléans, dans l'hypothèse d'une *chance possible*, celle où par suite de la guerre que l'on porterait *inconstitutionnellement*, il surviendrait en France une révolution; *on sentait* que, dans ce cas, la branche aînée ne pourrait conserver la couronne; dès lors, et afin qu'elle ne fût pas perdue pour la famille, on consentirait à ce qu'elle passât à la branche cadette. Or, il était nécessaire, avant que l'événement eût lieu, de se préparer, ce qui ne pouvait se faire qu'après s'être entendu avec S. A. S. M. le duc d'Orléans.

Les amis de notre cousin répondirent qu'il était trop attaché à ses devoirs pour entrer dans une conspiration tendant à me renverser du trône, mais que si la force des choses m'en chassait, ainsi que Monsieur et les ducs d'Angoulême et de Bordeaux, il était résolu à ne plus sortir du royaume et à subir toutes les chances du sort qui l'y attendait.

Tandis que l'on agissait ainsi sourdement, et que, malgré les efforts des libéraux dans les deux chambres, la double adresse y était votée en des termes qui laissaient au gouvernement toute latitude de décider la question d'Espagne comme il l'entendrait. M. le duc d'Orléans venait me demander la faveur d'un commandement supérieur, dans le cas où j'enverrais une armée dans la Péninsule.

« Je n'ai pu encore, ajouta-t-il, montrer mon dévouement à la cause royale, et je tiens à prouver aux souverains de l'Europe que si, dans ma jeunesse, j'ai été entraîné vers des idées exaltées et démagogiques, c'était par respect pour mon père. Il me sera doux de manifester au roi d'Espagne mon attachement. J'ai déjà voulu combattre pour lui, et la jalousie de l'Angleterre a pu seule me fermer cette noble carrière. Je sais qu'on a cherché à dénaturer mes intentions, à rendre mes démarches suspectes, en prétendant que je désirais me substituer au roi d'Espagne, et offrir aux cortès d'accepter leur constitution ; mais tout cela est complètement faux. J'ai un rang à soutenir, et jamais on ne m'accusera avec justice de jouer le rôle d'un usurpateur. »

J'écoutai avec surprise la justification retardée ou anticipée de mon loyal cousin ; j'en eus une vive satisfaction, et mon regret fut d'autant plus vif de ne pouvoir lui accorder sa demande. Mais depuis la restauration, et surtout depuis 1815, j'avais pris le parti de ne jamais permettre à M. le duc d'Orléans de prendre un commandement militaire quelconque. Ma politique le contraindra toujours à se reposer sur les lauriers qu'il a pu cueillir à Valmy et à Jemmapes. Il serait trop imprudent de fournir à ce prince l'occasion de gagner l'affection des troupes. J'ai fait pour lui plus que je ne devais faire en lui accordant de s'établir en France. Qu'il se tienne à sa place, il n'en aura pas d'autre tant que je serai sur le trône. Il me fallait cependant lui répondre.

Je lui manifestai mon chagrin d'être forcé de refuser sa requête, ajoutant que tous les commandemens supérieurs étaient donnés, et que le duc d'Angoulême, qui était chef de cette expédition, aurait quelque peine peut-être à en changer le plan. « Vous pouvez compter, poursuivis-je, que je ne laisserai rien ignorer de ceci aux puissances continentales, et qu'elles recevront par moi l'impression favorable que vous tenez à leur donner de vos sentimens. »

Le duc me quitta résigné en apparence, mais peu satisfait dans le fond.

CHAPITRE XIX.

Suite du précis de la révolution d'Espagne depuis janvier 1823 jusqu'à la promulgation de l'ordonnance d'Andujar.—Ce que le roi pense de cette ordonnance.

Les royalistes dominaient dans les deux chambres. J'en eus la preuve dans celle des pairs par le rejet des amendemens opposés à la guerre d'Espagne et par la non réussite des intrigues de M. de Talleyrand. Les députés, en leur majorité, me donnèrent une autre preuve de leur dévouement en chassant de leurs rangs le démagogue Manuel. Celui-ci, non content d'avoir prétendu que les Bourbons à leur rentrée avaient été *vus avec répugnance* osa à cette session prendre la défense de l'assassinat de Louis XVI. Les royalistes se révoltèrent contre tant d'audace, et malgré la résistance de la gauche, ils votèrent l'expulsion de l'orateur fâcheux pendant toute la durée de la session. Ce fut un acte de justice et de vigueur dont je leur sus gré. Ils me dédommageaient par là complètement de l'adresse qui avait si cruellement blessé mon cœur paternelle.

L'année 1823 s'ouvrait avec des chances bien graves. Si la guerre contre l'Espagne était funeste, la France en ressentirait le terrible contre-coup;

si elle était heureuse, c'en était fait de la révolution en Europe, puisqu'elle serait écrasée dans tous les états. Je fus l'un de ceux qui envisagèrent d'un œil ferme les conséquences de l'avenir ; je ne reculai pas à fonder sans retour la royauté sur les débris de l'anarchie. A cela se mêlait un sentiment de pitié pour la péninsule, dont la position devenait de plus en plus critique. Elle n'avait ni trésor, ni gouvernement, ni paix, ni espérance : la guerre civile la ravageait sur tous les points ; les haines s'y envenimaient par des assassinats, des violences, des attaques à la propriété, à la religion et à tout ce qu'il y a de plus sacré chez les hommes.

A tant de fléaux allaient se joindre ceux qui proviendraient de l'invasion étrangère. Le 9 janvier, jour où le ministère espagnol répondit aux notes diplomatiques des puissances, le ministre d'état donna connaissance aux cortès de la réplique du cabinet, conçue en des termes qui interdisaient tout accommodement. Dès lors commencèrent au sein de cette assemblée des déclamations virulentes contre les souverains étrangers. Ce furent de véritables appels à l'insurrection faits à tous les peuples. Ce n'était pas assez, on réduisit Ferdinand VII à un état d'esclavage qu'à sa place je n'aurais pu supporter ; on le contraignit à renvoyer encore son ministère, et celui qui le remplacerait fut choisi sous l'influence des révolutionnaires. Mais il ne tarda pas à se dissoudre, et il fallut revenir à l'ancien.

Cependant, les insurrections royalistes, comprimées dans la Catalogne, recommençaient avec enthousiasme et succès, d'autant plus que les soldats de la foi avaient l'assurance d'un secours prochain de la part de la France. De tous côtés on courut aux armes pour la sainte cause. Mes troupes se présentaient à la frontière ; les cortès effrayées décidèrent qu'on transporterait le gouvernement à Séville, et que le roi s'y rendrait aussi. Le roi résista d'abord, puis il céda. Il en avait contracté l'habitude, et d'ailleurs il ne se portait pas bien. On lui donne vingt-deux jours pour faire un trajet de quatre-vingt-dix lieues.

J'avais décidé l'entrée en campagne, en conséquence du refus opposé par les cortès à toutes les propositions pacifiques que je leur avais fait faire. Leur aveuglement fut complet, ils ne tardèrent pas à en recueillir le fruit. Le 15 mars, M. le duc d'Angoulême, nommé généralissime, quitta Paris ; il arriva à Toulouse le 26. Là il s'aboucha avec les membres de la régence d'Urgel, sans leur reconnaître aucune qualité officielle. Il accueillit d'une manière plus distinguée le baron d'Éroles, avec lequel il arrêta l'organisation d'une armée tout espagnole destinée à concourir avec celle de France à rendre la liberté à Ferdinand VII.

Le duc d'Angoulême se rendit ensuite à Perpignan ; là j'avais rassemblé un corps nombreux sous les ordres du maréchal duc de Conégliano. Des trembleurs avaient prétendu que cette armée, dite de Catalogne, renfermait des élémens de révolte. Elle démentit ces faux bruits en faisant preuve de fidélité et de courage. Le 30 mars, le duc d'Angoulême arrivait à Bayonne, où était le quartier-général, composé de soixante mille hommes. Il y en avait quarante mille dans le Roussillon.

Du côté de Bayonne on effrayait aussi le ministère sur le dévoument incertain de l'armée. On parlait beaucoup du rassemblement des factieux qui se formait sur la Bidassoa ; on leur supposait des intelligences avec nos braves. Il n'en était rien. Néanmoins, on agit avec sévérité, on donna des démissions, on arrêta des officiers qui ne méritaient pas un pareil traitement et auxquels on offrit plus tard, en dédommagement de cette persécution injuste, des grades supérieurs. On doit excuser un gouvernement tourmenté par des craintes que tant de gens se plaisent à lui inspirer.

La chose alla si loin que le conseil s'en inquiéta. Il sut également qu'on n'avait pourvu que d'une manière incomplète aux approvisionnemens et aux munitions de tout genre nécessaires à l'armée. Ceci était plus sérieux que le reste ; il fallait prévenir tout prétexte de murmure et de mécontentement. En conséquence on décida que le ministre de la guerre se rendrait en poste au quartier-général pour remédier à ce qu'il trouverait de défectueux.

Le duc de Bellune partit en effet, et arriva le même jour que mon neveu à Bayonne. Il traita avec le munitionnaire Ouvrard. Des marchés d'urgence eurent lieu, et remédièrent au manque d'objets de première nécessité. Après un séjour d'environ une semaine, le duc de Bellune revint à Paris, peu satisfait de son voyage et des mesures prises en son absence par le vicomte Digeon, chargé par intérim du portefeuille de la guerre.

L'armée d'invasion était composée de quatre corps : le premier, sous les ordres du maréchal duc de Reggio, qui avait sous lui les lieutenans-généraux comtes d'Autichamp et Bourke, les vicomtes Albert et Castex, était destiné à marcher sur Madrid.

Le deuxième avait pour commandant en chef le comte Molitor, et pour généraux de division les lieutenans-généraux comte de Loverdo, vicomtes de Pamphile-Lacroix et d'Omont. Il devait appuyer le flanc gauche et les opérations du premier corps.

Le troisième avait pour chef le prince de Hohenlohe, et pour lieutenans-généraux le vicomte de Couchy et le baron Canuel. Il devait flanquer la droite et assurer les derrières.

Le quatrième, commandé par le comte Bordesoulle, composé d'une division de l'infanterie de la garde royale, sous les ordres du comte de Bourmont ; d'une division de cavalerie, sous les ordres du baron Latour-Foissac, et d'une division de cuirassiers, sous le vicomte de Roussel-d'Hurbal, devait servir de réserve. Ce corps était fort de quatorze mille hommes, et, au lieu de se tenir à son rang, il passa, par la volonté du duc d'Angoulême à l'avant-garde, où il resta pendant presque toute la durée de la campagne.

Un cinquième corps, destiné à opérer à part, et où se trouvait le baron de Damas, sous le maréchal duc de Conégliano, formait l'armée de Catalogne.

Un noyau d'armée espagnole s'assemblait en même temps à Bayonne, par les soins des généraux comte d'Espagne et Quesada. Il était composé d'environ trente-cinq mille hommes.

Tout étant prêt, toutes les voies de conciliation épuisées, mon neveu fit paraître, le 2 avril, une proclamation adressée aux Espagnols, pleine d'assurances d'amitié et de désir de ne faire que le bien de la nation. Cette proclamation disait aussi, qu'avant tout, on travaillerait à la délivrance du roi, à la restauration du trône et à celle du culte attaqué dans ses bases par les constitutionnels.

Un ordre du jour adressé à l'armée française enjoignit aux soldats de respecter les propriétés, les personnes et la religion. Ils furent prévenus que tous leurs besoins seraient satisfaits, et, par suite, que le maraudage serait puni avec rigueur.

En même temps une junte provisoire du gouvernement d'Espagne et des Indes s'organisa dans Bayonne. Elle ne fut reconnue que trois jours après par le duc d'Angoulême, lorsqu'elle put s'installer sur le territoire espagnol, dans la petite ville d'Oyarzun. Don Erançois Eguia, *président*, le baron d'Éroles, don Antonio Gomez Calderon, et don Jean-Baptiste de Ovio en faisaient partie.

Les premiers ennemis à combattre étaient des Français. Là se trouvaient tous les conspirateurs des années précédentes, les traîtres à leur roi et à leur pays. Le nommé Caron avait organisé à Bilbao une *légion française*. Elle arborait le drapeau tricolore, et venait chaque jour sur la rive gauche de la Bidassoa se montrer à mon armée, et tenter sa fidélité. Le 4 avril, les rebelles s'étant aventurés en face d'un poste véritablement français, le général Valin, lassé de leur audace, fit tirer sur eux un coup de canon à mitraille qui leur tua quelques hommes. Aussitôt l'épouvante se répandit parmi ces traîtres, eux qui prétendaient être les premiers à combattre donnèrent les premiers l'exemple de la fuite. Ils se sauvèrent vers Saint-Sébastien, et le ridicule accompagna l'odieux de leur conduite.

Toute la question de la guerre d'Espagne était renfermée dans cette tentative. Elle fut donc résolue en faveur de la légitimité. Il fallut perdre l'illusion que ma troupe prendrait parti pour la cause des traîtres, et ne pouvant séduire mes soldats, on renonça à l'espoir de les vaincre. La déroute de ces transfuges fut suivie de la retraite du régiment des cortès, commandé par Alexandre Odonnel. Ainsi le début valut une humiliation à la révolte française et à celle d'Espagne; c'était un bon augure pour le reste de la campagne, et il ne se démentit pas.

Le 9 avril, le duc d'Angoulême franchit la Bidassoa. Il vint coucher à Irun, où on le reçut en libérateur. Il n'avait rencontré aucun obstacle; cependant deux cent mille constitutionnels étaient en armes sous le commandement de Ballesteros, Ballanzat et autres. *Armée d'opération*, du milieu, Mina, Llobera Querrea. *Armée de Catalogne* de Labisbal Jugos, Castel d'OsReos, Villacampa. *Armée du centre*, de Morillo, Quiroga, Rosello, Pillosrea. *Armée de Galice et des Asturies*.

Le général Bourk alla faire le siége de Saint-Sébastien ; le général Couchy celui de Pampelune. Fontarabie et le port du Passage se rendirent à la première sommation; mais nulle part on ne vit les constitutionnels en ligne. Le 17 avril, le quartier-général s'établit à Vittoria ; partout les populations accueillirent mes soldats en libérateurs. L'Aragon se souleva au nom du roi, l'immortelle Sarragosse ouvrit cette fois ses portes, elle qui sait si bien les défendre. En Catalogne les succès furent les mêmes, on s'empara du pays, et on eut à faire une guerre de partisans contre Mina, qui, ne pouvant agir en général d'armée, prit le rôle de chef de guérillas, qu'il remplit avec autant d'audace que de bonheur.

Le 9 mai, nous entrâmes à Burgos ; mon neveu se porta sur Madrid par Acanda et Buitrago. Le duc de Reggio se dirigea vers le même point par Valladolid. Alors commencèrent des négociations pour la soumission de la capitale de l'Espagne. Elles n'eurent aucun succès. La marche triomphale continua, les constitutionnels abandonnèrent Madrid le 22 mai. Le général espagnol Bessière voulut y entrer avant les Français, il fut battu complètement. C'était à nous qu'il convenait de terminer cette affaire importante.

Le 24, le général Latour-Foissac occupa Madrid. A neuf heures, S. A. R. M. le duc d'Angoulême y parut en libérateur. Le peuple, délivré des constitutionnels, s'y montra pleinement royaliste. Mon neveu ne voulut pas loger au palais. Il s'établit dans l'hôtel du duc de Villa Hermosa. Son premier soin fut de faire publier et afficher une proclamation par laquelle il invitait la nation, en l'absence du roi, de procéder à la nomination d'une régence. Il convoquait les conseils suprêmes de Castille et des Indes auxquels serait confiée la régence. Ceci augmenta la joie publique, et la confiance dans le secours que j'accordais aux principes monarchiques et religieux.

Les conseils s'assemblèrent. Ils ne se crurent pas autorisés à nommer eux-mêmes la régence ou plutôt ils craignirent de le faire. Ils se contentèrent donc de présenter au prince libérateur une liste composée du duc de l'Infantado, président du conseil des Indes, de l'évêque d'Osma, du baron d'Éroles et de don Antonio Gomez Calderon. Mon neveu prit alors sur lui la nomination, et la régence fut organisée.

Une portion de la noblesse, les grands en majorité et tous les hommes éclairés de Madrid désiraient qu'une constitution sage fût établie, que le pouvoir royal reprit son autorité, et qu'une chambre des pairs le soutînt de sa présence. Ceci ne put avoir lieu. Des volontés supérieures arrêtèrent les bonnes dispositions du peuple. On avait décidé en conseil des souverains qu'aucun changement ne serait fait à la constitution du monarque que du consentement général.

La régence d'Espagne fut peu utile à l'armée française, elle gêna plutôt qu'elle ne servit les opérations. La cause qui se relevait en Espagne ne sut pas tirer parti de la victoire.

On poursuivit le cours des opérations militaires en marchant sur Séville pour délivrer le roi. Je ne dirai rien des faits partiels; mes soldats s'y couvrirent de gloire, mes généraux y firent preuve d'habileté.

Le roi était arrivé le 10 avril à Séville. Le 23 seulement les cortès se trouvèrent en nombre suffisant pour entrer en séance. Ce même jour on força le roi à rendre un décret contre l'expédition française, par lequel il enjoignait à son peuple et à ses armées de terre et de mer de la combattre partout où elle se montrerait. Certainement ce ne pouvait être la pensée du roi, et je savais à quoi m'en tenir sur sa prétendue colère. Aussi le duc d'Angoulême ne s'en inquiéta pas plus que moi.

Des mesures révolutionnaires prises par les cortès, lesquelles préludèrent à un grand scandale, suivirent cette déclaration. Les partis qui tombent croient se rendre redoutables par les extravagances auxquelles ils se livrent : ils ne savent pas que c'est seulement montrer leur faiblesse. Il aurait mieux valu combattre que de délibérer ; mais les insurgés reculaient à mesure que mes troupes avançaient : il n'y avait chez eux que de la forfanterie. Ce n'était pas cette conviction profonde, cette exaltation religieuse qui, pendant la première guerre, avaient enfanté tant de prodiges de valeur, tant de dévouement au prince et à la patrie.

Ferdinand, dès son entrée à Séville, avait cessé d'ailleurs de se mêler du gouvernement. Ses ministres et les cortès se partageaient l'autorité. Rien n'annonçait un changement dans le personnel du conseil, lorsque, sans qu'on s'y attendît, le 15 mai, une cédule royale donna la composition d'un nouveau cabinet. Ceux qui en faisaient partie, bien que constitutionnels éprouvés avaient des opinions modérées. Cependant il refusa les offres de l'ambassadeur d'Angleterre, sir William A'Court qui suivait le roi et les cortès par ordre de son gouvernement, tous les autres ambassadeurs ayant quitté Madrid le 1er janvier.

Les choses allèrent ainsi environ un mois ; mais le 10 juin, sur la nouvelle de la déroute de leur armée à Placencia et de la marche des Français vers Cordoue, les cortès demandèrent au roi qu'il se transportât avec eux dans Cadix. Ferdinand répondit par un refus formel, basé sur la fièvre jaune dont Cadix était infectée. On parlementa pendant la journée du 11 sans se mieux entendre.

Les cortès, sur la proposition de Galliano, se déclarèrent en permanence. Des rapports furent faits; tous s'accordèrent à prétendre que le salut de la monarchie ne pouvait être que dans Cadix. En conséquence, on députa vers le roi pour le prévenir qu'il fallait quitter Séville, et que l'on partirait le lendemain.

Le roi répondit que sa conscience et les intérêts de ses sujets ne lui permettaient pas de sortir de Séville; que, comme simple particulier, il ne verrait pas d'inconvénient à ce départ, mais que, comme roi, il ne pourrait y consentir. La députation insista, et le roi dit « J'ai répondu. »

Lorsque les cortès connurent cette détermination de Ferdinand VII, la stupeur se répandit dans la salle; mais Galliano, prenant la parole, dit :

« Je prie les cortès, en conséquence du refus du roi de mettre sa personne et sa famille en sûreté contre l'invasion ennemie, qu'il soit déclaré que le moment est arrivé de regarder sa majesté comme *étant en état d'empêchement moral* prévu par l'article 187 de la constitution, et qu'il soit nommé une régence provisoire qui sera investie, seulement pendant la translation, de la plénitude du pouvoir exécutif. »

C'était proposer de déclarer le roi en démence, l'acte le plus coupable que des sujets puissent se permettre. Les cortès, à part quelques hommes sages, ne reculèrent pas devant cet attentat. On nomma sur-le-champ la régence composée de don

Gastano Vyladès, président et député, don Gabriel de Cisca et don Gaspar de Vigodet, conseiller d'état.

Un officier anglais, le colonel Downis, et des militaires de Séville tentèrent d'enlever le roi pour le soustraire à ses odieux persécuteurs. Le coup manqua, le crime des cortès reçut son exécution. Le 1er juillet, à six heures et demie du soir, le roi et la famille royale partirent. La violence était manifeste.

Sir William A'Court refusa de suivre la régence; il n'était autorisé qu'auprès du roi. En conséquence, il se retira à Cadix. Le départ de Ferdinand fut le signal à Séville d'une insurrection en sa faveur. Elle fut comprimée avec effusion de sang par le général Lopès Banos; mais lui-même dut peu après évacuer Séville à l'approche du comte de Bourmont, qui, le 21, entra dans cette cité aux acclamations de ses habitans.

La régence royale siégant à Madrid rendit, le 29 juin, un décret par lequel il devait être procédé, par tous les députés, au jugement des cortès qui avaient pris part à la délibération du 11 juin, les déclarant passibles des peines portées par la loi contre le crime de haute trahison et de lèse-majesté, sur la simple identité de leurs personnes. Des arrestations furent faites, des mesures de rigueur prises contre les familles de plusieurs grands et miliciens, et leurs parens devinrent les otages de la sûreté du roi.

La révolte tirait à sa fin, Morillo, comte de Carthagène, gouvernant la Galice et les Asturies, mit bas les armes, et se soumit à l'autorité de son roi légitime ; ce qui compensa l'arrivée de sir Henri Wilson avec un seul aide-de-camp. Pour soutenir la cause des cortès, il avait promis douze mille hommes. Quiroga, qui commandait de ce côté, abandonna la Corogne, n'espérant plus la défendre, et se réfugia en Angleterre.

Le comte Molitor fit sans obstacle la conquête du royaume de Valence. Il poursuivit Ballesteros vers le Midi, s'empara de Murcie le 9 juillet ; prit de vive force Lorca le 13, et marcha de victoire en victoire avec son brave corps d'armée. Dans tous les engagemens qui eurent lieu, le combat de Campilo d'Arenas fut le dernier livré de ce côté. Ballesteros proposa un armistice, et lui aussi revint de son aveuglement.

Ces succès irritaient de plus en plus les *liberales*; ils attribuaient leur malheur au duc d'Angoulême, et on essaya contre lui une tentative de meurtre, qu'on espérait exécuter à la faveur d'un incendie. Le duc était à Madrid, et le dimanche 2 juillet, comme il sortait d'entendre la messe à l'église des *Clerigos minores del Spirito Santo*, le feu éclata tout à coup en trois endroits différens, et notamment sur la place que mon royal neveu venait de quitter. La vivacité avec laquelle l'incendie se manifesta annonça clairement son origine. Les deux partis s'en accusèrent réciproquement. J'ai acquis la certitude de l'innocence des royalistes.

Ceux-ci se livraient à des excès ; ils souillaient la victoire qu'il aurait fallu ennoblir par plus de modération. M. le duc d'Angoulême protégait les vaincus avec une constance admirable. Il crut devoir presser la fin de sa glorieuse entreprise, et, après avoir distribué aux généraux en chef sous ses ordres le commandement des diverses provinces espagnoles, il quitta Madrid le 18 juillet. C'était devant Cadix qu'il devait se rendre. Il signala son passage à Andujar, le 8 août, par une ordonnance dans laquelle il interdisait aux autorités locales de faire aucune arrestation pour fait politique, sans l'autorisation du chef français. Il ordonna en même temps de mettre en liberté tous ceux qui avaient été arrêtés pour opinion contraire, et notamment les miliciens, lesquels rentraient dans leurs foyers sur la foi des traités.

Cette ordonnance fit beaucoup de bruit ; je l'approuvai complètement : j'entendis néanmoins quelqu'un dire autour de moi :

« Monsieur le duc d'Angoulême n'a pas fini comme il avait commencé. »

—Mon neveu, répliquai-je, s'est conduit sagement, et avec gloire. Je doute, s'il s'était montré partisan de l'exagération, qu'il serait bien accueilli à son retour en France.

CHAPITRE XIV.

Suite du précis de la révolution d'Espagne depuis l'arrivée de M. le duc d'Angoulême jusqu'à sa rentrée triomphante à Paris. — Fin des mémoires autographes de Sa Majesté Louis XVIII.

Les royalistes exaltés, parmi les Espagnols, apprirent avec douleur les mesures prises par M. le duc d'Angoulême ; la régence fit mieux, elle refusa de les exécuter, et protesta contre : il fallut lui signifier qu'on agirait malgré sa volonté. Alors elle mit en liberté les prisonniers ; mais comme de son propre mouvement, et non en signe d'obéissance.

En général, il ne faut pas compter sur la reconnaissance des faibles qu'on oblige. La honte qu'ils éprouvent leur fait haïr qui les délivre, à l'égal de ceux dont on les a délivrés.

Dès l'arrivée des cortès à Madrid, ils répondirent par des décrets semblables à ceux rendus par la régence : on força le roi à flétrir, par un décret infamant, un grand nombre de royalistes qui avaient signé une adresse au duc d'Angoulême. Le roi du reste n'attachait que son nom aux actes du gouvernement ; prisonnier par le fait, dans le bâtiment de la douane, il demeurait dans l'inaction en tout ce qu'il pouvait ; cette conduite eût dû faire connaître aux meneurs combien peu ils devaient compter sur lui. De ce lieu, et au moyen de signaux convenus à l'avance, le roi correspondait avec la marine française ; il recevait par là le seul soulagement possible à son malheur, puisque chaque jour on lui donnait la certitude de sa prochaine délivrance.

Déjà mes troupes occupaient le port Sainte-marie : trente mille hommes de divers corps environnaient Cadix. M. le duc d'Angoulême envoya dès le lendemain, où il était venu rejoindre ses braves compagnons d'armes, un officier des plus estimés de l'armée, habile et spirituel, et capable de conduire une négociation, le colonel Lahitte; il l'envoya, dis-je, porter une lettre autographe au roi.

Arrivé à Cadix, on lui dit qu'il ne pouvait communiquer avec S. M. que par l'intermédiaire du ministère. Cependant, comme il insistait vivement, et que les choses arrivaient à un point qu'il convenait de ménager la France, le gouverneur général de Cadix, don Gaetano Valdès, lui laissa voir le roi, qui se montra escorté des membres du conseil d'état, et de ceux du conseil privé. Le tout sans doute afin de mieux constater la captivité du souverain.

Une audience accordée en présence de pareils témoins ne put être qu'insignifiante. Le vicomte de Lahitte remit la lettre à S. M. C., et il sortit sans prononcer une phrase de compliment. Cette lettre de mon neveu disait :

« Monsieur mon frère et cousin,

L'Espagne est délivrée du joug révolutionnaire; quelques villes fortifiées servent seulement de refuge aux hommes compromis. Le roi, mon oncle et seigneur, avait pensé (et les événemens n'ont rien changé à ses sentimens), que Votre Majesté, rendue à la liberté, et usant de clémence, trouverait bon d'accorder une amnistie nécessaire après tant de troubles, et de donner à ses peuples, par la convocation des anciennes cortès de son royaume, des garanties d'ordre, de justice et de bonne administration. Tout ce que la France pourrait faire, ainsi que ses alliés, et l'Europe entière, serait fait pour consolider cet acte de votre sagesse. Je ne crains pas de m'en porter garant.

J'ai donc cru devoir rappeler à Votre Majesté, et, par elle, à tous ceux qui peuvent encore prévenir les maux qui les menacent, les dispositions du roi mon oncle et seigneur. Si d'ici à cinq jours il ne m'est parvenu aucune réponse satisfaisante, et si Votre Majesté est encore, à cette époque, privée de sa liberté, j'aurai recours à la force pour la lui rendre. Ceux qui écouteraient leurs passions, de préférence à l'intérêt de leur pays, répondront seuls du sang qui sera versé.

« Je suis avec le plus profond respect, etc.

De mon quartier-général, à Port-Saint-Marie, le 19 août 1823. »

« Louis-Antoine.

J'ai dit que la lettre de S. M. Ferdinand VII, datée du 21, portait l'empreinte visible de la contrainte; elle renfermait un refus de changer de conduite, une apologie de la révolution, et finissait par les phrases suivantes:

…… « Ce n'est pas au roi qu'il convient d'adresser les conseils que l'on a cru devoir lui donner; car il n'est ni juste ni posible qu'on appelle le roi à prévenir des maux qu'il n'a ni causés ni mérités. Cet appel devrait plutôt être adressé à celui qui est l'auteur volontaire de ces maux. » (Moi sans doute, moi que ces messieurs accusaient des malheurs de l'Espagne.)

Je désire, ainsi que ma nation, qu'une paix honorable et solide mette un terme aux désordres de la guerre présente, guerre que nous n'avons pas provoquée, et qui est aussi nuisible à la France qu'à l'Espagne. J'ai à ce sujet des négociations avec le gouvernement de S. M. Britannique, dont la médiation a été également sollicitée par S. M. T. C. Je ne saurais me départir de cette base, et je ne crois pas que V. A. R. doive le faire. Si malgré ma déclaration présente, on abusait de la force, sous le prétexte que V. A. R. insinue, ceux qui emploieront ce moyen seront responsables devant Dieu et les hommes de tous les maux qu'il pourront attirer sur ma personne et sur ma famille royale, ainsi que sur cette cité.

Moi le Roi »

Cette lettre ôtait l'espoir de terminer, sans effusion de sang, la lutte de l'ordre contre l'anarchie, de la royauté contre la révolution. M. le duc d'Angoulême donna donc l'injonction qu'on pressât le moment de l'attaque sur les différens points susceptibles d'être emportés, et particulièrement sur le Trocadéro, forteresse formidable qui, défendant le port intérieur empêchait ma flotte d'activer la fin du siège.

C'est de ce côté que les Français se dirigèrent d'abord ; ils ne furent pas secondés comme ils auraient dû l'être par le contre amiral Hamelin, que des raisons d'amour propre rendirent opposé aux chefs de l'armée de terre; mon neveu fut obligé de le suspendre de son service, mesure qu'on attribua à une maladie prétendue. Cet obstacle n'arrêta pas les travaux, et le 31 août, à deux heures du matin, d'après les ordres du prince généralissime, mes troupes prirent partout les armes. Quatorze compagnies d'élite, la plupart de la garde et des 34e et 35e régimens de ligne, cent sapeurs et une compagnie d'artilleurs, sous les ordres des généraux vicomte Obert, baron Gougeon et comte d'Escars, défilèrent par la tranchée dans le plus grand silence, et se formèrent en une colonne à la hauteur de la seconde parallèle à quarante pas de la coupure. Il leur était ordonné de franchir le canal, et de marcher rapidement sans tirer aux retranchemens. L'obstacle surmonté, les premières divisions devaient se diriger par la droite et par la gauche pour s'emparer des batteries, où il y avait cinquante pièces de canon, le reste de la colonne se porter au delà de l'ouvrage pour agir ensuite suivant les circonstances. En même temps un équipage de pont, préparé par les soins du lieutenant Tiret, commandant en chef l'artillerie de l'armée, descendait le Rio-san-Pédro pour établir la communication sur le canal de la Cortadura. Puis le lieutenant-général Dodde, commandant le génie, avait prescrit au lieutenant-colonel du Pau, autre officier recommandable par un mérite supérieur, de rendre facile aux troupes la sortie de la deuxième parallèle.

Les ordres de M. le duc d'Angoulême furent exécutés avec autant de precision que d'intrépidité. A deux heures un quart, malgré le feu de l'ennemi, la profondeur de l'eau, qui dans ce moment était de quatre à cinq pieds, et les chevaux de frise qui garnissaient les bases du retranchement, la colonne traversa le canal sans aucune hésitation, et en moins de cinq minutes pénétra dans l'intérieur de l'ouvrage aux cris de *vive le roi*, qui avait été donné pour ralliement. Les soldats voulaient se venger des injures que l'ennemi n'avait cessé de leur prodiguer pendant les travaux de la tranchée; aussi ceux qu'ils atteignirent dans le premier moment furent percés à coups de bayonnettes, et presque tous les artilleurs tués sur leurs pièces. Le moulin retranché de guerre, où se trouvait la réserve, fut également emporté, et les quarante-cinq canons qui garnissaient la ligne furent tournés contre l'ennemi.

Monseigneur, dit le bulletin officiel, arriva bientôt sur la position enlevée d'une manière si brillante, il y recueillit de nombreuses marques de l'affection et de l'enthousiasme des troupes pour sa personne.

Cependant, l'ennemi s'était retiré dans les maisons situées près de l'embouchure du canal qui sépare le Trocadéro de l'île et du fort de Saint-Louis; l'on ne peut y parvenir que par un chemin étroit et sinueux, et qu'il avait hérissé d'obstacles. Il s'y maintenait derrière des retranchemens, et sous la protection de ses canonniers et des batteries du fort de Puntalès. Nos troupes s'étant reformées et les cartouches mouillées ayant été changées, mon neveu, qui avait fait reconnaître pendant ce temps les approches de ce point, jugea qu'il devait être enlevé sur-le-champ. Il ordonna donc au comte Bordesoulle de faire marcher à cet effet le 3ᵉ bataillon du 36ᵉ, et le 4ᵉ régiment de ligne, qu'il fit appuyer par un bataillon de la garde. Malgré le feu de Puntalès et de la flottille, malgré le feu de l'artillerie, de toute l'infanterie, et la difficulté de traverser divers cours d'eau et marais, ayant plusieurs pieds de profondeur, la position fut emportée, ses canons dirigés contre ceux qui cherchaient à s'embarquer, et le fort Saint-Louis occupé. C'est dans cette seconde affaire, non moins sérieuse que la première, que le commandant de toutes les troupes réunies dans le Trocadéro, le colonel Garcès, membre des cortès, fut fait prisonnier, ainsi que beaucoup d'autres officiers. Avant neuf heures nous étions maîtres de la totalité de l'isthme, et avions fait mille prisonniers, sans compter les morts et blessés, dont le nombre fut considérable ; de notre côté nous n'eûmes à déplorer la perte que de trente-cinq hommes et de cent dix blessés.

À l'instant même où les retranchemens du Trocadéro venaient d'être enlevés. S. A. R. fit donner l'ordre à la flottille espagnole du Guadalète, composée de onze canonnières, de sortir du port Sainte-Marie, pour se rallier à l'escadre. Elle appareilla dès la pointe du jour; quinze chaloupes canonnières ennemies forcèrent de voiles pour s'opposer à son passage; mais ce fut en vain : elle exécuta la volonté de M. le duc d'Angoulême.

La consternation dans Cadix fut au comble à la vue de cette glorieuse victoire qu'on ne put cacher ; le peuple en murmura, et dans sa frayeur accabla es cortès de ses injures. L'exaltation des miliciens de Madrid allait au contraire croissant : cependant il fallut calmer ses habitans, et pour cela on envoya en parlementaire au duc d'Angoulême le général Alavar. Il demanda un armistice pour traiter de la paix : mon neveu répondit par un refus, déclarant qu'il n'écouterait aucune proposition avant que le roi fût mis liberté, et sous la protection de l'armée française, soit dans Cadix, soit à Port-Sainte-Marie. Cette réponse décida le ministère à convoquer les cortès extraordinaires. Une junte de défense, sous la présidence de Valdès, fut organisée et ne fit rien. On engagea le 4 septembre le roi à écrire au duc d'Angoulême, afin de le porter à traiter. Mon neveu répliqua en ces termes :

« Monsieur mon frère et cousin,

« J'ai reçu cette nuit la lettre de Votre Majesté datée du 4, dont elle avait chargé le général don Miguel d'Alava. J'ai l'honneur de lui répondre par le maréchal-de-camp, duc de Guiche, mon premier aide-de-camp.

« Je ne puis traiter de rien qu'avec Votre Majesté seule et libre; quand ce but sera atteint, j'engagerai avec instance Votre Majesté à accorder une amnistie générale et à donner, de sa pleine volonté, ou du moins à promettre telles institutions qu'elle jugera dans sa sagesse convenir le plus aux mœurs et au caractère de ses peuples, pour assurer leur bonheur et leur tranquillité, et qui puissent servir de garantie pour l'avenir. Je me regarderai comme bien heureux si dans quelques jours je puis mettre aux pieds de Votre Majesté l'hommage.... etc.... »

Une correspondance suivit celle-ci; elle n'eut aucun résultat. Il était facile de comprendre, puisque le roi signait ses lettres, que les constitutionnels les lui apportaient toutes dressées, la dernière surtout. Voici en quels termes elle était conçue :

« Mon cher frère et cousin,

« J'ai reçu la lettre de V. A. R. en date d'hier (6 septembre), et d'après l'explication que vous me donnez, je vois avec un profond regret que V. A. R. ferme toutes les portes à la paix. Un roi ne peut être libre en s'éloignant de ses sujets, et en se mettant à la disposition des troupes étrangères qui ont envahi son royaume. Une forteresse espagnole, quand elle ne renferme pas des traîtres, ne se rend point, à moins que les lois de l'honneur et de la guerre ne justifient sa reddition. Je désire cependant donner à V. A. R. et au monde la preuve que je fais tout ce qui est en mon pouvoir pour épargner l'effusion du sang, et puisque V. A. R. refuse de traiter avec qui que ce soit, excepté avec moi et libre, je suis prêt à traiter avec vous seul et en pleine liberté, soit dans un endroit à égale distance des deux armées, et avec toute la sécurité convenable et réciproque, soit à bord d'un bâtiment neutre quelconque, sous la foi de son pavillon. Le lieutenant-général don Miguel Ricardo de Alava part autorisé par moi, pour remettre cette lettre entre les mains de V. A. R., et j'espère recevoir de V. A. R. une réponse plus satisfaisante.

« Moi le roi.

« Cadix, 9 septembre 1823. »

Mon neveu ne changea pas de système, il se tint

à ce que déjà il avait avancé. Il ajouta que si l'on tardait à accepter ses conditions et à repondre à la note suivante qu'il remettait au général de Alava, il regardait toute négociation rompue. Cette note disait :

« Je ne puis traiter de rien que le roi ne soit libre, que le roi et la famille royale ne se rendent, soit à Chiclana, soit à Port-Sainte-Marie, à la volonté de S. M., pour qu'elle promette et donne de sa propre volonté telle institution qu'elle jugera propre à assurer le bonheur et la tranquillité de ses peuples, et pour qu'elle annonce qu'elle oublie le passé. Tous ceux qui voudront quitter l'Espagne pourront se retirer partout où bon leur semblera, les ordres seront donnés à cet effet à l'amiral, une division française entrera dans Cadix pour y maintenir l'ordre, y empêcher les réactions, et protéger tout le monde. »

Le 6, les cortès ouvrirent leur session extraordinaire. Le roi refusa de faire cette cérémonie. On lut en son nom un discours dont on ne lui avait pas donné connaisance et qui témoignait du découragement des meneurs. On communiqua à l'assemblée les demandes impérieuses du duc d'Angoulême. L'assemblée, éludant d'y faire droit, investit la junte de défense d'une autorité absolue, et se remit du reste aux événemens qui pourraient intervenir.

Mon neveu ne perdait pas de temps : la flotte passa sous la direction du contre-amiral Duperré et l'attaque du fort Santi-Petri fut résolue ; elle eut lieu le 20 septembre ; le contre-amiral Desrotours la commanda ; il conduisait avec lui les vaisseaux de ligne le *Centaure*, le *Trident*, la frégate la *Guerrière*, la corvette l'*Isis*, et l'aviso le *Santo-Christo* ; après une action chaude, le fort demanda à capituler. Les troupes qui le défendaient réclamèrent comme une grande faveur d'être faites prisonnières de guerre. On y trouva 27 canons de bronze, des munitions en abondance, et des vivres pour six mois.

Le 23 septembre on essaya le bombardement de Cadix. La flotte embossée à moins de huit cents toises de la ville, y jeta deux cents bombes. Ceci acheva d'épouvanter la population, les cortès et les constitutionnels ; on comprit que le moment d'une soumission forcée arrivait. La junte déclara la défense impossible ; les cortès délibérèrent et, à la suite d'une discussion animée, il fut décidé que le roi rentrerait en possession de son autorité absolue, qu'une députation prise au sein des cortès et accompagnée des ministres irait l'annoncer à S. M., qu'en même temps on supplierait le roi d'aller en personne au quartier général de l'armée française, traiter de la paix aux meilleures conditions possibles, avec S. A. R. Monseigneur le duc d'Angoulême.

Le roi écouta la députation, promit d'être clément et juste, et s'engagea à consulter la nation sur ce qu'il y avait à faire pour l'avenir en retour de la parole royale; les cortès, achevant tristement leur rôle, se déclarèrent dissoutes. La junte de défense n'imita pas leur exemple. Un événement eut lieu le 28 septembre à quatre heures du soir; aussitôt le roi dépêcha le comte Tozzès à M. le duc d'Angoulême pour l'instruire des engagemens qu'il avait pris, et lui faire savoir qu'il ne tarderait pas à se rendre à Port-Sainte-Marie.

Pendant que ceci se passait dans la ville, mon neveu était aller visiter les travaux militaires dirigés contre l'île de Léon. Une boîte de mitraille tomba si près de lui qu'il fut couvert de terre.

— Monseigneur, s'écria le comte de Béthisy, si V. A. R. eût été atteinte !...

— Je serais mort en bonne compagnie, répondit mon héroïque neveu.

Il était à Chiclana lorsque le comte de Tozzès le rejoignit: là se trouvaient déjà le duc de l'Infantado président de la régence; don Victor Saez, ministre d'état, le marquis de Talaru, mon ambassadeur accrédité près la régence; et le colonel Bouttourlin, aide-de-camp de S. M. l'empereur Alexandre, et ayant aussi mission de sa part. On pouvait donc croire qu'on touchait au dénouement ; un incident le retarda. Les miliciens, indignés d'un abandon total de leur sûreté et sans condition aucune, prirent les armes et déclarèrent qu'ils se porteraient aux dernières extrémités, si on ne leur accordait pas des garanties suffisantes. Voici ce qu'ils demandaient.

« Les constitutionnels consérveraient Cadix l'île de Léon et toutes les places et forts occupées par eux en ce moment, jusqu'après la communication d'une charte nationale et d'une loi d'amnistie qu'on observerait exactement. »

Le duc d'Angoulême refusa cette fois de recevoir le général Alava, Il lui dit qu'il fallait rendre le roi ou subir l'assaut, et que si le moindre outrage était fait à LL. MM., la garnison serait passée au fil de l'épée. Les mineurs aussitôt enlevèrent le drapeau blanc, et tirèrent à boulets sur la flottille française. Cependant ces démonstrations hostiles ne rassurant personne dans Cadix, on devait s'attendre à une catastrophe prochaine et sanglante. Le roi fit publier une déclaration d'amnistie générale, la reconnaissance des dettes contractées par les cortès, le maintien des grades et emplois civils et militaires, etc., etc. Ce fut le dernier acte qu'on arracha à ce monarque. Il terminait, en engageant sa parole royale, qu'il aviserait à donner à ses peuples un gouvernement plus libéral que l'ancien.

Ceci apaisa la fureur des miliciens ; les communications interrompues furent rouvertes ; on consentit au départ du roi et des siens. Il eut lieu le 1er octobre, à onze heures du matin, dans une chaloupe, dont Valdès dirigeait le gouvernail. Le roi fut reçu, à son débarquement au port Sainte-Marie par M. le duc d'Angoulême, qu'il embrassa tendrement, en l'appelant son libérateur.

Le roi peu après déclara nul et non avenu tout ce qui ressortait des actes du gouvernement constitutionnel, depuis le 9 mars 1820 jusqu'à ce jour 1ᵉʳ octobre 1823. Ferdinand VII approuvait d'ailleurs les actes de la régence d'Oyarzun, et ceux de la junte suprême de Madrid.

C'était une démarche bien précipitée. M. le duc d'Angoulême essaya de faire des représentations que le roi ne put écouter. Ce monarque, ayant distribué des récompenses à l'armée française, quitta, deux jours après son arrivée, Port-Sainte-Marie, et se rendit à Madrid. Nos troupes occupaient déjà Cadix et l'île de Léon, sous le commandement supérieur du comte de Bourmont.

Mon neveu alla aussi à Madrid, où des fêtes brillantes lui furent données. Le roi renouvela ses remerciemens et ses témoignages de reconnaissance. Le duc d'Angoulême quitta cette ville le 21 novembre, et le 22, étant au quartier-général d'Oyarzun, il adressa l'ordre du jour suivant à l'armée :

« La campagne étant heureusement terminée par la délivrance du roi d'Espagne et par la prise et la soumission des places de son royaume, je témoigne à l'armée des Pyrénées, en la quittant, ma vive satisfaction pour l'ardeur, le zèle et le dévouement qu'elle a montrés dans toutes les occasions, ainsi que pour la parfaite discipline qu'elle a constamment observée. Je me trouve heureux d'avoir été placé par le roi à la tête d'une armée qui fait la gloire de la France..... »

La joie fut grande en France, parmi le peuple et la famille royale, à l'idée d'une expédition aussi glorieuse, conduite avec tant d'habileté, et terminée avec tant de bonheur. Les libéraux en ressentirent seuls une douleur profonde, qu'ils n'eurent pas l'adresse de dissimuler. Le comte Molitor, dont la campagne avait été si brillante, reçut le bâton de maréchal de France, et fut nommé pair avec MM. Bordesoulle, Guilleminot, Bourck, Dodde de La Brunerie, d'Agoult; de Bourmont, de Damas, de Glandevès, de Puységur, etc.

Le 12 octobre, un *Te Deum* fut chanté à Notre-Dame. J'y assistai avec ma famille. Nous attendions avec impatience le duc d'Angoulême ; des préparatifs se faisaient pour le recevoir convenablement; il arriva le 2 décembre par la route de Neuilly. Toutes les autorités allèrent lui donner la bienvenue à la barrière de l'Étoile, dont l'arc de triomphe perpétuera le souvenir de l'expédition d'Espagne. Mon neveu était à cheval, suivi de son état-major et des invincibles bataillons auxquels était due la conquête du Trocadéro. Les Champs-Élysées, les Tuileries contenaient une multitude immense qui frappait l'air des cris mille fois répétés de : *Vive le roi! vivent les Bourbons! vivent le duc d'Angoulême et les héros du Trocadéro !* Les canons des Invalides grondaient en signe de réjouissance.

Mon neveu entra dans le jardin, mit pied à terre

devant le pavillon du château. Je le voyais venir du balcon de la salle des Maréchaux. Madame Royale versait de douces larmes, ainsi que Monsieur et madame la duchesse de Berri, à l'approche du vainqueur des cortès, quand il se mit à mes genoux, je le relevai, le pressai sur mon cœur et dis : « Mon fils, je suis content de vous ! ». . . . .
. . . .

CHAPITRE XXI.

ET DERNIER.

Supplément aux mémoires du roi.—Sa Majesté visite les Invalides.—Réponse du roi à la députation de la chambre élective. — Il va visiter les produits de l'industrie. — Le duc de Bellune remplacé au ministère de la guerre par le baron de Damas. —Dissolution de la chambre des députés. — Réponse du roi à M. Desèze. — Ouverture de la session de 1824 et discours du trône. — M. de Châteaubriand est démis du ministère des affaires étrangères. — Dernière organisation du conseil des ministres pendant le règne de Louis XVIII.—Le mauvais état de la santé du roi le ramène à Paris.— Rétablissement de la censure.—Création du ministère *des affaires ecclésiastiques et de l'instruction publique*. — Nouvelle organisation du conseil d'état.—Le roi à la Saint-Louis.— Il lutte contre le mal. — Son mot au docteur Alibert. — Récit des derniers instans du roi. — Éloge de Sa Majesté Louis XVIII.

Les Mémoires de Sa Majesté Louis XVIII finissent à son récit de l'entrée triomphale de M. le duc d'Angoulême à Paris. C'est le dernier travail particulier auquel le roi a pu se livrer. Il espérait sans doute le compléter et le conduire plus loin; mais sa santé ne le lui aura pas permis. Nous croyons devoir achever de tracer les événemens qui suivirent jusqu'à la mort de cet auguste prince.

Le 10 juin 1822, Louis XVIII alla visiter une autre fois les Invalides. Il les fit rassembler et leur dit:

« Militaires invalides, mes braves camarades, je suis invalide aussi, et si j'ai quelque regret aujourd'hui, c'est de ne pouvoir passer dans vos rangs. Mais je n'en éprouve pas moins un vrai plaisir de me trouver au milieu de vous ! »

En 1823, lorsqu'après le départ de M. le duc d'Angoulême pour l'armée des Pyrénées, le bureau de la chambre des députés était venu apporter au roi les hommages de la chambre, il lui dit :

« Mon neveu vient de partir; il y avait foule sur son passage. Son absence ne sera pas longue, et il sera encore mieux reçu à son retour. L'homme qui a commandé pendant quatorze ans aux Français a voulu seulement montrer qu'il était leur maître. Quant à moi mon devoir comme mes intentions sont de leur prouver que je suis leur père. »

Le 5 septembre, le roi alla visiter l'exposition des produits de l'industrie ouverte au Louvre depuis le 25 août, jour de la Saint-Louis. Sa Majesté était accompagnée du ministre de l'intérieur, du premier gentilhomme de service et des autres grands officiers de sa couronne. Le roi sortit de ses appartemens et se rendit par la galerie du Musée aux salles du Louvre. Il y fut reçu par les membres du jury. Tous les fabricans et leurs familles profitèrent de cette occasion solennelle pour jouir de la présence de leur souverain. Le roi parla à tous; il s'arrêta devant chaque table et paraissait jouir de ces travaux, comme un père de ceux de ses enfans. Aucun n'échappa à son attention; il s'entretint particulièrement avec M. Ternaux sur les procédés employés dans la fabrication de ses schalls façon cachemire; il trouva ses produits supérieurs à ceux qui figuraient à la dernière exposition.

A deux heures, le roi rentra dans les Tuileries, laissant tous les cœurs émus de sa bonté.

Le 19 octobre, le maréchal duc de Bellune quitta le ministère de la guerre, dont le portefeuille fut donné au baron de Damas, pour l'ambassade de Vienne. Le duc n'alla cependant pas en Autriche; des difficultés d'étiquette l'en empêchèrent.

Le 23 décembre eut lieu une promotion de vingt-sept pairs.

Le 25 une ordonnance royale, rendue sans préambule, annonça la dissolution de la chambre des députés, la convocation des colléges électoraux au 25 février 1824, puis au 6 mars suivant, et au 24 du même mois l'ouverture de la session de 1824.

Le 1er janvier de cette année, le roi reçut les félicitations des autorités et du corps diplomatique. Il dit à M. Desèze :

« Je reçois avec une véritable satisfaction l'expression des sentimens que vous me témoignez au nom de la cour de cassation. La providence m'a choisi pour son instrument ; je suis prêt à lui obéir en tout. Elle m'accorde beaucoup de grâces, mais je ne lui demande de me conserver qu'autant que je pourrai être encore utile à mon peuple »

Les élections furent royalistes en très-grande

majorité. Le roi fit l'ouverture de la session par le mémorable discours que nous rapporterons comme étant les dernières paroles solennelles prononcées par ce grand monarque.

« Messieurs,

« Je suis heureux de pouvoir me féliciter avec vous des bienfaits que la divine providence a répandus sur mes peuples, sur mon armée et sur ma famille depuis la dernière session des chambres.

« La plus généreuse comme la plus juste des entreprises a été couronnée d'un succès complet.

« La France, tranquille chez elle, n'a plus rien à redouter de l'état de la péninsule. L'Espagne, rendue à son roi, est réconciliée avec le reste de l'Europe.

« Ce triomphe, qui offre à l'ordre social de si sûres garanties, est dû à la discipline et à la bravoure de l'armée française, conduite par mon fils avec autant de sagesse que de vaillance.

« Une partie de cette armée est déjà rentrée en France ; l'autre ne restera en Espagne que le temps nécessaire pour assurer la paix du pays.

« C'est à vous, messieurs, c'est à votre patriotisme que je veux devoir l'affermissement d'un état si satisfaisant. Dix ans de malheurs ont appris aux Français à n'attendre la véritable liberté que des institutions que j'ai fondées dans la charte. Cette expérience m'a conduit à reconnaître en même temps les inconvéniens d'une disposition réglementaire qui doit être modifiée pour consolider mon ouvrage.

« Le repos et la fixité sont, après de longues secousses, le premier besoin de la France. Le mode actuel de renouvellement de la chambre n'atteint pas ce but. Un projet de loi vous sera présenté pour y substituer le renouvellement septennal.

La courte durée de la guerre, l'état prospère du revenu public, me donnent la satisfaction de pouvoir vous annoncer qu'aucun impôt, qu'aucun emprunt nouveau ne seront nécessaires pour couvrir les dépenses de l'année qui vient de finir.

« Les ressources assignées à l'exercice courant suffiront. Ainsi vous ne trouverez point d'obstacle dans les dépenses antérieures pour assurer le service de l'année dont le budget vous sera soumis.

« L'union qui existe entre mes alliés et moi, mes relations amicales avec les autres états, garantissent une longue jouissance de la paix générale. L'intérêt et le vœu des puissances s'accordent pour écarter ce qui pourrait la troubler.

« J'ai l'espoir que les affaires d'Orient et celles des Amériques espagnole et portugaise seront réglées pour le plus grand avantage des états et des populations qu'elles intéressent, et pour le plus grand développement des relations commerciales du monde.

« Déjà de nombreux débouchés sont régulièrement ouverts aux produits de notre agriculture et de notre industrie. Des forces maritimes suffisantes occupent les stations les plus propres à protéger efficacement le commerce.

« Des mesures sont prises pour assurer le remboursement des rentes créées par l'état dans des temps moins favorables, et pour obtenir leur conversion en des titres dont l'intérêt soit plus d'accord avec celui des autres transactions.

« Cette opération, qui doit avoir une heureuse influence sur l'agriculture et le commerce, permettra, quand elle sera consommée, de réduire les impôts et de fermer les dernières plaies de la révolution.

« Je vous ai fait connaître mes intentions et mes espérances. C'est dans l'amélioration de notre situation intérieure que je chercherai toujours la force de l'état et la gloire de mon règne.

« Votre concours m'est nécessaire, messieurs ; j'y compte. Dieu a visiblement secondé nos efforts. Vous pouvez attacher vos noms à une époque heureuse et mémorable pour la France. Vous ne refuserez pas cet honneur. »

Ce discours annonçait de grandes choses : la loi de la septennalité, celle du remboursement du cinq pour cent, et faisait prévoir le milliard destiné à indemniser les émigrés.

Le 7 avril, le roi amnistia pleinement tous les complices de la révolte de Berton qui étaient encore sous la main de la loi.

Le 5 mai, la chambre des députés adopta la loi de la réduction des rentes, que la chambre des pairs rejeta le 3 juin suivant.

Le 9 mai, les pairs adoptèrent la loi sur la septennalité, et le 8 juin, les députés y donnèrent aussi leur sanction.

Le 8 juin, ordonnance du roi, en vertu de laquelle M. le comte de Villèle est chargé par intérim du portefeuille des affaires étrangères, par suite de la destitution de M. de Châteaubriand. Elle était provoquée par l'opposition qu'il avait manifestée dans la chambre des pairs contre la loi de la réduction des rentes.

De nouvelles combinaisons ministérielles eurent lieu le 4 août, le roi étant à Saint-Cloud. Le baron de Damas quitta le ministère de la guerre pour celui des affaires étrangères ; le vicomte de Clermont-Tonnerre échangea le portefeuille de la marine pour celui de la guerre ; le comte Chabrol de Crussol, directeur de l'enregistrement et des domaines, lui succéda ; le duc de Doudeauville devint ministre de la maison du roi, en remplacement du maréchal de Lauriston, nommé grand-veneur de France et ministre d'état ; M. de Martignac fut appelé à la direction de l'enregistrement et des domaines ; le marquis de Vaulchier à la direction générale des postes ; le vicomte de Castelbajac aux douanes, et le marquis de Moustier, qui sous M. de Villèle remplissait l'intérim aux affaires étrangères, alla en Suisse avec le titre d'ambassadeur.

Cependant la santé du roi déclinait rapidement ; ses forces et son énergie ne luttaient plus que d'une manière imparfaite contre la vivacité de la douleur.

On avait peine à le tirer d'une somnolence continuelle ; les principes de la vie s'affaiblissaient. Les médecins déclarèrent que la rentrée à Pais devenait nécessaire, et, consultés sérieusement, ils répondirent que le dernier jour de ce monarque approchait.

On amena le roi le 10 août 1824 au château des Tuileries.

On crut qu'il fallait par des mesures extraordinaires aider le gouvernement à traverser ce défilé périlleux. Les chambres avaient été congédiées le 4 de ce mois, et on devait suppléer à leur concours. Le 15, parut une ordonnance royale, portant que les lois du 31 mars 1820 et 26 juillet 1821, qui soumettaient les journaux à la censure préalable, étaient remises en vigueur à dater de ce jour. Ce fut un vrai coup d'état.

Le 16, une autre ordonnance complémentaire mit en jeu celle de la veille. Elle arrêta la formation, près du ministre de l'intérieur et sous la présidence du ministre de la police, d'une commission chargée de l'examen préalable des journaux et écrits périodiques. Cette commission fut secrète et composée de six membres.

Le 29, le roi créa un nouveau ministère, celui du département *des affaires ecclésiastiques et de l'instruction publique*. Le comte Frayssinous, évêque d'Hermopolis, en fut revêtu.

Ce même jour, par une ordonnance royale, le conseil d'état reçut une nouvelle organisation.

La veille de la Saint-Louis, le roi se promena en calèche. On s'aperçut de son affaissement physique et de la difficulté qu'il avait à porter sa tête, laquelle tombait presque sur ses genoux. Néanmoins le 25 il reçut, selon son usage, les autorités, le corps diplomatique et la cour. Il fit un violent effort sur lui-même, et dit de sa voix forte les mots heureux qui lui échappaient souvent.

Le roi continua de recevoir le 26, quoique les ravages de la souffrance fussent visibles. Il avait dit au docteur Alibert, qui lui conseillait d'ajourner l'audience :

« Un roi meurt, mais ne doit jamais être malade ! »

Le 28, il se fit conduire en calèche couverte jusqu'à Choisy; cette promenade lui fut pénible, aussi il ne la renouvela plus. Néanmoins, il régna encore, présida le conseil, et revit le travail des ministres admis à des audiences. Il surprenait par son courage, sa fermeté et la vivacité de son esprit. Il alla ainsi jusqu'au 12 septembre. Les médecins assemblés en consultation déclarèrent qu'on ne pouvait plus cacher à la France l'état de son monarque qui approchait de sa fin.

Le Moniteur du 13 annonça cette triste nouvelle; le ministre des cultes écrivit au clergé pour demander des prières; le ministre de l'intérieur fit fermer les spectacles, et celui des finances la Bourse jusqu'à nouvel ordre.

Ces mesures extraordinaires annoncèrent le coup

dont la France allait être frappée. La consternation se répandit dans Paris ; on y vit des pressentimens sinistres, ils ne se sont que trop réalisés.

Le 12 au soir le roi se confessa ; le 13 il voulut recevoir le viatique, et l'extrême-onction à huit heures du matin. La foule remplissait les environs et les dépendances du château, curieuses d'apprendre, et craignant de savoir. En ce moment l'on vit entrer dans la cour des Tuileries le grand-aumônier, le curé de Saint-Germain-l'Auxerrois. Ils portaient les choses saintes, et la foule les regarda passer avec autant d'émotion que de douleur. Lorsqu'ils entrèrent dans la chambre du roi, S. M. dit à Monsieur, qui n'avait pas voulu le quitter depuis la veille :

« Mon frère, vous avez des affaires qui vous réclament; moi, j'ai des devoirs à remplir. »

Monsieur ne répondit que par des larmes et des sanglots. Cependant, il ne put dans ce terrible instant abandonner le roi. Il se tint seulement à l'écart pendant le temps que le roi employa à confesser ses fautes et à se réconcilier avec Dieu. Monsieur revint ensuite avec Madame Royale, M. le duc d'Angoulême, madame la duchesse de Berri, l'ambassadeur de Naples, le comte de Villèle, les grands-officiers de la couronne et de la maison, assister à la lugubre, mais imposante cérémonie.

Le roi la soutint avec cette fermeté qui ne s'était démentie ni dans les malheurs de l'exil, ni au milieu des splendeurs du trône. Il parla à sa famille d'un ton touchant et pénétré, et élevant sur les princes et princesses sa main déjà glacée et sans force, il les bénit en leur disant: Adieu! que la Providence reste avec vous...

Il en fit autant à monseigneur le duc de Bordeaux et Mademoiselle qu'on lui amena. Il dit au premier:

« Pauvre enfant, quelle tâche Dieu te réserve! Tu y succomberais s'il ne te donnait pas l'énergie nécessaire pour la remplir; ce sera toi qui achèveras mon œuvre et qui sauveras la France ! »

Autour du château le peuple errait toujours de plus en plus agité. Il connaissait le mérite du roi, sa haute sagesse qui lui répondaient de la prospérité de la France, tandis qu'il ne savait pas ce que leur réservait l'avenir lorsque Louis XVIII ne serait plus.

Le 14, le monarque ne se trouva pas mieux. L'église veillant près de lui commença les prières des agonisans, auxquelles il mêla sa voix expirante, répondant aux versets des psaumes avec un calme qui frappait d'étonnement. Il les fit recommencer le 15. Cependant les bulletins de la médecine se succédaient et devenaient de plus en plus alarmans. Le 15 au soir le râlement de la mort s'empara du roi. L'agonie fut cruelle, et accompagnée ensuite d'un accablement que ceux qui ne réfléchissent ni n'observent prirent pour du mieux. Le roi s'affaiblissait; le froid gagnait rapidement les diverses parties de son corps; sa respiration devenait insensible; elle s'éteignit à quatre heures du matin, le 16 septembre.... Le médecin du roi, ayant tâté le pouls de S. M., se tourna vers l'assemblée, et, d'une voix noyée dans les larmes, il dit: *Le roi est mort!*

. . . .
. . . .
. . . .

Ainsi périt un des plus grands monarques qui se soient assis sur le trône de France; un de ces hommes rares que Dieu envoie aux nations avec lesquelles il se réconcilie. S. M. Louis XVIII possédait toutes les qualités propres à raffermir un empire, à consolider une couronne. Il avait autant de sagesse que de fermeté, autant de science que de grâce. Ses défauts privés, car, comme le reste des hommes, il n'était pas parfait, n'enlevaient rien à ses qualités publiques si brillantes, si conservatrices. Il fit un emploi honorable de toute son existence, ne se trompa jamais dans ses prévisions. Il fit toujours céder ses affections particulières, ses préjugés de rang et d'habitude à l'intérêt général. Il ne se tint point en arrière de son siècle, parce que, dès sa jeunesse, il avait compris que ce serait folie.

Sa raison supérieure déplut aux courtisans, qui lui firent des torts de ses vertus politiques? On le déclara ambitieux, parce que seul il songeait à la conservation de la monarchie, parce qu'au sein de l'enivrement de Versailles, il cherchait déjà à prévenir les maux futurs qu'il prévoyait.

Il crut que les parlemens détruits ne devaient

pas être reconstitués, que leur retour nuirait plus qu'il ne serait utile à l'état. En conséquence, il adressa un mémoire à Louis XVI pour le détourner de renverser l'œuvre de leur aïeul. On lui imputa à crime cette démarche ; la suite prouva qu'elle était juste. L'esprit de perturbation qui égarait la magistrature se propagea dans les autres classes, et tout fut perdu.

Monsieur, comte de Provence, ne pouvait approuver non plus les folles dépenses de la cour, ni le règne fatal de la famille Polignac. Il s'opposa également à la rentrée aux affaires de ce duc de Choiseul qui livra le royaume à l'Autriche. On ne pardonna point non plus à Monsieur la manifestation de ses sentimens envers ces personnages. On le calomnia ; il devait s'y attendre.

Les fautes se multiplièrent ; le trône perdit de sa majesté ; l'avidité acheva de dilapider le trésor. Alors commença cette course rapide de la famille royale vers l'abime qui devait l'engloutir. La perspicacité de Monsieur le lui fit apercevoir tout d'abord. Il conseilla des concessions et une énergie qui aurait sauvé les siens et le pays. Peut-être, voyant avec effroi ce délire universel, tenta-t-il de faire à lui seul ce que le roi refusait d'exécuter. Il en avait le droit ; car enfin il appartient au pilote de sauver le vaisseau lorsque le capitaine, par ignorance ou incurie, le laisse voguer au milieu des écueils ou sous l'inpulsion de la tempête.

On ne lui pardonna pas ceci, et ceux qui furent

les premiers à fuir, à delaisser le roi avec une lâcheté inexcusable, se consolèrent de leur conduite coupable, en appelant Monsieur jacobin. On le dit révolutionnaire parce qu'il aspirait à composer avec la révolution, qu'on n'avait pas voulu éviter ; il se conduisit avec autant d'habileté que de retenue aux deux assemblées des notables. Dès lors tous les hommes qui pensaient se tournèrent vers lui; il aurait pu sauver la France, si le roi l'en avait prié, mais on se méfiait de Monsieur et il fallut fuir.

A dater de ce moment, sa conduite politique, sa science diplomatique l'élevèrent et le rendirent respectable aux yeux de l'Europe ; il comprit que l'heure était venue où il devait seul conduire les affaires. Il prit le timon avec vigueur, et sans secours ni de sa famille, ni des Français émigrés, ni d'aucune puissance, il entreprit de maintenir la dignité de son nom, et de se placer à son rang ; il y parvint en triomphant des obstacles dont la majeure partie ressortit des hommes mêmes qui auraient dû se rallier à lui.

Le roi eut à combattre l'intérieur, l'extérieur, l'émigration, les insinuations perfides, les défiances injurieuses, l'ambition de certains sujets, et l'avidité autrichienne. La tâche fut pénible ; il n'y succomba pas. Appuyé uniquement sur son énergie, sur la connaissance des hommes et des choses, il se créa une réputation, une existence, une position qui furent entièrement son propre ouvrage.

Jamais il ne démentit son rôle, jamais il n'abaissa

l'infortune jusqu'à l'humiliation : devenu roi à Vérone, il le fut pour tout le monde. Nul, même les plus puissans, n'osèrent jouer avec cette royauté en expectative, ni lui refuser ce qui lui était dû. Ceux qui voulaient le démembrement de la France redoutèrent toujours Louis XVIII: Personne n'a pu l'accuser d'avoir cherché sa rentrée au prix de concessions déshonorantes; il rendit vénérable cette couronne dans l'exil, et chaque fois que la main de Dieu le frappa, il se courba devant elle sans se laisser accabler sous le coup. Quand des souverains eurent l'indignité de chercher à l'écraser, la honte en retomba sur eux, tandis que le monarque grandissait en raison de l'outrage.

La calomnie se tait sur ces années d'exil: elles sont la plus belle page de l'histoire du roi. On sait quel avantage il retira de sa lutte avec Napoléon Buonaparte; comment le prince, réfugié au fond d'une province russe ou prussienne, parut plus auguste dans son refus, que ne se montra grand l'homme extraordinaire qui lui demandait un tel sacrifice.

Plus tard, l'Angleterre apprécia le roi de France, et le tint à l'écart, dans la crainte qu'il ne contrariât ses vastes projets; mais Dieu enfin parla; cette puissance impériale, si forte, si compacte, si glorieuse, disparut en une nuit; il ne resta rien de ses débris, et tout à coup le roi se montra pour prendre sa place. Le monarque ramena avec lui la paix, l'abondance; il reparut pour calmer les esprits, pardonner aux coupables, contenir les réactions, activer le commerce et l'industrie, ranimer l'agriculture, et réunir en un faisceau tous les cœurs.

Il ne suivit l'exemple d'aucun autre souverain, il ne revint pas sur le passé, et se hâta de reconstruire un gouvernement antique sur une base moderne; il prit la France telle que la révolution l'avait faite, telle que Napoléon l'avait laissée : il conserva le présent, ce qui fut un grand acte de sagesse et de génie; mais en même temps il prétendit le constituer de manière à le rendre solide, et l'empêcher de chanceler à l'avenir; il donna la charte, concession de prudence aux besoins de l'époque, œuvre en harmonie avec les idées de tous, gage de bonheur, garantie contre les orages futurs, fanal destiné à éclairer tout le monde, et autour duquel les peuples se rallieront un jour. La charte adoptée par tous les Français, pacte de concorde, contrat synallagmatique qui liait le peuple au trône, et la génération actuelle à celles qui la remplaceront.

Gloire à Louis XVIII qui, par cette concession, nous a rattachés à sa personne et à sa famille! gloire à ce grand roi qui nous a donné toutes les libertés nécessaires, qui a fait à chacun sa part avec une habilité consommée! Le monarque qui déchirera la charte sera frappé de mort, celui qui la dénaturera aura ouvert l'antre d'Éole, et repoussé le vaisseau de la France sur l'Océan des tempêtes humaines!

Louis XVIII a tout prévu, tout pesé, tout compris. Il joignait à ces qualités politiques, dont le développement procure tant de prospérité aux empires, des connaissances variées; il aimait les arts et la littérature; il sentait quel éclat un royaume retire des sciences, quel avantage il obtient des encouragemens donnés à l'industrie; il protégea le commerce, l'agriculture, les arts; il maintint la dignité nationale autant qu'il avait soutenu la sienne propre. Des malheurs immenses frappèrent l'homme, le roi les surmonta. Tant qu'il put régner, il tint chacun à sa place, les princes, comme le clergé, les émigrés comme les jacobins : sa balance égale ne pencha que vers le droit et la justice. On lui reprocha son impartialité.

Il fit régner la paix avec lui ; il se montra à la fois sévère et clément ; il crut ne pouvoir pardonner de hautes trahisons; mais du moins, les amnisties ne manquèrent point : tant qu'il fut sur le trône, il dédaigna d'attaquer corps à corps des coupables vulgaires, et cela parce qu'il était véritablement grand.

En un mot, la France doit à Louis XVIII la liberté dont elle n'a joui ni sous la république, ni sous l'empire. Elle lui doit la charte, qui est encore aujourd'hui le seul garant de la tranquillité publique : et on refuse une statue à Louis XVIII ! la postérité reconnaissante réparera l'ingratitude des contemporains.

L. L. L.

FIN DU DOUZIÈME ET DERNIER VOLUME.
DES MÉMOIRES DE LOUIS XVIII.

TABLE DES MATIÈRES

CONTENUES

DANS LE TOME DOUZIÈME.

Pages

CHAP. I. Partage des opinions dans le conseil.—MM. Dessolles, Gouvion Saint-Cyr et Louis sont opposés à tout changement. — Attaque des libéraux. — Menées du pavillon Marsan. — Affaire des mémoires du duc de Lauzun. — Dernier conseil des ministres. — Débats. Le roi se prononce pour la révision de la loi électorale.—Les trois ministres opposans donnent leur démission. — Le roi accorde la présidence du conseil du comte Decazes. — Intrigues rompues. — Nouveau ministère.— Marquis de Latour-Maubourg.— Rentrée des pairs éliminés en 1815. — Concession. — Discours de la couronne. — Séance d'ouverture de la session de 1820. — Pétitions libérales. — Débats pour la vérification des pouvoirs.—Affaire Grégoire.— M. Becquey. — Conclusion de son rapport. — Tumulte dans l'assemblée. — Discours de M. Lainé.—L'abbé Grégoire est exclu. — Joie du château. 5

CHAP. II. Choix du bureau de la chambre des députés. — M. Ravez président. — Travail sur la loi électorale.— Une des réponses du roi aux complimens de la nouvelle année.—Tableau des progrès du carbonarisme.—Avertissement que le roi donne au comte Decazes. — Sa réplique.— Gâteau des rois. — Colloque entre la reine et le roi de la fève.—Le roi accorde une audience secrète à.... — Révélation importante. — On manque de confiance en M. Decazes. — Conversation avec Monsieur. — Témérité du duc de Berri. — Anecdotes. — Calomnies révélées. — L'officier chassé. — La croix de Saint-Louis arrachée. — Mot qu'on prête au roi aux dépens du duc de Berri. — Repartie chevaleresque de celui-ci — Conversation. — Réveil terrible dans la nuit du 13 février 1820. — Parole qui échappe au roi. 21

CHAP. III. Assassinat du duc de Berri. — Récit. — Suite de ce crime. — Arrestation du coupable. — Les médecins. — L'évêque de Chartres. — Venue de Monsieur et de la famille royale. — Le duc mourant bénit sa fille. — Pansement du blessé. — Révélation importante que fait le duc de Berri. — Il revivra. — Il demande grâce pour l'assassin. — Derniers sacremens. — Douleur des assistans. — Venue du roi. — Magnanimité du prince. — Sa mort. — Douleur de la duchesse. — Acte de fermeté du roi 36

CHAP. IV. Effet produit par l'assassinat du prince. — Révolution politique — Précaution et prudence. — Mariage arrêté entre Mademoiselle et le duc de chartres. — Le roi console M. Decazes. — il prévoit son malheur. — Le roi le défend contre la famille royale. — Conseil qu'il donne à M. Decazes. — Hostilité des royalistes envers lui. — M. Clausel de Coussergue. — Il accuse M. Decazes de complicité du meurtre du duc de Berri. — Discours de M. de La Bourdonnaye. — Adresse énergique votée à la chambre des députés. — *Le pied lui a glissé dans le sang.* — Monsieur demande le renvoi de M. Decazes. — Conseil de cabinet. — M. Decazes propose au roi son successeur. — Ce que le roi dit à Monsieur. — On veut M. de Richelieu à la présidence du conseil. — Il l'accepte. 54

CHAP. V. M. Decazes accusé d'orléanisme. — M. Capelle. — Lettre du roi à M. de Serre. — Comte de Portalis. — Il plaît aux *zelanti*. — Le roi s'isole sur le trône. — Comment il témoigne sa bienveillance à M. Decazes.

— Il se querelle avec Monsieur relativement au comte Decazes.— L'évêque de Chartres.— L'abbé de Frayssinous.— Gouvernement occulte. — Détails.—M. Madier Monjau. — Sa dénonciation.—Dénouement de cette affaire. — Explication qui n'explique rien.— Pourquoi le roi voudrait avoir une baguette magique. — Monomanie de Monsieur envers la famille d'Orléans.— Anecdote de l'altesse royale. 69

CHAP. VI. La loi des élections. —Le comte Decazes quitte Paris. — Fausse position de M. de Richelieu. — Loi sur la liberté de la presse. — Tentative criminelle de Gravier. — Mot de la duchesse de Berri. — Concile dirigeant. — La charte sert de bouclier aux révolutionnaires. — Agitation dans Paris.— Procès, jugement et mort de Louvel. — Conversation avec M. Bellard. — La loi des élections votée. — On voudrait abolir la loi salique.—Complot orléaniste. — Propos du duc de Raguse. — Ce que dit le roi. — Le roi d'Espagne lui demande d'établir son droit.—Réponse de Louis XVIII. 81

CHAP. VII. Explication avec le duc d'Orléans.—Ce prince a aussi de bons appuis. — Clôture de la session. — Aigreur des doctrinaires. — Conspirations. — Discours du roi à diverses autorités. — Sociétés secrètes. — Desseins des partis. — Conjuration du 19 août. — Dépositions des témoins. — Les trois comités d'insurrection. — Suite des dépositions.—Conseil des ministres. — Le roi décide la marche à suivre. — On met la main sur les conjurés subalternes. —Pourquoi on n'arrête pas les véritables chefs. — Coup d'épée dans l'eau. . . . 94

CHAP. VIII. Combien de membres de la famille royale ont été atteints par le couteau révolutionnaire. — Citation de Voltaire. — Députation des Bordelaises.— Détails de l'audience que le roi leur accorde. — Conflit sentimental entre MM. de Châteaubriand et de Sèze. — Madame Aniche et madame Rivaille. — Causerie du bon vieux temps. — Comme on aime les Bourbons à Bordeaux. — Récit de ce qui se passa à la naissance de S. A. R. monseigneur le duc de Bordeaux. — Déposition des témoins. — Colloque sur une question d'état entre Madame royale et le roi. — Il recommence les cérémonies de la naissance de Henri IV. 110

Chap. IX. Le duc d'Orléans s'enquiert d'un fait auprès du maréchal Suchet. — Protestation insolente. — Comment le roi se plaint à qui de droit. — Ondoiement du nouveau-né. — Discours du roi au peuple. — Il veut créer des chevaliers du Saint-Esprit. — Causerie féodale. — Noms des élus. — Émoi aux Tuileries. — Le cordon ombilical. — Proclamation au sujet des prochaines élections. — Espèce de révolte répandue en Europe. — Congrès de Troppau. Matière qu'on y traite. — Fragmens d'une lettre du czar. — Le roi s'explique sur M. de châteaubriand — Respect du duc de Richelieu pour la diplomatie. 121

Chap. X. Le ministère veut traiter avec la droite de la chambre des députés. — Souvenirs de l'abbé de Bernis à propos de M. de Villèle. — Trois ministres sans portefeuille. — Explication. — Ouverture de la session de 1821. — Discours du trône. — Pourquoi le roi convoque les chambres au Louvre. — Intrigues. — Force des royalistes. — Fragment de l'adresse des députés. — Réponse du roi. — Les cent mille francs offerts par M. Paul de Chateaudouble. — Malice du général Donadieu. — Le roi cause avec M. de Villèle. — Le pétard dans les Tuileries. — Détails. . . . . , ... 135

Chap. XI. Crainte de Monsieur. — Le roi le repousse. — Conversation rapportée qui déplaît à certaines personnes. — Ce que le roi dit à madame de ... — Adresse de la chambre des députés. — L'attentat *insolent*. — La réponse du roi achève de mécontenter ceux qu'elle désigne. — Son mot sur l'impuissance de la police et de la justice. — Le roi rappelle d'Angleterre M. Decazes. — Effort du pavillon Marsan. — Conversation avec M. Decazes. — Ce qu'il dit au duc de Richelieu. — Il repart

DES MATIÈRES.   327

pour Londres. — Le ministère demande la censure. — M. de Vaublanc se prononce contre. —La querelle s'engage entre les royalistes et le ministère.—Discours de M. de Castelbajac. — Le conseil s'inquiète. — M. de Villèle et ses collègues.— Réplique maladroite de M. Pasquier. — Suite de cette affaire et des séances de la chambre élective. 152

Chap. XII. Baptême du duc de Bordeaux.—Maison civile du roi. —Quelques personnages.—Le confesseur du roi. — M. de Quélen. — Docteur Portal. — M. Alibert.— Prince de Lambesc. — Marquis de Vernon. — Duc de Richelieu.—Marquis de Brézé.—Cérémonies du baptême. — Fête à l'hôtel-de-ville.— Ce que Monsieur y dit. — Journée du 2 mai 1821. — Le duc de Bordeaux en visite au marché Saint-Martin. — Mort de Buonaparte.— Mort et éloge de S. A. S. madame la duchesse douairière d'Orléans. — Fragment d'une de ses lettres à la reine. — Le comte Rapp.—Deux démissions. — Explication avec Monsieur.—Embarras du duc de Richelieu et du conseil. — Congrès de Laybach. —Insurrection des Grecs. 166

Chap. XIII. Double jeu joué par l'Angleterre.—Lettre officielle de Louis XVIII au roi de Naples.—Ce que c'est que la souveraineté du peuple.—L'Autriche ramène Naples à l'obéissance de son roi.— Insurrection piémontaise.—. Effroi des royalistes.— Prétentions réciproques du pape et de l'empereur.— Question espagnole et portugaise. — Politique du cabinet français.—La fièvre jaune en Espagne.— Mort du docteur Mazet.—Mort de la reine d'Angleterre.— Manifeste du congrès de Laybach. — Conduite des amis de Monsieur.— Ce que le roi dit à ce sujet.— Causerie avec le vicomte Mathieu de Montmorenci. — Pressentimens. 181

Chap. XIV. La famille royale craint le retour de la révolution. — Conversation du roi avec le duc de Richelieu et M. de Villèle.—Éloge de celui-ci. — Faute des libéraux. — Condition du traité qu'ils offrent au ministère. — Session de 1821. — Discours d'ouverture. — Les royalistes hostiles au conseil. — Leçon que le roi donne à ces messieurs. — MM. de Kergorlaye — De Bonald — De Castelbajac. — Anecdote sur l'adresse de la chambre des députés — Débats de la chambre. — Texte de l'adresse. — Conversation avec le duc de Richelieu. — Révélations. — Le roi se décide à recevoir le président et deux secrétaires de la chambre. — Il refuse d'entendre la lecture de l'adresse. — Sa réponse à ce qu'il n'a pas entendu. 196

Chap. XV. Le roi gronde Monsieur, qui se défend. — Loi de la censure et de répression de la presse. — Sortie de M. de Sallabéry contre le ministère. — Réponse de M. Pasquier. — Guerre ouverte. — Monsieur engage le duc de Richelieu à rester au ministère. — Il ne peut l'y décider. — Le roi évoque le nom de M. de Talleyrand. — Effroi qu'il cause. — M. Pasquier désigne un nouveau ministère. — Noms des élus. — Le duc de Blacas jeté en instrument de vengeance. — Répétition de Figaro. — Le roi veut sa part de la malice. — Il s'entend avec Monsieur. — Le vicomte de Montmorenci ministre des affaires étrangères — Détails curieux. — Vicomte de Clermont-Tonnerre. — Duc de Bellune. — M. de Peyronnet. — Récompenses aux ministres partans. — Causerie du roi avec MM. de Villèle et Corbière. — Autre causerie avec M. de Montmorenci. — L'ancien évêque de Châlons. — de Lauriston. 212

Chap. XVI. Changement local de système politique. — Les libéraux. — Casimir Perrier. — Comte Sébastiani. — Comte Foy. — Mécompte des deux côtés. — Changement de fonctionnaires. — M. Franchet. — M. Delavau. — Duc de Doudeauville. — *En route.* — On est surpris en France et à l'étranger du triomphe complet des royalistes. — Manuel et *sa répugnance.* — Récit de cet épisode d'une session. — Plusieurs conspirateurs. — Révélation de M. Franchet. — Parole du général Foy. — Partisans du duc d'Orléans. — Imprudence de ceux du château. — Le roi en querelle le chef innocent. — Mort de S. A. S. madame la duchesse de Bourbon. — L'évêque d'Hermopolis grand-maître de l'université. — Session de 1822. — Discours du trône. 228

Chap. XVII. Le roi raisonne sur le fait des incendies. — Le baron Louis fait l'écolier. — Le duc Decazes prend l'ambassade d'Angleterre. — Le vicomte de Châteaubriand le remplace. — On propose au roi une charte nouvelle. — Sa réponse. — Contre-opposition. — Congrès de Vérone. — Mort de lord Londonderry. — Qui représente la France à Vérone. — Réputation de sainteté du vicomte de Montmorenci. — Note que le roi adresse au congrès sur la question de l'Espagne. — Position politique de Georges IV. — Retour du vicomte de Montmorenci. — Motif de la résistance que le conseil lui oppose. — Négociations diplomatiques. — Habileté d'un Gascon. — M. de Villèle président du conseil. — M. de Châteaubriand ministre des affaires étrangères. — Quel est son plus cruel ennemi? — Problème à résoudre. 243

Chap. XVIII. Précis de la révolution d'Espagne depuis 1820 jusqu'en 1822. — Que les partis sont aveugles et sourds. — Les libéraux français égarent ceux d'Espagne. — Les orléanistes se montrent à la chambre des pairs. — Le prince de Talleyrand est avec eux. — Ce qu'ils font demander aux amis du duc d'Orléans. — Réponse de ceux-ci. — M. le duc d'Orléans veut faire par sentiment la guerre en Espagne. — Ce qu'il dit au roi. — Repartie de Sa Majesté. 259

Chap. XIX. Suite du précis de la révolution d'Espagne depuis janvier 1823 jusqu'à la promulgation de l'ordonnance d'Andujar. — Ce que le roi pense de cette ordonnance. 274

Chap. XX. Suite du précis de la révolution d'Espagne depuis l'arrivée de M. le duc d'Angoulême jusqu'à sa rentrée triomphante à Paris. — Fin des mémoires autographes de Sa Majesté Louis XVIII. . . . 289

Chap. XXI et dernier. Supplément aux mémoires du roi. — Sa Majesté visite les Invalides. — Réponse du roi à la députation de la chambre élective.— Il va visiter les produits de l'industrie. — Le duc de Bellune remplacé au ministère de la guerre par le baron de Damas. — Dissolution de la chambre des députés. —Réponse du roi à M. Desèze. — Ouverture de la session de 1824 et discours du trône. — M. de Châteaubriand est démis du ministère des affaires étrangères. — Dernière organisation du conseil des ministres pendant le règne de Louis XVIII. —Le mauvais état de la santé du roi le ramène à Paris.—Rétablissement de la censure.—Création du ministère *des affaires ecclésiastiques et de l'instruction publique.*—Nouvelle organisation du conseil d'état.—Le roi à la Saint-Louis.—Il lutte contre le mal.—Son mot au docteur Alibert.—Récit des derniers instans du roi. — Éloge de Sa Majesté Louis XVIII. 306

FIN DE LA TABLE DU TOME DOUZIÈME.

www.ingramcontent.com/pod-product-compliance
Lightning Source LLC
Chambersburg PA
CBHW060403170426
43199CB00013B/1984